1冊でわかる
キリスト教史

古代から現代まで

監修 土井健司

執筆 土井健司　久松英二　村上みか　芦名定道　落合建仁

日本キリスト教団出版局

もくじ

はじめに　土井健司　*9*

第1部　古代 ——————————————— 土井健司

はじめに　*14*

第1章　キリスト教の草創期（1世紀末〜2世紀）　*15*
1　使徒教父…………*16*
2　キリスト教迫害と弁証家…………*17*
3　復活祭論争、異端と教会形成…………*22*

第2章　キリスト教の展開期（3世紀）　*24*
1　アレクサンドリア学派などの教父たち…………*25*
2　帝国規模のキリスト教迫害…………*28*
3　キュプリアヌスの疫病…………*30*

第3章　古代キリスト教の黄金時代（4世紀）　*31*
1　ニカイア公会議とコンスタンティノポリス公会議…………*32*
2　修道的生活のはじまり…………*34*
3　ギリシア教父の黄金時代…………*36*
4　東方キリスト教の展開（5世紀から8世紀）…………*39*

第4章　西方キリスト教とキリスト教古代の終焉（4世紀初頭〜476年）　*41*
1　ドナトゥス派論争（1）…………*42*
2　アウグスティヌス（354〜430年）…………*43*
3　ドナトゥス派論争（2）…………*46*
4　ペラギウス主義者との論争…………*47*
5　キリスト教古代の終焉…………*48*

〄 もくじ 〄

第2部　中世 ———————————————— 久松英二

はじめに　*50*

第1章　中世キリスト教の始まり（5〜8世紀）　*50*
   1　西ローマ帝国の滅亡…………*51*
   2　ローマ教皇制の基盤形成…………*53*
   3　西方修道制の成立…………*55*
   4　フランク王国の台頭…………*56*
   5　ケルト人とアングロ＝サクソン人によるフランク王国の
      キリスト教化…………*59*

第2章　中世キリスト教の完成（8世紀半ば〜11世紀半ば）　*61*
   1　カロリング朝主導下でのキリスト教の発展…………*62*
   2　オットー大帝以後の教会の発展…………*65*

第3章　中世キリスト教の全盛（11世紀半ば〜13世紀）　*69*
   1　グレゴリウス改革の前史…………*70*
   2　グレゴリウス改革と叙任権闘争…………*73*
   3　異端運動…………*76*
   4　教皇権の絶頂期…………*79*
   5　托鉢修道会の出現…………*82*
   6　中世の文化…………*86*

第4章　中世キリスト教の衰退（14〜15世紀）　*89*
   1　ボニファティウス8世…………*89*
   2　教皇権と教会の衰退…………*91*
   3　教会批判運動の試み…………*93*

おわりに　*97*

    【コラム】「結果論」としての東西両教会の分裂　*72*
        人気の高い聖人、アッシジのフランチェスコ　*85*

▶ もくじ ▶

第3部　近世　——————————————————————— 村上みか

第1章　宗教改革前史：中世末期のヨーロッパ　100
　　1　政治、社会…………100
　　2　人文主義…………103
　　3　教会、諸宗教運動（神秘主義、聖霊主義）…………105
　　4　神学…………107

第2章　ドイツの宗教改革　109
　　1　ルター：信仰の歩みと神学の形成…………110
　　2　「95箇条の提題」と神学論争の展開…………112
　　3　社会の反響と改革運動の拡大…………114
　　4　宗教改革神学の展開…………116
　　5　福音主義教会（ルター派）の形成と確立…………120

第3章　スイスの宗教改革　122
　　1　宗教改革の導入：ツヴィングリとチューリヒ…………123
　　2　ジュネーヴの宗教改革とカルヴァン…………126
　　3　カルヴァンの神学…………128
　　4　改革派教会の形成、カルヴィニズムの展開…………131

第4章　宗教改革急進派　131
　　1　ミュンツァーと農民戦争…………132
　　2　再洗礼派…………134

第5章　カトリック改革　136
　　1　トリエント公会議…………136
　　2　対抗宗教改革とヤンセン主義…………138

第6章　イングランドの宗教改革　139
　　1　イングランド国教会の形成…………139
　　2　ピューリタン運動…………141
　　3　諸教派の形成…………144

　　【コラム】煉獄と贖宥符　108／ルターとバッハ　117

≫ もくじ ≪

第4部　近現代 ——————————————————— 芦名定道

はじめに　*148*

第1章　大航海時代と世界宣教——近代キリスト教の前提（〜17世紀）　*148*
1. 世界宣教の動向………*149*
2. ウェストファリア体制と国民国家………*151*
3. 西欧各国のキリスト教………*152*
4. 新大陸のキリスト教………*155*

第2章　近代市民社会の成立とキリスト教（18世紀）　*156*
1. 啓蒙主義と革命・独立………*156*
2. 信教の自由と政教分離………*159*
3. 近代自然科学と新しい世界観………*162*
4. 近代社会への批判・懐疑………*164*

第3章　市民社会の変容・歪みとキリスト教（19世紀）　*166*
1. 近代的知と近代聖書学………*166*
2. 欧米キリスト教と信仰覚醒………*167*
3. 社会問題とキリスト教社会主義………*170*
4. アフリカ・アジアのキリスト教………*172*

第4章　2つの世界大戦とキリスト教（20世紀前半）　*174*
1. 第1次世界大戦と全体主義………*174*
2. 第2次世界大戦と冷戦体制………*178*
3. アフリカ・アジアの民族自決・独立………*180*

第5章　グローバル・多元化とキリスト教（20世紀後半）　*183*
1. エキュメニカル運動の進展………*183*
2. 第2バチカン公会議………*185*
3. 冷戦後の世界とキリスト教………*188*

おわりに——キリスト教の未来へ（21世紀）　*190*

　【コラム】イングランドとイギリス　*157*

もくじ

第5部　日本　——————————————————落合建仁

はじめに　*192*

第1章　**キリシタンの時代**　*193*
　　　1　キリスト教の伝来…………*193*
　　　2　禁教と迫害…………*197*

第2章　**開国以後のキリスト教**　*203*
　　　1　宣教師の来日と教会の誕生…………*203*
　　　2　明治期におけるキリスト教の展開…………*207*
　　　3　キリスト教と対外関係の展開…………*214*
　　　4　戦争とキリスト教…………*217*

おわりに　*224*

　　【コラム】天正遣欧使節　*198*
　　　　　　島原天草一揆　*201*
　　　　　　音吉　*202*
　　　　　　日本基督公会　*207*
　　　　　　聖書の日本語翻訳の歩み　*219*
　　　　　　戦後の福音派教会　*222*

資料　　　ニカイア・コンスタンティノポリス信条…………*226*
　　　　　使徒信条…………*227*
参考文献…………*228*
関連年表…………*233*
事項索引…………*239*
人名索引…………*243*

装丁：熊谷博人

はじめに

　この本は、およそ2000年にわたるキリスト教の歴史をひととおり理解できることをめざしました。しかも1人ですべてを書いてしまうのではなく、複数で分担し、それぞれが専門とする時代のキリスト教史を執筆しています。このような歴史を書くためには、研究や講義の蓄積が必要となり、誰でもが扱えるわけではないからです。それぞれ専門とする研究者が集まって、この1冊でキリスト教の通史が理解できるように工夫したものが本書になります。

　ところで歴史というものは、個々の歴史的な事実と歴史全体の流れから成り立ちますが、近年の通史では全体の流れについては明確化しない傾向が見られます。同様にキリスト教の歴史全体をどのように評価するのかは、今日かなりむずかしい問題です。たとえば、宗教改革を背景に持つプロテスタントの歴史理解は、古代を経て、中世キリスト教（＝ヨーロッパ中世のキリスト教）は堕落・逸脱の歴史であって、宗教改革をもって古代からの本道が回復されたととらえてきました。同時に「ローマ・カトリック」というものも宗教改革を経てプロテスタントの対立教派として成立したものだと考えることができます。他方でカトリックは、宗教改革こそ本道からの逸脱であり、古代以来の歴史の中心にあるものこそカトリックであるととらえてきました。さらにギリシア正教会には、また別の歴史理解があります。

　歴史はたんなる時間の推移ではなく、そこには紆余曲折、逸脱もあれば、発展、回帰もあり、その評価は容易ではありません。近年の教派間対話の傾向も背景にしつつ、本書では歴史全体の流れは曖昧なままに残し、開かれたままにしました。

　またキリスト教史というと、もちろん「キリスト教」の歴史なのですが、この歴史の主体が何かについてやや曖昧なままにしてあります。なぜなら「キ

リスト教」なるものがどのように存在しているのかは、ちょっとむずかしい問題だからです。たとえばそれはキリスト教の「教会」の歴史なのかもしれません。事実、昔は「教会史」と言っていました。しかし現実に存在するのは具体的な教会、あるいは教区（教団）であって、なにか「キリスト教」なる全体的なものがあるわけではありません。さらに本書を読めばわかってもらえると思いますが、本書では「教会」の歴史というよりも、もう少し社会的な広がりを考慮して執筆されています。つまりそれぞれ社会のなかでキリスト教はどのような展開を見せたのか、これは各執筆者のテーマの1つであると思います。そのため歴史の主体となる「キリスト教」というのもいささか曖昧で、開かれたままにしています。

とはいえ、実は、以上の2点を厳格に定めないことで、本書の論述は四角四面のぎこちなさを逃れ、柔軟で現実的な歴史叙述になっているものと思います。

そうはいっても全体の流れについて構想がまったくないわけではありません。以下、読んでいただくため本書で扱ったキリスト教史全体として流れを紹介しておきます。

第1部「古代」で扱う古代キリスト教とは、草創期のキリスト教の歴史となりますが、この時代にこそ「キリスト教」が成立したと考えられます。キリスト教は文書宗教、聖書を基礎とするものですが、実際のキリスト教には聖書に記されていないことが多々あります。たとえば洗礼は1回にとどめること、お馴染みのクリスマス、古典的な信条に認められる古典的教理、これらは今日のキリスト教を構成するものですが、そのままで聖書に見いだすことはできません。むしろ古代に成立したものばかりです。その意味で、聖書プラス古代キリスト教こそが「キリスト教」の根幹になります。そしてこの時代は、東西教会それぞれで区切り方が異なり、東方は8世紀の聖画像論争をもって区切りますが、西方教会については5世紀の西ローマ帝国の滅亡をもって区切ります。なぜなら古代キリスト教は徹底的にローマ帝国の歴史と関係しているからです。

中世キリスト教史は、実質ヨーロッパ社会のキリスト教史となります。その扱う範囲は広く、5世紀から15世紀までの1000年ほどになります。しか

しヨーロッパ社会のキリスト教を扱うため、東方教会（ギリシア正教）の歴史、あるいはペルシア、中東の単性論的教会、景教、エチオピア等はその論述の射程には入ってきません。決定的なしかたで東西教会の分裂を見たのは、この時代でした。中世をこのようにとらえるのは古代キリスト教を西ローマ帝国の滅亡でもって区切ることで中世につなげるからで、西ローマ帝国の滅亡により、新しくヨーロッパ社会が成立していくからです。中世ヨーロッパの歴史との関係のなかで、ある意味その歴史そのものとして中世キリスト教は成立し、第2部「中世」はこれを扱います。そしてこの中世キリスト教に終止符を打ったのが宗教改革となります。なぜならヨーロッパにおいてローマ教皇を頂点とする一枚岩であったキリスト教が、宗教改革によって分断されていくからです。

そのため宗教改革は時代を画するものとして第3部「近世」として独立させました。ここではヨーロッパ社会における15世紀から17世紀初頭までのおよそ200年を扱います。宗教改革の背景となった中世末期から、ルターの活躍したドイツの福音主義教会の展開、ツヴィングリやカルヴァンのスイスの改革派、さらに国教会を成立させ、ピューリタンが活躍したイギリスなど、それぞれヨーロッパにおける宗教改革が扱われます。またこれに対抗してなされた対抗宗教改革、トリエント公会議も取り上げられ、対プロテスタントの急先鋒となったイエズス会を含めて、この時代のカトリックの歴史についても論じられます。

17世紀以降、近代市民社会の成立との関係でヨーロッパのキリスト教が展開していくと同時に、思想的にも近代とのかかわりの中で展開していきます。しかし近世・近代のキリスト教は、もはや舞台をヨーロッパ社会にのみ限定することはできません。さらにアメリカ、またアジア、アフリカへと展開していくキリスト教の姿も論じる必要があります。近世以降になると、どの地域のキリスト教を対象とするのかが本当にむずかしい課題となってきます。そして歴史を越えて、世界において、現代ならびにこれからのキリスト教までも論じられるのが、第4部「近現代」の特徴だと言えます。

さて日本のキリスト教史は、まず16世紀にフランシスコ・ザビエルにはじまるキリシタンの歴史、そして幕末明治にはじまるプロテスタントを含め

はじめに

たキリスト教伝道の歴史から成り立ちます。近世・近代のキリスト教の展開の1つとして、私たちの社会におけるキリスト教の歴史を知ることは決して無駄ではなく、むしろ必要なことだと言えます。古代はローマ帝国との関わり、中世と宗教改革はヨーロッパ、近世・近代はヨーロッパの市民社会と世界への拡大がそれぞれテーマとなります。では日本においてキリスト教はどのように展開しているのか、日本の歴史、社会とどのように関わってきたのか、さらに現代はどうか、までを射程に入れて論じられているのが第5部「日本」となります。

　キリスト教の歴史はまだ終わったわけではなく、続いていきます。その歴史を閉じることはできません。終わりはまだまだ暫定的なものです。では500年後、1000年後のキリスト教史はどのような叙述になるのでしょうか。私たちの時代はどのように描かれるのでしょうか。いずれにせよ、私たち自身もさまざまな歴史の中にいるということを覚えて、歴史を学んでいただければと思います。

2018年3月

監修　土井健司

第1部
古　代

土井健司

第 1 部　古代

はじめに

　キリスト教の起源は、紀元 30 年頃の、ナザレのイエスの活動にさかのぼる。イエスは神の国の接近を宣教し、ガリラヤにおいて弟子を集め、譬えを語って教え、奇跡を行い、最後はエルサレムにて十字架刑に処された。そののち復活を信じるイエスの弟子たちがつどい、また独自に啓示を受けたパウロの伝道も重なって、その共同体はひろがっていく。
　この人びとが自分たちについてユダヤ教とは別の、独自の宗教としての自覚をはっきりと得るのは、おそらく 70 年の第 1 次ユダヤ戦争を契機とするのであろう。ヴェスパシアヌス帝（位 69-79）のもと、のちに皇帝となるティトゥスが率いるローマ軍はエルサレムを攻撃し、ユダヤ教の中心であった神殿を破壊してしまう。エルサレムという中心地を失ったイエスの弟子たちは、それぞれ別の地域で活躍するようになり、エルサレム神殿に依拠しないしかたで活動を展開させていった。
　ちなみに「キリスト教」（ギリシア語の「クリスティアニスモス」）という言葉は、イエスに従う人びとについて「キリスト者」（クリスティアノイ：使徒 11 章 26 節）と言われたことに由来するが、聖書にその言葉はなく、初出は 2 世紀はじめのアンティオキアのイグナティオスの書簡に確認される。ただしこの書簡を読むと、そこではじめて使われたわけではなさそうで、おそらく 1 世紀末には使われていたと推定される。ここからも 1 つの独立した宗教としての「キリスト教」という自覚は比較的遅いものであり、70 年以後のことと考えられる。
　名称はともかく、福音書によると、十字架刑に処せられたのち、復活したイエスより発せられた宣教令によって伝道がはじまる（マタイ 28 章 19 節以下）。また弟子たちがエルサレムに集まって祈っていると聖霊が降り、それぞれの頭上にとどまったという（使徒 2 章 4 節）。いわゆる聖霊降臨であり、

第 1 章　キリスト教の草創期（1 世紀末〜2 世紀）

キリスト教ではこの出来事をその歴史のはじまりとする。
　キリスト教はこうしてユダヤ教より出て、ギリシア・ローマ社会と文化という環境のなかで発展していった。もとより宗教は常になんらかの社会のなかで発展していくものであり、その意味でキリスト教の歴史もローマ帝国の歴史と重なるところが多い。古代キリスト教の最盛期は 4 世紀であって、ローマ帝国の東西分裂以降、東方教会については 8 世紀の聖画像論争までを古代とし、他方西方教会については 476 年の西ローマ帝国の滅亡で古代を区切る。第 1 部では、このあたりまでの歴史をたどることとしたい。

第 1 章　キリスト教の草創期（1 世紀末〜2 世紀）

　使徒たちの伝道は、制度的教団の形成を目的とするのではなく、終末の告知を主としていた。そのため 2 世紀のはじめでも、まだまだカリスマ的な巡回伝道者が大勢いて、この人びとが教会に寄生することを戒める文言が残っている。独自の正典もなく、「聖書」といえばユダヤ人の聖書、すなわち旧約聖書が主なものであり、明確な規則も定められてはいない。とにかくペトロはローマに赴き、パウロも 3 度にわたる伝道旅行の末、最後はローマにて伝道を行い、いずれも 60 年代にネロ帝（位 54-68）の迫害において殉教したという。またヨハネはアジア州に拠点を築いて教会形成を行ったようである。パウロの手紙は 50 年から 60 年頃に、福音書は 1 世紀末頃までに書かれている。そして 2 世紀前後になると、使徒の弟子たちの活躍する時代となる。
　本章では、1 世紀末から確認される使徒教父（第 1 節）、そしてデキウス帝（位 249-51）以前のキリスト教迫害、そしてその迫害においてキリスト教の弁明を堂々と書いた弁証家、とりわけ殉教者ユスティノスを取り上げていく（第 2 節）。また 2 世紀に問題となった異端、さらに復活祭論争についても考察しておきたい（第 3 節）。この時代は、最初期の揺籃期を経てキリスト教において 1 つの宗教としての自覚が形成されていくのが特徴であり、また

第 1 部　古代

追害と闘いつつ、終末論的共同体から歴史的、社会的共同体へと正典、聖職、信条などが整備されていくことが確認されるのである。

1　使徒教父

　使徒たちの後に続いてキリスト教を指導し、文書を残した人びとを使徒教父と呼び、その著作を使徒教父文書と言う。ローマの監督クレメンスはその筆頭にあげられる。彼は、90年代の半ばをすぎたあたりコリントの教会で分裂騒動が持ち上がったとき、書簡を書いてこれを戒めた。「第1クレメンス書簡」がそれである。この手紙によるとコリントの教会の一部の人びとが監督を追い出そうとしており、そのため、まずは書簡を送って平和と一致を説いている。

　また110年頃アンティオキアの監督であったイグナティオスは、トラヤヌス帝（位98-117）治下のアンティオキアで逮捕された。殉教のためローマに護送される途中で書いた書簡が7通伝わっている（エフェソ、マグネシア、トラレス、ローマ、フィラデルフィア、スミルナの各教会宛、ポリュカルポス宛）。そのなかで殉教への熱望を語りつつ、イグナティオスは単独監督制、伝承の尊重、仮現論への警戒を述べる（仮現論とは、イエス・キリストは人間のように見えるだけであって、本当に人間になったわけではないとする異端説である）。たとえば監督については次のように語る。「みんな、ちょうどイエス・キリストが父に対するように、監督に従いなさい。また使徒に対するように長老団に従いなさい。また執事を神の戒めのように尊びなさい。誰でも教会に関することを監督抜きで行ってはなりません。監督のもとで、または彼がそれを委ねた人のもとで行われる聖餐だけが確かなのだと考えなさい」（「スミルナ」8章）。

　また「キリスト教」に言及するものとしては次のものがある。

　「イエス・キリストを語ってユダヤ教的に生きるのはおかしいことです。なぜならキリスト教がユダヤ教に基礎づけられるのではなく、ユダヤ教がキリスト教に基礎を置くのだからです。あらゆる舌がキリスト教を信じて神のみもとに集められたのです」（「マグネシア」10章）。

さらに仮現論を戒めて語る。「ですから誰かがイエス・キリストを語らないおしゃべりをしたら、耳を覆いなさい。イエスはダビデの裔、マリアから真実に生まれ、食べ飲み、ポンティウス・ピラトゥスのもとに真実に迫害され、真実に十字架に付けられて死んだのです。……彼は真実に死者の中から蘇ったのです。彼の父が蘇らせたのです」(「トラレス」9章)。

ローマのキリスト者に宛てた手紙には殉教への願望とそれを阻害しないように求める言葉がつづられている。こうしてイグナティオスはローマに行き、殉教したものと考えられている。

使徒ヨハネの弟子スミルナの監督ポリュカルポスには「フィリピの教会への手紙」(115年頃) が残されている。異端への警戒、倫理的勧め、慈善の勧め、殉教などをその内容とする。そのほかに使徒教父文書に分類されるものとして「十二使徒の教訓」(ディダケー) は1875年に写本が発見されたもので、生命の道と死の道という2つの道の教えが説かれている。その成立は2世紀半ばまでと推定されるものの、その原型が十二使徒にさかのぼるかどうかは不明にとどまる。さらに予型論的な聖書解釈を展開する「バルナバの手紙」、信徒の目線で天使による教導を描いた「ヘルマスの牧者」、アジアの老ポリュカルポスの殉教物語である「ポリュカルポスの殉教」が挙げられる。これら使徒教父文書は当時の教会内のようす、基本的な教えなどを伝え、またそこには、のちに製錬されていくキリスト教思想の原石をいくつも見出すことができる。

2 キリスト教迫害と弁証家

2世紀になるとキリスト教は揺籃期を脱し、少しずつ1つの宗教として姿を現してくる。教区に1人のエピスコポス (監督／司教／主教) がおり、そのもとにプレスビュテロス (長老／司祭) とディアコノス (執事／助祭／輔祭) が位置するという体制が、2世紀後半に向けて確立していく。正典編纂もすすみ、異端に対して「信仰の基準」(レグラ・フィデイ)、「真理の基準」(レグラ・ヴェリタティス) と呼ばれるものが定まって、いわゆる「初期カトリシズム」が成立する。外には迫害の嵐が吹き荒れ、内においては異端の活動

第 1 部　古代

が活発となり、内外の危機に耐えてキリスト教はさらに発展を遂げていくことになる。

初期キリスト教迫害　イエス・キリストが十字架刑に処せられたそのはじまりから、キリスト教は迫害を経験する運命にあったのかもしれない。ローマ帝国のなかで誕生したキリスト教は、そののち 300 年にわたって迫害に苦しむことになる。最終的にローマ帝国におけるキリスト教迫害に終止符が打たれるのは、313 年のコンスタンティヌス大帝（位 306-37）によるミラノ勅令を待たねばならない。それまでキリスト教は断続的に迫害を受けていくのであるが、その迫害は、けっして国家による画一的な弾圧という類いにまとめることはできない。キリスト教迫害は、2 世紀初頭のトラヤヌス帝（位 98-117）の対キリスト教政策と 3 世紀半ばのデキウス帝の迫害の 2 つによって大きく分けられ、全体としては 3 期に分けることができる。

　トラヤヌス帝は、属州総督プリニウスより尋ねられたとき、キリスト教徒に対してどのように対処すべきかを簡潔に指示した（『プリニウス書簡集』第 10 巻 46、47）。後述するように、以後デキウス帝のキリスト教迫害まで、これが皇帝による公的なキリスト教対策の原則となっていく。

　トラヤヌス帝に先立つ時代には、ローマ帝国がキリスト教迫害について何かしら原則を定めたことはない。ネロ帝の迫害にしても、都ローマという地域限定の問題であり、ローマの大火を機にその犯人として逮捕され、処刑されていったにすぎない。これを伝える歴史家の 1 人タキトゥスは、ローマの民衆は公共の利益に資するものと最初喝采をおくりつつも、次第にこの迫害はネロ帝の残忍さによるのではないかといぶかって、キリスト教徒に対して同情的にすらなっていったと記す（『年代記』第 15 巻 44 章）。

　またドミティアヌス帝（位 81-96）による迫害も限定的であった。むしろ 1 世紀であれば、ローマ帝国よりも、ユダヤ人からの迫害の方がキリスト教にとっては深刻な問題であったと思われる。使徒言行録によると、最初の殉教者はステファノであり、これはユダヤ人によってなされた迫害であった（7 章 54 節以下）。パウロも一時期加担していたこともあり、1 世紀にはユダヤ人によるキリスト教迫害の方が深刻な問題であったといえる。

第 1 章　キリスト教の草創期（1 世紀末〜2 世紀）

　さて 110 年頃ポントス・ビュティニア州総督として赴任したプリニウスは、かの地におびただしい数のキリスト教徒が存在することに驚き、逮捕して尋問してみることにした。しかし何ら処罰に値する悪行は見つからず、急遽（きゅうきょ）、いかにすべきか彼は皇帝に判断を仰いだのであった。トラヤヌス帝の答書は簡潔に以下のことを定めた。
　1、キリスト教徒はその名のゆえに処罰される。
　2、棄教した者は直ちに釈放される。
　3、キリスト教徒を探索してはならない。
　4、密告を受け付けてはならない。
　これら 4 つの原則は、実際はともかくも、以後遵守すべき規範となっていく。キリスト教徒が何か悪しき行為のゆえに処罰されるのではなく、その名を認めること、その名を告白することのために処罰されるという定めは厳しく、残酷ですらある。ところが反対に 2 から 4 は慎重に配慮に満ちており、全体としてはむしろバランスのとれたものになっている。キリスト教徒であることを否認し、さらに皇帝像に供え物を捧げるなら釈放され、またそもそも探索されることはなく、さらに密告までもが否定される。すなわち誰かが正式に告訴しなければキリスト教徒は逮捕、処罰されない。
　したがってそこには、何がなんでもキリスト教を根絶やしにしてやろうと牙をむく為政者の姿は確認されない。むしろ淡々と抑制的ですらある。おそらくトラヤヌス帝の処置の背景には、皇帝の意志とは別に民意があったと思われる。それはキリスト教徒に批判的で、これを嫌悪する民意であろう。それゆえトラヤヌス帝はキリスト教徒をその名のゆえに処罰しなければならないと定めたのだが、しかしさまざまな条件をつけて抑制的なものにしたものと考えられる。
　一体キリスト教の何が、ローマの人びとから嫌われる原因となったのだろうか。キリスト教徒についてプリニウスは「破廉恥（はれんち）な行為」に言及するが、それはすなわち近親相姦と人肉食のことと思われる。しかしそれらは、おそらく夫婦間における「兄妹」という呼称と聖餐式におけるパンとブドウ酒をきっかけにしたものであって、単純に流言の域を出ないものであろう。事実プリニウスが確かめるとそのような行為は認められなかったという。これに

対しプリニウスは容易に棄教しないキリスト教徒の「強情さ」に言及し、何であれその「強情さ」は処罰に値すると考えたのであった。ローマ社会で生きる人びとが守っていた皇帝像に対する供儀すら拒否する強情さ、そのアウトサイダー的な性格がローマの民衆の反感を煽る(あお)ものであったのであろう。

　キリスト教を嫌う民意の存在は、ルグドゥヌム（現在のリヨン）における迫害事件において確認される。この事件はエウセビオスの『教会史』（第5巻1章）に伝わる。探索の禁止と正式な裁判の手続きを経た審理が求められていたにもかかわらず、ルグドゥヌムの暴発した民衆と総督はキリスト教徒であるという1点をもとに信徒を探索し、広場に引きずり出して処刑していったという。さらにカルタゴの教父テルトゥリアヌスはその『護教論』のなかで、善良な人びとがキリスト者であるということのゆえに評判を落とすという理不尽さを述べた。人びとはキリスト教徒について「いい奴だけれども、クリスチャンだ」と言うのである。

　2世紀、3世紀前半まではローマの民衆のこのような嫌悪にもとづいたキリスト教迫害が一般的であって、ローマ帝国自身は本格的にこの問題に関与するにいたっていない。それに対して皇帝自らが本格的にこの問題に乗り出し、全国規模の迫害を実施したのが、後述するデキウス帝の実施したキリスト教迫害であった。

弁証家ユスティノス　2世紀に活躍したキリスト教の著作家と言えば、使徒教父に続くのは「弁証家」（護教家）と呼ばれる人びとである。使徒教父がキリスト教の内部に向かって文書を著したのに対して、弁証家は外部に向けて著作を書いたところに特徴がある。この人びとは、ギリシア哲学にもとづく知的教養を備え、キリストの教えをこれに堪えるものとした。その典型がロゴス・キリスト論となる。さらにこの人びとは、キリスト教迫害に対する弁明書を著し、皇帝、元老院に対してキリスト教を弁証していった。クァドラトス、アリステイデス、ユスティノス、タティアノス、アテナゴラスといった人びとが弁証家と呼ばれる。

　ローマのユスティノスは、フラビアのネアポリス出身で、若い頃、プラトン主義やアリストテレス学派などの哲学的遍歴を経てキリスト教に出会い、

第 1 章　キリスト教の草創期（1 世紀末～2 世紀）

信仰を得たという。生涯哲学者の衣をまとっていたと伝わるが、その思想はロゴス・キリスト論を柱とする。ロゴス・キリスト論は、福音書に描かれているイエス・キリストが、神のロゴスであるという解釈のことである。この場合のロゴスとは、同時に「理性」や「言葉」を意味しつつ森羅万象を支える「理(ことわり)」を意味している。思想的背景としては、旧約の知恵文学における擬人化された「知恵」の思想、アレクサンドリアのフィロンのロゴス論、ヨハネ福音書冒頭のロゴス賛歌が挙げられる。ユスティノスの『弁明』に描かれているロゴス・キリスト論の主要テクストである『第一弁明』5 章、46 章、『第二弁明』10 章には次のような議論が見られる。

　この世界は理不尽で、悪霊によって支配者は惑わされ理不尽な感情に駆られ、ロゴスに従った生を送るキリスト者を迫害する。キリスト者は全体的なロゴスであるキリストに従いつつ生を送っている。それゆえロゴスに従って生きる者は、たとえキリスト誕生以前に生きた者であってもキリスト者であって、ソクラテスなどもまたキリスト者である。ただしソクラテスは部分的にロゴスにあずかったにとどまるが、キリストは全体的ロゴスであり、そのため人びとは教養のない者までもこのロゴスであるキリストのために命をさえ惜しまず、死を堪えていくのである。

　どうやら死の問題がユスティノスにとって根本的であったようである。死を乗り越える力（意味）そのものであるロゴスをイエス・キリストは体現していると考えられていたのであろう。

　ロゴス・キリスト論は、キリスト以前に生きた人びとの救済の問題をモチーフの 1 つとし、歴史的なイエスを普遍的ロゴスと同定することで、いつの時代でも、どこにおいてもロゴスに従って生きることをキリスト教的なものとし、イエスのもたらした救済を普遍化する思想であったといえる。その際特にギリシア的教養を身につけた人びとへのアピールが考慮されていたのであろう。こうした弁証家を経てロゴス・キリスト論は発展していくのであって、三位一体論争、キリスト論論争とも深く関わっていくことになる。

　ユスティノスは『第一弁明』と『第二弁明』の 2 書をローマ皇帝アントニヌス・ピウス（位 138-61）ならびに後継者マルクス・アウレリウス（位 161-81）と元老院に宛てて書いた。その意味でそれらは理不尽な迫害の終息を

願った「請願書」であったが、これに対して勅答が下された形跡はない。勅答が下される場合は公衆浴場などに掲示されるものだが、そのように伝える資料は存在しない。またその他のユスティノスの著作としては『ユダヤ人トリュフォンとの対話』が残存する。これはユダヤ教に対してキリスト教を弁証したものとなっている。165年ユスティノスは、ローマでキュニコス学派の哲学者クレスケンスの告発によって捕縛され、キリスト教徒として処刑されたという。以降彼は「殉教者ユスティノス」として伝承されることになっていく。

3 復活祭論争、異端と教会形成

　2世紀後半で注目すべきは復活祭論争である。190年頃と推定される。教父で教会史家のエウセビオスによると、アジアの教区は復活祭を暦にしたがってニサンの月の14日に守ることを伝統としていたが、アジア以外では14日直後の「主の復活の日」、すなわち日曜日にその礼拝を守ることを慣例としていたという（『教会史』第5章22-25章）。

　そもそも2世紀のはじめスミルナの監督ポリュカルポスがローマを訪れたおり、監督アニケトゥスから復活祭に関するアジアの慣例を改めるよう求められたことがあったが、ポリュカルポスはヨハネの伝統をもとに断り、しかし両者は平和のうちに別かれたという。しかし今回は各地の監督も問題視しはじめ、ローマの監督ヴィクトルが主導してアジアの教会に変更を迫るが、このときもアジアの監督ポリュクラテスは頑なに拒否したという。ポリュクラテスは「わたしたちは日を足したり引いたりしないで、その日をはずさずに守ります。アジアでは信仰の巨星たちが眠っており彼らは主の来臨の日に蘇るからです」と語り、フィリポやヨハネの伝統を固守すると返答した。ヴィクトルは激怒して絶交することを告げるが、各地の教会がこれに反発、これを調停したのがリヨンの監督エイレナイオスであった。

　復活祭の相違は断食の行の相違につながるので、エイレナイオスは手紙を書き、「断食についての意見の相違こそは、信仰におけるわたしどもの一致をもたらす」と述べて、ヴィクトルを諫めた。結局、この時はそれぞれの伝

第1章　キリスト教の草創期（1世紀末〜2世紀）

統を尊ぶことで決着がついたようである。復活祭を日曜日に祝うように統一されるのは、4世紀になってからになる。

　復活祭論争は教区間の問題であったが、キリスト教はそのはじまりから異端の問題に悩まされてきた。主なものを見ておきたい。

　最初の異端者とされるのは魔術師シモンであろう。ペトロよりその奇跡を起こす力を買い取ろうとしたと使徒言行録には記されている（8章18節以下）。弁証家ユスティノスは、ローマにおいてシモンが自らを神と称し、信者たちに礼拝させていたと報告しており、また使徒ペトロはシモンを追ってローマに来たという。

　シノペ出身のマルキオンは139年にローマの教会に入会を認められるが、144年に追放されている。旧約の語る裁きの神、イエスやパウロの語る愛と赦しの神を分けた二元論※を主張したために追放されたという。その後マルキオンは独自の教会形成を行うが、勢力は徐々に弱まっていった。なお、今日マルキオンはグノーシス（後述）に数えるようになっている。マルキオンはパウロ書簡（牧会書簡とヘブライ書は除外）とルカ福音書を正典として認めたと言われ、これに刺激を受け、ローマ教会などでは正典とは何かが検討、整備されていく。今日伝わる最古の新約正典目録は、1740年にモデナの図書館員ムラトリによって発見された「ムラトリ正典目録」であるが、2世紀後半にローマで記されたものとされる。

　アジアでは「フリギアの異端」と呼ばれたモンタノス主義が勃興していた。霊感を受けた預言者モンタノスと彼に従う女預言者プリスキラとマクシミラは、あるとき恍惚状態になって「所かまわず訳のわからない言葉を話し」はじめたという。モンタノス主義は熱狂主義で終末待望を特徴としていたようである。

　さらにエイレナイオスによって「グノーシス」と呼ばれた異端派は有名である。なかでもウァレンティノス派は、2世紀半ばから後半、ローマで活動したウァレンティノスに始まり、プトレマイオス、ヘラクレオン、マルコス、テオドトスといった人びとがこれを形成していった。『真理の福音』『三部の教え』『フィリポ福音書』がこの派の著作とされる。またバシリデスに始まるバシリデス派もある。その世界観はこの世をまったく否定的に捉えて、こ

二元論＝善悪、光と闇、陰と陽、神と悪魔、聖と俗などの異なった2つの原理で、物事を説明しようとする考え方。

の世からの解放のうちに救済をみる。ウァレンティノス派の思想は以下のようにまとめられるであろう。

　この世界の上には天上の世界、プレローマ界があり、そこには至高神が存在している。人間の魂は元来このプレローマ界の出身であって、現在はこの世界の肉体のうちに幽閉されている。この幽閉状態からの救済は、天上界から遣わされた救済者イエス・キリストのもたらした認識（グノーシス）によるしかない。われわれは救済者をとおして天の故郷へと還っていかねばならない。またグノーシスにおいてはこの世界を創造した神は悪しき神であって、天上界の至高神とは別存在とされ、プレローマ界におけるさまざまなアイオーンの発出、ソフィアの堕落など独特の創造神話を物語っていく。なお1945年に発見されたナグ・ハマディ文書は、このグノーシス関係の文献を多く含むものであった。

　グノーシスは2世紀におこったキリスト教の異端運動と捉えることができるが、その結末は3世紀にマニ教として展開する。ペルシャで生じたマニ教は、この世界を善悪二神の戦いとして捉えるマニによって創始された宗教であるが、ローマ帝国にも伝播し、4世紀になると一時若きアウグスティヌス（第4章第2節参照）をもとりこにしてしまった。

第2章　キリスト教の展開期 (3世紀)

　3世紀を迎えるとローマ帝国は危機の時代を迎えるようになる。アレクサンデル・セヴェルス帝（位222-35）が235年に殺害されると、そののちおよそ50年間、ローマ帝国は「軍人皇帝時代」と呼ばれる混迷の時代に突入する。しかしその時期にキリスト教は発展していく。キリスト教は都市において成熟し、そして3世紀後半には農村地帯にまで浸透していく。洗練された神学思想も生まれ、展開していくことになる。なお、244年から249年にかけて帝位にあったフィリップス・アラブス帝はキリスト教徒であったとい

第2章 キリスト教の展開期（3世紀）

うが、キリスト教が安心できる時代はまだ先のことであった。さらに教会では制度化が進み、ローマやアレクサンドリアなど大都市の教会はかなりの規模になる。251年頃ローマの司教コルネリウスは手紙のなかで1人の司教、そして「46人の司祭、7人の助祭、7人の副助祭、42人の侍祭、52人の祓魔師、読師、門番、そして主の恵みと人間愛によって養われている1500人以上の寡婦(かふ)や困窮者がいます」とローマ教会について書き記している（エウセビオス『教会史』第6巻43章）。なお、ここでいう「寡婦」とは祈禱に専念する聖職者の名称である。また各地の教会の歴史も使徒継承、歴代の司教によって厚みを帯び、「古ローマ信条」など一定の信仰内容も定まってくる。新約正典はヨハネ黙示録の扱いを除くと、大半が定まり、正典目録も確認されるようになる。

　本章では、本格的な神学の営為が確認されるアレクサンドリア学派などの教父たち（第1節）、またデキウス帝以降のキリスト教迫害（第2節）、また3世紀後半のキリスト教の興隆を説明するキュプリアヌスの疫病という出来事（第3節）について見ていきたい。

1　アレクサンドリア学派などの教父たち

　2世紀の後半から3世紀にかけてキリスト教のなかに、キリスト教を神学的に深化させた思想家が登場する。最初にラテン語で著作をものしたのがテルトゥリアヌスであり、舌鋒の鋭さが特徴である。神論をあつかう『プラクセアス駁論』、キリスト教弁証の『護教論』（アポロゲティクム）、異端反駁の『異端者抗弁』、その他『兵士の冠』『洗礼』『改悛』など神学的著作が残されている。しかし世紀の変わり目のあたりでモンタノス主義者となり、異端に加わったため後半期の作品は読み方に注意が必要だと言われる。225年頃に亡くなったという。

　またアジア出身でリヨンの司教になったエイレナイオスは『異端反駁』を書いて、教会における使徒的伝統の重要性を説きつつ、「グノーシス」と彼が呼ぶところの異端派とその教説を解説しつつ、反駁を加えていた。その「再統合」（アナケファライオシス）の神学は、先在のロゴスを基軸にしてア

ダムの堕罪とイエス・キリストの受肉による救済とをまとめた救済史的な神学であった。また先述のように、復活祭論争においても彼は重要な役割を担っていた。

さらにアレクサンドリア学派と呼ばれる一群の人びととして、まずパンタエノス、アレクサンドリアのクレメンス、そしてオリゲネスの名が挙げられる。

パンタエノスについてその生没年は不明であるが、2世紀半ばから後半の人と思われる。クレメンスはその知恵を称えて彼を「シシリアの蜂」と呼んでいた。インドにまで赴いたと言われ、アレクサンドリアでキリスト教を教える学校（ディダスカレイオン）を主宰していたとされる。その思想はストア派の影響を受けていたとされるが、残存する著作はない。このパンタエノスを継いでアレクサンドリアのディダスカレイオンを主宰したのが、クレメンスであった。

知恵の探求のため遍歴を重ねていた若きクレメンスが、2世紀の終わり頃最終的に見いだした教師がパンタエノスであった。当時パンタエノスはエジプトに隠れ住んでいたとされるが、クレメンスはパンタエノスに出会うことで平安を得たと記していた。クレメンスについて現代にまで伝わる著作は、『ギリシア人への勧告』『教育者』、そして『雑録』（ストロマテイス）、さらに『救われる富者は誰か』であり、その他は一部の断片が伝わるばかりである。『ギリシア人への勧告』と『教育者』は相互に関連があり、まずキリスト教へ招くものが前者であり、後者は入信したギリシア人、すなわち教養人をキリスト者として確かなものとすることが目的となる。クレメンスの計画では、その次の段階として「覚知者」の領域にひきあげることがあるが、これは文書によるものではなかったようである。

当時真理の認識は言葉によってより以上に体験的、経験的に会得されるものとの認識がひろくあって、究極のものについては沈黙する傾向がある。クレメンスも同様であったのであろう。したがって『雑録』は3番目の著作としてではなく、むしろ備忘録としてさまざまな教説、引用を書き留めるものとして執筆された。『救われる富者は誰か』は講話であって、富者の救いという問題を正面から取り上げたものである。福音書を読むとイエスは富者

第2章 キリスト教の展開期（3世紀）

オリゲネス

の滅びを説くが、のちに教会は富者によって支えられ、富者が救いを求めて入信することになる。ここからクレメンスはこの問題に取り組み、富そのものは善悪無記であって、むしろ富に執着する心を悪として退ける。そのため富の使い方が問題となり、隣人愛の精神をもって富を有効に使うべきだとする。最後に使徒ヨハネと盗賊の若者の物語が置かれているが、これは使徒ヨハネの後日談として興味深い。

オリゲネスは古代キリスト教思想家のなかで、アウグスティヌスに次いで最も優れた人物であると言える。その業績を挙げるなら、神学の歴史のなかで最初の組織神学的労作となる『原理論』を著し、また『ヘクサプラ』と呼ばれる聖書の本文批評学を暗示する作品を編み、また多くの注解書、聖書講話を残す。なかでも『ヨハネ福音書注解』は異端者ヘラクレオンの注解書への批判であるが、最初の本格的な注解書となっており、さらに『ケルソス駁論』という論争書においても重要な足跡を残している。しかし6世紀にユスティニアヌス帝（位527-65）によって異端宣告を受けたため、その著作の大半は散逸し、ラテン語訳でしか残存しないものも多くある。

オリゲネスの父はレオニダスと言い、セプティミウス・セヴェルス帝（位193-211）の迫害において殉教している。オリゲネスが青年になったばかりの頃であるが、父の後を追って殉教しようとする息子を母が思いとどまらせたという。その後オリゲネスは学問に励み、学識の深さのゆえにディダスカレイオンを主宰するようになる。生活は節約し、蔵書を売却し、毎日少しずつその代金をもらうことで生計を立てていたという。やがてその学問と教育のゆえに名声を得、カイサリアに赴いたおりに、その地の監督より司祭に叙階されてしまう。このことがアレクサンドリアの主教デメトリオス（位189-231）の逆鱗に触れ、結局オリゲネスはアレクサンドリアを立ち去ることになる。230年頃のこととされる。カイサリアに居を移すと、そこでもキリスト

教を教えたのだが、そのときにグレゴリオス・タウマトゥルゴスが弟子として名を連ねている。のちに有名な「謝辞」を書いている。

『原理論』は 4 巻から成るが、神論から始まり、受肉、理性的被造物、世界、原初への復帰（アポカタスタシス）へと考察が進む。第 3 巻には、地獄の消滅や悪魔の救いの可能性が論じられており（6 章）、このあたりがのちに異端とされる理由になる。第 4 巻は聖書解釈論となっている。『ヘクサプラ』は、オリゲネスが旧約理解を深めるために編んだもので、ヘブライ語テクスト、ギリシア文字による音写、アクィラ訳、シュンマコス訳、七十人訳、テオドティオン訳がそれぞれ共観できるように配置された六欄組聖書である。『ヨハネ福音書注解』は、グノーシスのヘラクレオンの同書注解に対抗して著されたものであり、最初の数巻を使ってロゴス賛歌が丁寧に注釈され、キリストのさまざまな名称を論じるエピノイア論が展開されている。

カイサリアにて 60 歳を過ぎたオリゲネスは講話の筆記を許可したといわれるが、聖書のほぼすべてについて講話を行ったようである。そのうち比較的多く残っているが、もちろんそのすべてではない。『エレミヤ書講話』には「苦しむ神」の思想が述べられており、注目に値する。248 年頃に執筆された『ケルソス駁論』は、170 年頃にローマの哲学者ケルソスが著したキリスト教批判の書である『真なる教え』に反駁したものである。8 巻から成り、ここでオリゲネスは逐条的に批判を行っており、おかげでケルソスの本を再構成することが可能になっている。異端問題にかかわったのが 1941 年に発見された『ヘラクレイデスとの対話』である。異端の嫌疑をかけられたヘラクレイデスとの問答が記されている。神学的小品としては『祈禱論』、また『殉教の勧め』がある。『ケルソス駁論』を執筆すると、オリゲネスはデキウス帝の迫害のため逮捕され、拷問を受け、迫害が終わると釈放されるが、そのときの後遺症のため 253 年頃に亡くなったといわれる。

2　帝国規模のキリスト教迫害

249 年にデキウス帝は、前任者フィリップス・アラブス帝への反感も重なって、登位するとまもなくキリスト教迫害を実施する。これは最初の帝国

第2章 キリスト教の展開期（3世紀）

古代のキリスト教徒の家族。ブレスキアのガラ・プラキディアの十字架に描かれていた

規模のキリスト教迫害であり、「探索しない」という原則を破り、ローマ帝国が積極的に実施した最初の迫害となった。皇帝礼拝を含め、偶像に供物を捧げ、礼拝した証明書（リベルス）の提示を求めたのである。これを公然と拒否するキリスト教徒は拷問にかけられ、棄教を求められた。

キリスト教はその出自がガリラヤというローマ帝国辺境の地ではあるが、その発展は都市を中心としていた。ローマ、アレクサンドリア、カルタゴといった都市を中心に教会形成がなされていったが、この時の迫害で多くの棄教者を出したという。カルタゴの監督キュプリアヌスはのちに「棄教者」という説教を残しており、大勢の信徒、また聖職者も教会を去っていったことを伝えている。ただし証明書があればよく、これをさまざまな手段を用いて手に入れる者もいたという。なおこの迫害を実施したデキウス帝は、251年に戦場にて散ってしまう。そしてこの迫害を含め、3世紀の迫害をきっかけに棄教者の復帰問題がおこり、悔悛の制度が整えられていった。

デキウス帝が亡くなったことで迫害がやんだわけではなかったが、その影響は弱まる。ところが数年後に皇帝となったヴァレリアヌス帝（位253-60）は当初寛容であったが、のちにデキウス帝と同様の迫害を実施し、キリスト教徒を排除しようとする。監督、長老、執事は処罰され、元老院議員など身分のある者も資産を失い、なおキリスト者にとどまるなら斬首、強制労働、追放されたという。しかしヴァレリアヌス帝はペルシャ戦役にて敗れ、捕虜となり、ササン朝ペルシャのシャープール1世（位241-73）の奴隷となって没した。その後共治帝で後を継いだガリエヌス帝（位260-68）は寛容策を

もってキリスト教を遇したので、迫害はやんだという。

　ローマ帝国におけるキリスト教迫害の最後となったのは、ディオクレティアヌス帝（位284-305）の迫害である。284年に皇帝に登位した彼は、4分統治（テトラルキア）など大胆な改革を行い、東洋風の皇帝として君臨した。その治世は安定し、ディオクレティアヌス帝をもって「3世紀の危機」とされる軍人皇帝時代は終わりを告げ、「後期ローマ帝国」と呼ばれる時代が始まる。皇帝の関心はローマの再建であり、とりわけその軍事力の強化であった。ところが軍隊の中に兵役拒否を申し出るキリスト者が出てきた。そこで軍隊から迫害が始まり、これが発展して303年に全国規模の迫害になった。教会にある聖書の供出（のちのドナトゥス派論争につながる）や会堂の破壊など、信者個人を対象とすることを越える規模の迫害となった。しかしそのディオクレティアヌス帝も305年になると病気のため退位し、その後は隠退して311年に亡くなる。このときの迫害も305年以降は弱まり、地域ごとで差が見られるようになっていった。

3　キュプリアヌスの疫病

　3世紀の後半になると、ローマ帝国におけるキリスト教徒の数が増加した。監督の人数が増えており、その分信者の数も増えたものと思われる。おそらくその50年間で600万人の信徒数に膨れ上がったものと推定される。その理由として複数の原因が考えられる。たとえば混迷の時代に従来の社会基盤となっていた人間関係、社会関係が崩壊していき、人と人との新しい絆が求められ、キリスト教がその新たな絆を提供できたことがその理由の1つであろう。またほかに251年から262年まで断続的にローマを襲い、人口を激減させた疫病の蔓延も挙げられよう。

　デキウス帝が戦死したのち、ガルス帝（位251-53）が後を継いでまもなく疫病がローマを襲った。この疫病の正体は不明であるが、それから11年間各地を巡りながら流行を繰り返していったようである。このためローマ帝国の人口の3割が亡くなったといわれる。3世紀後半のキリスト教の興隆についてこの疫病の影響を挙げるのが、ウィリアム・マクニールであり（『疫病

と世界史』中公文庫)、ロドニー・スタークである(『キリスト教とローマ帝国』新教出版社)。260年にアレクサンドリアの司教ディオニュシオスが復活祭書簡のなかでこの疫病に言及し、異教徒とは異なり、キリスト教徒が死をも賭して看病に努めたことを報告している。またカルタゴのキュプリアヌスも説教「死を免れないこと」のなかでキリスト者の看病に触れつつも、試練としてこの疫病に耐え、愛のうちに生きるよう勧めている。マクニールもスタークも指摘するのは、キリスト教の独特の来世観のおかげでキリスト教徒たちは死を恐れずに、死の向こう側にある未来をみつめて現世を生きることができたことである。疫病のさなかにあって生の意味をゆるがずに確認できたことがキリスト教の特長だという。いずれにしても看病の成果はあり、キリスト者の死亡率は低く抑えられたと考えられる。このためキリスト教による社会の絆の再構築が進み、農村地帯を含めてローマ社会にキリスト教が浸透し、信徒数が増加したものと考えられる。

第3章　古代キリスト教の黄金時代(4世紀)

4世紀のはじまりは、キリスト教にとって暗雲の立ちこめるものとなった。すでに見たようにディオクレティアヌス帝が迫害を実施したからである。しかしディオクレティアヌスは305年に隠退してしまう。その隠退後、一旦退位したマクシミアヌスが帝位をねらうなど、ローマ帝国は主導権争いの渦に巻き込まれていく。これを制したのがコンスタンティヌス大帝(位306-37)である。

コンスタンティヌス大帝は、内乱状態のなか313年にキリスト教を公認する。伝説では「これにて勝て」という声とともに十字架が天より示さ

コンスタンティヌス大帝

れ、ミルヴィウス橋での戦いにマクセンティウスに勝利したという。その後リキニウスがマクシミヌス・ダイアに勝利し、コンスタンティヌスはリキニウスとともに勝利を祝い、その後いわゆる「ミラノ勅令」が発布される。すでに311年にガレリウス帝が病床において寛容令を出しており、キリスト教は自由を得ていた。しかしこの勅令のおかげでキリスト教はローマ社会のなかで安定した立場を得、その後の発展に拍車がかかることになる。コンスタンティヌス大帝は公認しただけでなく、迫害で失った財産の返還、さらにさまざまな特権をキリスト教に認めていったからである。

かくして4世紀はキリスト教にとって大きな飛躍の世紀となる。とりわけキリスト教の聖職者の社会的地位が高まっていく。民事における司教裁判など、教会のなかだけでなく社会に対する影響力は大きなものになる。とはいえ問題がなかったわけではない。むしろ深刻な教理論争を経験することになったのも、この4世紀であった。本章では、ニカイア公会議をはじめ主な教会会議と教理論争（第1節）、東方における修道制（第2節）、神学者として成熟したギリシア教父たち（第3節）、さらに聖画像論争にいたる5世紀以降の東方キリスト教の展開についても考察しておきたい（第4節）。

1　ニカイア公会議とコンスタンティノポリス公会議

アレクサンドリアにおいて司祭であったアレイオスが、キリストを被造物とする妙な自説を展開しているとの訴えを受けとった主教アレクサンドロスは、アレイオスを呼び出して撤回を求める。これを拒んだアレイオスは破門されるが、各地をめぐって自説を訴え、一定の支持を得るようになった。かくして問題はアレクサンドリア教区を越えて東方一帯にひろがり、驚いたコンスタンティヌス帝が会議を招集する。325年のニカイア公会議である。

ニカイア公会議以前に御父なる神とキリストとの関係はどのように考えられていたのであろうか。主な異端を確認すると、いずれもモナルキア主義となる様態論（サベリオス主義）と養子説（サモサタのパウロス）、また従属説があり、アレイオスの主張は従属説に近いものであった。

ニカイア公会議は主に東方地域から集まった300名ほどの司教の出席に

第 3 章　古代キリスト教の黄金時代（4 世紀）

より開催された。アレクサンドリアからは主教のアレクサンドロスが出席したが、当時まだ輔祭であったアタナシオスも随行していた。会議はアレイオスを異端説として退け、「ニカイア信条」を採択して終わる。ニカイア信条はキリストについて父なる神と「ホモウシオス」（同本質）と定め、キリストの神性を認めたものとなっている。また 1 つのウーシア（本質）、3 つのヒュポスタシス（位格）とされる。

しかしこれで落着したわけではなく、その後アレイオスの復権、また 328 年アレクサンドロスの後継となった主教アタナシオスの追放（その後をあわせて合計 5 回追放）など二転三転する。またアレイオスのように「ホモイウシオス」（同様の本質）とするもののほかに、「ホモイオス」（同質）とする立場もあり、何度も会議が開かれ、紛糾していく。「ホモウシオス」が哲学的概念であって、聖書に見いだせないことも問題となる。また新たにラオデキアのアポリナリオスの異端説も出てくる。アポリナリオスはキリストにあっては、通常の理性ではなく、神的ロゴスが魂と身体に結びついたと考えた。これに加えて聖霊の神性の問題も持ちあがり、これを否定するマケドニオス派（プネウマトマコイ）の異端派も登場する。その渦中アタナシオスは 373 年に亡くなってしまう。政局の混迷も重なって紛糾する状況を、カイサリアのバシレイオスは海戦に譬えていた（『聖霊論』30）。アタナシオスの死後、ニカイア信条を固守する論陣をはったのは、カッパドキア 3 教父、すなわちカイサリアのバシレイオスとナジアンゾスのグレゴリオス、ニュッサのグレゴリオスである。すでにアレイオスは 336 年に亡くなっており、アレイオス派は極端な非相似派（アノモイオス）に変貌していた。その論客はアエティオスとその後継者エウノミオスであり、カッパドキア教父はエウノミオス批判を展開していく。

ところで 337 年にコンスタンティヌス大帝が亡くなると、3 名の皇帝が立つが、勝ち残ったのがコンスタンティヌス 2 世（位 337-61）であった。コンスタンティヌス 2 世は甥のユリアヌスを後継者に指名し、西方を任せ、ユリアヌスは見事にその期待に応える。しかし力をつけたユリアヌスを配下の軍が皇帝に指名したことで（360 年）、彼はコンスタンティヌス 2 世に反旗を翻した。ところがあわや決戦というとき、コンスタンティヌス 2 世は

ユリアヌスに帝位を託して亡くなってしまう。無事に皇帝になったユリアヌス（位361-63）は、自身キリスト教を棄て、ギリシア・ローマの祭祀の復興をもくろみ、キリスト教を少しずつ排除していく。このため彼は「背教者ユリアヌス」と呼ばれるようになる。なかでも彼の発布した362年の教育令は有名である。それはキリスト教徒にギリシアの古典文学の教授を禁ずるものであった。当時ギリシアの古典文学は、社会規範となっており、その教養は立身出世の必須条件であった。ユリアヌス帝の意図は、表向きはキリスト教徒に自ら信じてはいないものを教えることを禁じただけであるが、実は社会の上層部からキリスト教徒を排除しようと巧妙に仕組まれたものであった。しかしユリアヌス帝はペルシャ遠征を企て、その最中に戦死してしまう（363年6月26日）。死の直前ユリアヌスは「ガリラヤ人ども、お前たちの勝ちだ」と述べたと教会史家テオドレトゥスは伝えている。後継者のヨヴィアヌス帝（位363-64）は364年に亡くなり、ヴァレンティニアヌス帝（位364-75）、ヴァレンス帝（位364-78）、グラティアヌス帝（位375-83）などの短命の皇帝が立ち、ローマ帝国は混迷していく。これをまとめ上げたのが軍人のテオドシウス帝（位379-95）であった。

　381年にテオドシウス帝はコンスタンティノポリスにおいて会議を開き、エウノミオスを断罪し、ニカイアの信仰を再度確認することになった。コンスタンティノポリス公会議である。この会議でナジアンゾスのグレゴリオスとニュッサのグレゴリオスが活躍する。この時成立したのが「ニカイア・コンスタンティノポリス信条」ないし「コンスタンティノポリス信条」（あるいは単純に「ニカイア信条」と呼ぶ場合もある。226ページ参照）である。かくして三位一体論は確立し、1つのウーシア、3つのヒュポスタシスが定着し、さらに聖霊論も確立する。

2　修道的生活のはじまり

　4世紀のはじめに迫害が終わると、呼応するかのように修道制が発展していく。
　キリスト教の修道制の起源はアントニオスにさかのぼると考えられる。ア

第3章 古代キリスト教の黄金時代（4世紀）

柱頭行者シメオン

ントニオスは251年頃に生まれ、269年頃に財産を放棄して禁欲生活をはじめ、285年にはナイル東岸に赴いて修道生活を実践した。その次第はアタナシオスの『聖アントニオス伝』に詳しい。ただし彼は1人で修道生活を営む、独居型の修道者であった。

共住制の修道をはじめたのはパコミオスであった。290年頃に生まれた彼は、320年のはじめ、テーバイのタベンネシにおいて最初の修道院を建てたという。パコミオスは346年に亡くなるが、修道的生活はまたたくまに広がっていく。とりわけカイサリアのバシレイオスとその姉のマクリナは大きな足跡を残していく。バシレイオスは自身エジプトを旅して、かの地の修道制を見聞すると、帰郷したのちこれを実践する。友人のナジアンゾスのグレゴリオスもこれに賛同し、多くの人びとがバシレイオスの修道院につどうようになる。さらにバシレイオスはカイサリア近郊に病院を建て、レプラの病貧者の看護を行う。彼はこれを修道的生活のプログラムとして実施したのであって、観想と実践の両者を取り入れたのが、バシレイオスの修道プログラムであったという。なおこの病院はのちに「バシレイアス」と呼ばれるようになり、病院史において最初の病院の1つとして言及されていく。またバシレイオスの『修道士大規定』と『修道士小規定』はのちの修道的生活の模範となっていく。

バシレイオスに見いだされ、読師となったエウアグリオス・ポンティコスはエジプトに行って修道生活に打ち込み、同時に『修行論』といった修道的著作を著す。しかし彼はオリゲネス主義者として嫌われ、その死後、6世紀には異端とされてしまう。

その他5世紀には柱頭行者シメオンや聖カタリナ修道院のヨハネス・クリマコスが著名である。そして10世紀になると聖山アトスに修道院が建つようになっていき、東方正教会の修道生活を代表するようになる。

35

3 ギリシア教父の黄金時代

 4世紀は、また教父たちの黄金時代でもある。多くのギリシア教父、ラテン教父の名を挙げることができる。「教父」とは教会の父の意であり、古くは正統的教理の視点から選ばれていたが、今日ひろく古代のキリスト教著作家、思想家のことを指すものとして使う。なおギリシア教父はギリシア語で著述した者、ラテン教父はラテン語で著述した者のことを言う。シリアのエフライムなどシリア語で著述をしたシリア教父、コプト語を使ったコプト教父と呼ばれる思想家もいる。

 カイサリアの主教エウセビオスは歴史を好み、『教会史』や『年代記』を著すが、ほかに『福音の準備』や『コンスタンティヌスの生涯』を書き残した。アレクサンドリアの総主教アタナシオス（位 328-73）はニカイア公会議以前に『異教徒駁論』と『御言葉の受肉』を書いたが、後者のなかに見られる「じつにこの方［＝ロゴス］が人となられたのは、われわれを神とするためである」（『御言葉の受肉』54 章 3 節）は、三位一体論においてキリストの神性が固守された理由を明らかにしている。すなわち神化（テオーシス）こそが東方の正教会の救済論の根本なのである。その他に『アレイオス派駁論』がある。またさまざまな異端派への対処を記した『薬箱』（パナリオン）を書いたのはサラミスの主教エピファニオスであった。エルサレムの総主教キュリロス（位 350-86）には『教理講話』が残されており、基本的な教理が説かれている。またアレクサンドリアの総主教キュリロス（位 412-44）には『ユリアヌス駁論』のほか、聖書注解が多く残っている。

 カッパドキア教父とは、カイサリアの主教バシレイオス、ナジアンゾスの主教グレゴリオス、そしてニュッサの主教グレゴリオスのことを指すが、バシレイオスとニュッサのグレゴリオスは兄と弟の関係にあり、ナジアンゾスのグレゴリオスとバシレイオスとは、机を並べてともにアテナイで修辞学を学んだ間柄であった（ちなみに背教者ユリアヌス帝も両者の学友であった）。

 バシレイオスはポントスの領主の家に生まれ、祖母はグレゴリオス・タウマトゥルゴスからキリスト教を学んだというキリスト教家庭で育つ。兄弟

第 3 章　古代キリスト教の黄金時代（4 世紀）

姉妹が 10 人いるが、姉にマクリナがおり、自身は長兄、弟にはニュッサのグレゴリオスがいる。アテナイで勉強し、各地を遍歴したのち帰郷し、修道生活を実践する。カッパドキア州の州都カイサリアの主教になったのが、371 年のことであった。小柄で持病を持っていたが、胆力のある気丈の人で、その政治力は大きく、親アレイオス派のヴァレンス帝はその力を削ぐべく、カッパドキア州を 2 つに分割したほどであった。『エウノミオス駁論』や『聖霊論』を著したが、自身は著作家というよりも実践家であり、修道生活の実践、病院建設とその維持、看病などを自ら実践した。379 年 1 月 1 日に亡くなった。

　ナジアンゾスのグレゴリオスは、詩人であり、講話や詩歌を残した。その繊細な心は、たとえば司祭に叙階されるとき、彼は責任の重さに耐えかねて逃げ出したという。後年「私の逃亡について」と題した文書を著している。しかし彼こそは東方正教会から「神学者」と呼ばれる教父であって、それはコンスタンティノポリスの総主教の在任中、379 年から 81 年にかけて 5 つの神学講話を行ったからであった。三位一体の神の奥義を言葉にしたことで、神を論じた者、すなわち「神学者」（テオロゴス）と呼ばれている。また『クレドニオスへの手紙』（101 書簡）では、アポリナリオス主義を批判していた。「ヌース（知性）を欠いた人間に希望を置く者は、まさしく理性を放棄した者であり、全体として救われるに値しない。じつに受け取られなかったものは癒やされない。しかし神とひとつに結ばれた者は救われる」（32 節）。コンスタンティノポリスの総主教から退いたのちは、帰郷して隠遁し、修道生活を送ったという。

　ニュッサのグレゴリオスは、先の 2 人と比べると思想的な著作活動を行うが、それは主に兄バシレイオス

ニュッサのグレゴリオス

第1部　古代

が亡くなってからになる。神の本質を認識できるとするエウノミオスを批判した『エウノミオス駁論』、雅歌をキリストと魂の間の出来事として解釈する『雅歌講話』がある。また『モーセの生涯』では、出エジプトの出来事が、キリスト教的な完全をめざす人間の生の出来事と重ねられ、比喩的に解釈され、モーセの歩みが信仰生活に譬えられていく。その基調となるのは、生ける神の無限性の思想に支えられたたえざる前進の思想、すなわちエペクタシス論である。たとえば、次の引用はその思想をよく表現している。「そしてこのこと、つまり願望の充足をけっして見いださないことこそ、真に神を見ることである。むしろ見る者は見ることができるものを通して、更に見たいという願望を燃え立たせねばならない。かくして善の限界を見いだすことなく、また何か充足により善への願望の前進がさまたげられることなく、いかなる限界も神への上昇の増大をさまたげることはない」（第2部239節）。その他『人間創造論』は創世記の人間創造を、「人間」としての創造とジェンダー、すなわち「男女」の創造の二度に分ける二重創造説を展開した。また『マクリナの生涯』は姉マクリナの生涯を親しみを込めて描くが、とくにその死の場面は圧巻である。マクリナとの対話を中心に構成されている『魂と復活』はプラトンの『パイドン』にならった作品であるが、そこで彼は、女性のマクリナをソクラテスの役割を担う哲学者として描いている。

　ほかにコンスタンティノポリスの総主教ヨアンネス・クリュソストモス（位398-403）は「黄金の口」との異名をとるほど心に響く説教を語ったと伝わるが、その片鱗は残された膨大な説教をとおしてうかがうことができる。また神学論文として『神の不可把握性』も残されている。

　なおラテン教父として、4世紀前後のラクタンティウスはディオクレティアヌス帝の迫害のときに洗礼を受け、その後コンスタンティヌス大帝の息子の教師を務めつつ、『迫害者たちの死』『神的綱要』や『神の怒り』を著した。学識と胆力に富んだミラノの司教アンブロシウスは『義務論』『秘跡論』などの著作、また賛美歌を作ったことでも名を残している。また『三位一体論』を書いたのはポワティエの司教ヒラリウスであり、聖書のラテン語訳である『ウルガタ訳聖書』を完成させたヒエロニュムスは、その他『著名人について』を著してキリスト教徒の名鑑を作成した。

第3章　古代キリスト教の黄金時代（4世紀）

4　東方キリスト教の展開（5世紀から8世紀）

　キリスト教の歴史のなかで古代はいつ終わりとなるのか。テオドシウス大帝ののち、ローマ帝国は東西に分割され、ふたたび統一されることはなかった。西ローマ帝国は476年に傭兵隊長オドアケルがロムルス・アウグストゥルス帝（位475-76）を廃位することで終焉を迎え、これと同時に西方地域のキリスト教も古代から中世に移っていく。他方、東ローマ帝国はアルカディウス帝（位395-408）、テオドシウス2世（位408-50）が帝位につき、さらにビザンツ帝国として1453年まで存続する。ビザンツ帝国におけるキリスト教の古代の終焉は、古代キリスト教の最後の公会議に数えられる第2ニカイア公会議をもって画する。

　三位一体論が確立すると、今度はキリスト論が問題となっていく。なぜならキリストの神性が認められると、今度は人間であったキリストとその神性との関係が分からなくなってくるからである。ここにマリア論が絡んでくる。イエスの母マリアは、イエスを産んだことで「神の母」（テオトコス）と呼ばれるようになっていた。これに対してコンスタンティノポリスの総主教ネストリオス（位428-31）が異議を唱える。マリアは人間としての「キリストの母」であって、「神の母」ではないと主張したのであった。これに対してアレクサンドリアの総主教キュリロスは「神の母」を主張し、対立する。

　ポイントはイエス・キリストにおいてその人性と神性とを分離することはできないという点にある。イエスの母であれば、同時に神の母であって、イエス・キリストにおける人間としての部分のみの母、つまり「キリストの母」という称号はふさわしいものでなく、「神の母」（テオトコス）と言うべきだという。431年に開催されたエフェソ公会議はキュリロスを支持し、ネストリオスは追放されてしまう。のちに東方へ伝播したキリスト教をネストリオス派と総称することになるが、それはこのネストリオスにさかのぼるという。ちなみに中国では「景教」と呼ばれることになる。

　しかし、ではこの神性と人性の関係は融合してしまっているのだろうか。融合してしまうなら、もはや人間でもなく、神でもなく、第3の存在になっ

てしまうのではないだろうか。そのため分離しているのでもなく、融合しているわけでもないということになる。この問題を扱い、両性の関係を述べる定式をさだめたのが、451年のカルケドン公会議であった。ローマ教皇レオ1世（位440-61）の主張が認められ、神性への人性の融合を説くアレクサンドリア派の修道士エウテュケスが退けられた。カルケドン信条には次のように記されている。

「主は真に神であり、真に人であり……この終わりの時代に、主は……神の母である処女マリアより生まれたもうた。この唯一のキリスト、御子、独り子は、二つの性においてまざることなく、かけることなく、分けられることもできず、離すこともできぬ方としてみとめられねばならないのである」。

この信条は説明としては十分ではないとしても、語るべきことを語っている。しかしアレクサンドリアを中心とするエジプトの教会は分離し、単性論として独自の道を歩んでいく。続く一致の試みのなか、本性についての問題から、意志の問題、働きの問題へと展開し、553年の第2コンスタンティノポリス公会議（三章論争）、680年から81年の第3コンスタンティノポリス公会議（単意論）の開催となる。7世紀にキリストにおいて神としての意志のみを認める単意論と神と人の2つの意志を認める両意論の問題に巻き込まれたのが、ローマ教皇マルティヌス（位649-53頃）であり、証聖者マクシモスであった。マルティヌスは教皇位を剝奪されて殉教し、マクシモスも右腕と舌を切断されて殉教したが、結局は、両意論が正統と認められることになる。

一連の三位一体論、キリスト論論争において問題となったのは、人間の救済であり、そこには特に東方教会にとって本質的な問題、すなわち神化（テオーシス）の可能性がかかっていた。神が人となったので、人が神になる道が開けた。救済とは、神と人との一致であり、キリストはこの一致を体現している。それが受肉ということになる。たとえば両意論にしても、マクシモスにとって決定的であったのは、ゲツセマネの園におけるイエスの言葉「御心のままに」（マタイ26章39節）の解釈にある。そこで神としての意志（十字架を受け容れる）と人としての意志（これを避けたいところだが、「御心のままに」と言う）と2つの意志が一致するという点が大事なのである。融合や

第4章　西方キリスト教とキリスト教古代の終焉 (4世紀初頭〜476年)

イコン（聖画像）

同化ではなく、異なるものの「一致」がキーワードとなる。

　このような神と人との一致の問題の最後を飾るのが、イコノクラスム、聖画像論争であった。ビザンツ皇帝レオ3世（位717-41）によってはじめられた聖画像破壊の問題は、787年に開催された第2ニカイア公会議において聖画像が承認されることで解決を見たのであったが、その後もしばらく問題は続いた。第2ニカイア公会議は、聖画像について偶像礼拝ではないということを「礼拝」（ラトレイア）と「崇敬」（プロスキュネーシス）を分けることによって説明する。聖画像はあくまでも教化のためのものであって、窓のごとくこれを通して、そこに描かれている方へと見る者の心を運んでいく。それに対して礼拝は神にのみ捧げられるべきであるとした。

　この神学的基礎はダマスコのヨアンネスによって示されたのだが、それは受肉論である。神が人となり、話し、歩き、食べた。それゆえわれわれは人となった神を描くことができるという。ここでも要点は神と人との一致なのであった。

第4章　西方キリスト教とキリスト教古代の終焉 (4世紀初頭〜476年)

　4世紀のキリスト教の歴史の舞台は、主にローマ帝国の東方地域になるが、西方地域ではドナトゥス派の問題が深刻になっていく。これを解決したのが、古代キリスト教において最大の教父アウグスティヌスであった。しかしその晩年にはヴァンダル族の侵攻にあい、アウグスティヌスが亡くなる頃には、西ローマ帝国は傾いていく。大教皇レオ1世（位440-61）の登場をみる

第1部　古代

も、476年に西ローマ皇帝が廃位されることで滅亡し、この地域はゲルマン民族の世界へと変貌していく。それとともにキリスト教も転換を余儀なくされ、時代は中世へと突入することになる。

　本章では、西方に目を転じて、4世紀初頭から476年の西ローマ帝国の滅亡までの時代をあつかい、北アフリカを席巻したドナトゥス派論争（第1節）、最大の教父アウグスティヌス（第2節）、アウグスティヌスとドナトゥス派論争（第3節）、ペラギウス主義論争（第4節）、古代の終焉（第5節）について論じていこう。

1　ドナトゥス派論争（1）

　北アフリカのヌミディア付近はカルタゴを中心とした地域であり、ローマ帝国のなかでは温暖な気候のため人の集まるところであった。ディオクレティアヌス帝の行った最後のキリスト教迫害のおりの棄教者の復帰問題が、この地域においてもちあがったのは311年のことであった。

　カルタゴの司教としてカエキリアヌスなる人物が選ばれた。しかしこれに納得しない人びとは、対立司教としてマヨリヌスという老人を立てて対抗し、ドナトゥスがその後を継いだ。そのためこの問題は一般に「ドナトゥス派論争」と呼ばれている。カルタゴにおいて2人の司教が誕生し、紛糾するなか、314年にコンスタンティヌス大帝がアルル教会会議を開催し、問題の解決に乗り出す。これによってドナトゥス派は断罪されたが、しかしこの異端派の勢力はとどまることがなかった。ドナトゥス派の主張は、カエキリアヌスを叙階した司教の1人が「裏切者」であり、その叙階は無効だということであった。「裏切者」というのは、ディオクレティアヌス帝の迫害のさいに棄教して教会の聖書を引き渡した聖職者のことを言う。「裏切者」と呼ばれた棄教者の執行する叙階、サクラメントは無効であるというのである。

　この地域ではおよそ50年前デキウス帝の迫害において棄教した者の復帰問題を論じた過去があった。カルタゴの司教キュプリアヌスは「棄教者」という説教を残している。迫害時に棄教した者たちについて無条件で復帰を認めるとする者たちや棄教者は決して赦されないとする厳格主義者のなか、償

第4章　西方キリスト教とキリスト教古代の終焉（4世紀初頭〜476年）

いの期間を置いて復帰を認めるとキュプリアヌスは主張したのであった。

　棄教者の問題は北アフリカにおいて目立っている。ドナトゥス派はたんに1つの考え方を提示しているというよりも、どこか北アフリカの人びとの心をとらえる見解を代表している。ローマ帝国に禁止されたことで却って反ローマ感情に火がつき、社会問題化していった。そのためその勢力は衰えず、この地域には正統派の教会とドナトゥス派の教会とが両立する地域がかなりの数に上ってしまう。さらに「キルクムケリオネス」と呼ばれたならず者集団がドナトゥス派となって、たびたび正統派の信徒への暴力事件を起こすようになる。結局、この問題の最終的決着はアウグスティヌスの登場を待たねばならなかった。

2　アウグスティヌス（354〜430年）

　古代キリスト教のなかで最大の思想家は、間違いなくアウグスティヌスである。著作の量だけでなく、その扱った問題、領域は多岐にわたり、のちの西洋思想に与えた影響も計り知れない。

　北アフリカのヌミディアの町タガステに生まれた彼の家は、都市参事会のメンバーであり、中流階級に属していたが、父パトリキウスは早くに亡くなる。その後、学費の援助を受けつつカルタゴで修辞学を学ぶが、同時にある女性と同棲し、息子アデオダトゥスが生まれる。19歳になるとキケロの『ホルテンシウス』を読み、真理の探究にめざめ、母モニカの影響もあり聖書を読むが失望し、その後マニ教（24ページ参照）に入信する。悪の問題に悩む彼にその二元論は明確な回答を与えてくれ

アウグスティヌス（ボッティチェリ画）

第 1 部　古代

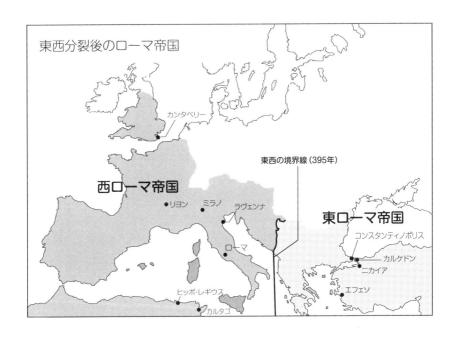

るように思えたからであった。修辞学の教師となった彼は、カルタゴ、384年にミラノで教授職を得る。この頃にはマニ教から離れており、アカデミア派の懐疑論、新プラトン哲学などに親しむようになる。さらにミラノでは司教のアンブロシウスとの出会いがあり、アンブロシウスの説教を聴き、聖書の比喩的解釈を学ぶ。

　386年8月ミラノのある庭園で、子どもたちの歌う「取りて、読め」の句を聴き、直観的に聖書をあけた彼が目にしたのは「酒宴と酩酊、淫乱と好色、争いと妬みを捨て、主イエス・キリストを身にまといなさい。欲望を満足させようとして、肉に心を用いてはなりません」(ローマ13章13節以下) であった。『告白録』第8巻にはこの体験によって彼が得た回心と平安が記されている (12章29節)。32歳であった。その後、彼は世俗の職を辞し、友人とともにカシキアクムにある知人の別荘にこもって討論を重ねるなど、真理探究に身を捧げたという。この時期の著作が『アカデミア派駁論』『至福の生』『秩序』『ソリロキア』である。387年イースターのときにアンブロシ

第 4 章 西方キリスト教とキリスト教古代の終焉（4 世紀初頭〜 476 年）

ウスより洗礼を受ける。母モニカとともにタガステに帰途、オステアでモニカは息をひきとる。その後 390 年になると息子アデオダトゥスも亡くなる。

391 年ヒッポ・レギウスの司祭となる。続いて 396 年に司教になる。46 歳となった 400 年に『告白録』が完成する。『告白録』は全体が 13 巻からなり、神を称える序文に続き、第 1 巻 6 章から 9 巻までは自分の過去について、第 10 巻は現在について、そして第 11 巻から 13 巻までは創世記の創造物語の解釈になっている。日中は司教裁判や牧会のため激務に追われ、さらにドナトゥス派論争に苦慮しつつ、夜に勉強し、執筆して多くの著作をものにする。

410 年の西ゴート王アラリックによるローマ劫掠（こうりゃく）をきっかけに大著『神の国』を書きはじめる。皇帝はいなくとも永遠の都ローマが劫掠された事件は、社会に動揺を与え、古来の神々を捨ててキリスト教を信奉するようになったことが原因だと言われるようになる。これに対する弁明として企図されたのが『神の国』であった。「神の国」と自己愛を追求する「地の国」の混合としての社会、教会は究極的なものではないという思想を基調として、社会や歴史の問題をひろく扱った著作である。またこの頃にペラギウス主義論争（後述）も始まる。419 年には、キリスト教の古典的教理である三位一体について人間精神をモデルに考えた大著『三位一体論』を書き上げる。神の似像としての人間のうちに三位一体を理解する鍵があると考えられた。記憶・知解・意志の 3 つであり、また精神・認識・愛の 3 つである。427 年 73 歳になったアウグスティヌスは後継司教を指名し、隠退する。これを機に『神の国』全 22 巻を完成させ、またこれまで自分の書いてきた著作のすべてを再検討するため『再考録』を著す。その他セミ・ペラギウス主義者との公開討論などにも参加し、まだまだ健在であることを示す。

429 年ヴァンダル族がアフリカに来襲する。どうすべきかを照会されたアウグスティヌスは手紙を書き「司教はいかなるときにも住民を捨てたり、教会を放置すべきではありません」と述べて、避難することなく困難に立ち向かうように勧めた。430 年 8 月 28 日にヒッポの町がヴァンダル族に包囲されるなかアウグスティヌスは亡くなる。その後ヴァンダル族はヒッポを占拠し破壊する。すでに西ローマ帝国は瀕死の状態にあり、時勢を止めることは

できないのであった。とはいえアウグスティヌスの死に立ち会ったポシディウスは、アウグスティヌスはその著作のなかに生き続けていると記している（『アウグスティヌスの生涯』31）。

3　ドナトゥス派論争 (2)

アウグスティヌスがドナトゥス派の問題に関わったのは、391年にヒッポの司祭に叙階されてからである。30歳を越えたあたりから30年の間この論争に関わっていくことになる。最初は反ドナトゥス派の歌を作って合唱したというエピソードも残っている。396年ヒッポの司教に叙階されて以降は、この問題のため幾度となく開催されたカルタゴの教会会議に出席することになる。400年から405年にかけて、ひき続きカルタゴ教会会議に出席するが、404年の会議ではついにホノリウス帝（位395-423）に対して軍事介入を要請することが決議される。405年に皇帝はドナトゥス派を法によって規制するようになった。しかし409年になると寛容令が出され、規制が緩まると、ドナトゥス派の活動も活発になる。そこで411年6月皇帝によって最後となる大討論会が開催される。正統派教会から286名、ドナトゥス派から279名の参加者が集まり、公証人マルケリヌスの面前で討論が開催され、その結果、マルケリヌスは皇帝の名においてドナトゥス派を禁止した。この出来事が決定的となって、その後ドナトゥス派は下火になっていく。421年に『ガウデンティウス駁論』を執筆するが、その頃にドナトゥス派は衰退していた。

問題となったのは教会論とサクラメント論であった。ドナトゥス派によれば教会は聖なる者たちの集いであるので、裏切者、棄教者は除外されるという。これに対してアウグスティヌスは、教会の聖性は信徒の聖性に拠るのではなく、聖霊の導きによると考えた。教会にはさまざまな人が集い、善悪混じり合った教会だからである。またサクラメントの有効性についてもドナトゥス派は執行者の聖性によるとしたが、アウグスティヌスは執行者ではなく、聖霊の働きによるのであって、そこでは執行されたということが大事だと考えた。この考え方はのちに整理されて前者を人効論（エクス・オペレ・オペランティス）、後者を事効論（エクス・オペレ・オペラト）と呼び、後者が

第 4 章　西方キリスト教とキリスト教古代の終焉（4 世紀初頭〜 476 年）

教理的に正しい教理と認められるようになった。

4　ペラギウス主義者との論争

　410 年のローマ劫掠を逃れ、411 年にブリテン出身のペラギウスとカエレスティウスが北アフリカに来た。しかしペラギウスはすぐに立ち去ってしまい、カエレスティウスがペラギウスの思想を広める。その『罪の遺伝説批判』が問題となり、411 年にカルタゴで教会会議が開かれ、カエレスティウスは異端とされた。その彼はエフェソへ行き、そこで司祭になったという。
　この一連の出来事にアウグスティヌスは直接には関わっていなかったが、その後ペラギウス説を支持する人びとによって論争となり、この問題に引き込まれることになる。418 年にアフリカの教会は会議を開き、原罪の確認をおこない、罪の赦しのためには洗礼が必要であること、そして恩恵については、イエス・キリストによる神の恩恵なしに自由意志によって律法を守ることはできず、救いを得ることもできないとした。アウグスティヌスが 64 歳のときであった。この決定が西ローマ皇帝ホノリウス帝の支持を得、教皇のゾシムス（位 417-18）も承認することでペラギウス説は異端となった。その後、あらためてこの問題についてアウグスティヌスを批判するエクラヌムのユリアヌスとの論争、さらに恩恵には反対しないが自由意志の力を主張するセミ・ペラギウス主義者との論争に発展した。
　問題となったのは神の恩恵であり、人間の自由意志であった。人間はその自由意志によって罪のない生活を送ることができるのか、救いを獲得することができるのか、が問題となる。原罪説を批判し、罪の遺伝説を退けるペラギウスやカエレスティウスに対して、パウロ研究を深化させたアウグスティヌスは徹底した恩恵の必要性を訴えた。そのため人間の自由意志をないがしろにしたとされ、今度は修道士たちが騒ぎはじめ、論争が起こる。セミ・ペラギウス主義論争である。ペラギウス主義やセミ・ペラギウス主義によれば人間の自由とその行為も必要であるという。そのため神と人間との協力しあう必要を認めるのであって、協働主義（シュネルギスム）と呼ばれる。これに対してアウグスティヌスの見解は、人間は恩恵に拠らなければ救いの端緒

から完成まで一切の可能性がないと言う。

5 キリスト教古代の終焉

　キリスト教はローマ帝国のなかで発展してきたが、テオドシウス大帝ののちに東西ローマ帝国に分かれるようになると、東西で古代世界の終焉を考えねばならなくなる。東方については第2ニカイア公会議によって区切られるので8世紀までとなるが、西方についてはどうであろうか。キリスト教は、ローマ帝国において生まれ育まれていったのであって、ローマ帝国のキリスト教化をめざしていた。そして4世紀にその目標は達成されたといえる。5世紀になると西ローマ帝国が傾き、帝国は終焉を迎える。それとともに、キリスト教は新しい道を模索しはじめるのである。その道程が中世ヨーロッパのキリスト教として開花していく。もちろん連続するところもあるのだが、全体として見れば、それは古代キリスト教とは異なる。したがって少なくとも西方地域においては、476年の西ローマ帝国の終焉によってキリスト教の古代は終わったのである。

第2部
中　世

久松英二

第 2 部　中世

はじめに

　古代キリスト教が終焉(しゅうえん)を迎えつつある時代を生きたアウグスティヌス(354-430)は、ゴート人によるローマ征服(410)を目の当たりにし、自身が司教として管轄していたヒッポがヴァンダル族に占領された年(430)に世を去った。この両異民族を含む「ゲルマン民族」が大挙して西ローマ帝国内に侵入したことがもとで帝国が滅び、これをもってヨーロッパの新たな時代、すなわち「中世」が幕を開けることとなった。

　この中世ヨーロッパにおけるキリスト教の主役は、「教皇」を頂点とするローマ教会(ローマ・カトリック)である。一方、バルカン半島の西のつけ根あたりを通る経線より東に位置する東ローマ帝国(ビザンツ帝国)には、コンスタンティノポリス総主教を中心とする東方正教会(ギリシア正教会)が歴史を歩んでいたが、本書で扱う「中世キリスト教」は、あくまで西方におけるキリスト教のことを指す。

　以下、中世キリスト教の歴史を、第 1 章、その「始まり」(5 〜 8 世紀)、第 2 章、その「完成」(〜 11 世紀半ば)、第 3 章、その「全盛」(〜 13 世紀)、第 4 章、その「衰退」(〜 15 世紀)とたどってみたい。

第 1 章　中世キリスト教の始まり (5 〜 8 世紀)

　本章では、ゲルマン民族の移動と西ローマ帝国の滅亡の次第を素描し、その混沌とした時代のうねりの中で、教会がローマ教皇を中心として、新生ヨーロッパの土壌に根を張り巡らしていくプロセスをたどる。

第1章　中世キリスト教の始まり（5〜8世紀）

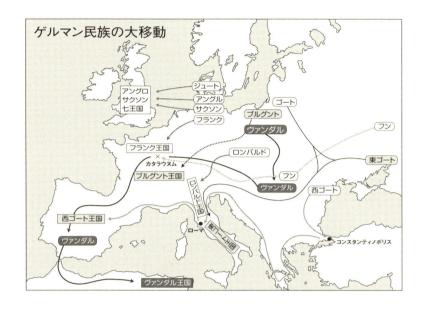

1　西ローマ帝国の滅亡

　コンスタンティヌス大帝（位306-37）によって築かれたキリスト教ローマ帝国は、テオドシウス帝の死（395）に際して東西に分割されたが、このうち西の帝国すなわち「西ローマ帝国」がおよそ80年後に消滅した。この西ローマの歴史を断絶させ、ヨーロッパを新しい姿に変えたのは、ゲルマン民族であった。

ゲルマン民族の移動の始まり　4世紀末、中央アジアに広大な勢力圏を有していた遊牧騎馬民族フン族が怒涛のように西進したことがきっかけで、西ローマ帝国の北東部、現在のドイツ北部・デンマーク・スカンジナビア南部地帯に居住していたインド＝ヨーロッパ系のゲルマン語を話す諸部族が帝国領内へと侵入しはじめた。いわゆる「ゲルマン民族の大移動」と呼ばれるこの大規模移動は、ゲルマンの一派である東ゴート族の地が、375年にフン族に征服されたのを機に、この騎馬民族の襲撃から逃れるために西ゴート

51

第2部　中世

族がドナウ川を越えて南下したことがひきがねとなった。

ローマを襲った危機　さて、ローマ帝国の首都であったローマに目を向けると、この地を襲ったゲルマン民族の侵入に関わる最初の危機は、アラリック王（位395-410）率いる西ゴート族によるローマ劫掠（こうりゃく）（410）であった。この軍事的敗北は帝国を大混乱に陥れ、この国家的災いは、ローマ人が従来の神々を棄ててキリスト教に転向したことへの罰だとの考えが広まった。これが、アウグスティヌスの『神の国』執筆の背景となったことはよく知られているが、この事件をもって、西洋史における古代の終焉と見なす説もある。

　次なるローマの危機はフン族のアッティラ（位434-53）によってもたらされた。彼はまずガリアに侵入したが、「カタラウヌムの戦い」（451）で、西ローマ帝国の将軍アエティウス率いるローマとゲルマン諸族の連合軍に敗退すると、翌年、矛先をローマに向けて進軍した。ヨーロッパを震え上がらせたフン族の来襲からローマを守ったのは、有名なローマ教皇レオ1世（位440-61）であった。彼はアッティラと会見して平和的解決を図り、ローマをその襲撃から守った。その結果、同年にアッティラはローマから撤退し、翌年には死去。フン族は衰退し、歴史から姿を消した。

西ローマ帝国の滅亡　だが、こうした未曾有の危機を免れたローマも、その4半世紀後についに終焉を迎える時が来た。476年、ゲルマン出身でローマの傭兵隊長であったオドアケルがクーデターを起こし、10代半ばで皇帝となったばかりのロムルス＝アウグストゥルス（位475-76）を廃位し、ローマから追放したのである。しかし、オドアケルは東ローマ皇帝ゼノン（位474-91）に西ローマの皇帝権を返上し、コンスタンティノポリス政府に対する忠誠を誓って、東ローマの「太守」（パトリキウス）という身分で西ローマを支配することになった。

　なお、西ローマは476年の皇帝廃位以降空位のままその後の歴史を歩んでいったので、この年をもって西ローマ帝国の滅亡とされる。いよいよ、中世キリスト教の幕開けである。

第1章　中世キリスト教の始まり（5〜8世紀）

2　ローマ教皇制の基盤形成

　日本で一般に定着しているのは「法王」という表記であるが、日本のカトリック教会の公式表記では「教皇」となっている。教皇は、今では全世界のカトリックの最高位聖職者であるが、厳密にはカトリックの「助祭」「司祭」「司教」という3聖職位の中の「司教」であって、ローマという特定の教会行政範囲を管轄する「ローマ司教」という位置付けにある。その限りでは、他の諸都市、諸地域の司教たちとは平等の関係にある。しかし、以下に掲げる理由から、ローマ司教は他教会、他司教とは別格の権威を持つ存在へと向かっていった。

ペトロに由来する権威　ローマの司教の特別な権威付けは、この地が十二使徒のリーダー格にあたるペトロの殉教地であり、埋葬された場所であるとする主張に基づく。カトリックの解釈では、「ペトロ」（岩）の上に教会を建てよう（マタイ16章18節）と言ったイエスの言葉が、主による教会の権威と職能のペトロに対する授与を示すものであり、かつその権威と職能はローマ司教が受け継いでいると主張されている。この主張を裏付ける客観的証拠はないが、ローマ司教の優越性を決定付ける根拠として信じられてきている。

帝権の弱体化　ローマ司教の権威上昇の第2の要因は、帝権の弱体化である。東ローマ帝国では、最初のキリスト教皇帝コンスタンティヌス帝以来、教会は国家に奉仕する帝国の一機関であり、国家からの監督・規制を受ける存在であるという「皇帝教皇主義」（この概念は東ローマの実態にそぐわないとする見解もある）が敷かれていたが、西ローマでは事情が異なっていた。というのは、西ローマの皇帝たちの多くが指導力に欠け、教会が次々に出してくる法的権威の獲得の要求にふさわしく対応できる資質に欠けていたし、そもそも、ホノリウス帝（位395-423）が西ローマ帝国の首都をラヴェンナへ移したので、それ以来、あたかも国から忘れ去られたかのようなローマの威光を支えていたのはローマ司教だけだった。

しかし、決定的なのは、西ローマ帝国そのものの滅亡であった。これによって理念的にも実質的にも帝権の従属から解放されたローマ司教は、いまや旧ローマ帝都になお留まって、帝権の代行者たる役割を担う存在となった。

「大教皇」の活躍　ローマ司教の権威上昇の第3の要因は、「大教皇」と呼ばれた2人の人物、すなわち、レオ1世およびグレゴリウス1世（位 590-604）という傑出した司教らの活躍である。前者は、すでに触れたように、アッティラ率いるフン族からローマを守った英雄として知られる。

グレゴリウス1世

一方、6世紀に活躍したグレゴリウス1世は、ローマ屈指の名門の家柄の出で、父の死後、莫大な遺産をすべて貧民救済と修道院建設の費用に充て、自らは修道士として隠遁生活に入った。修道士出身初のローマ司教となったグレゴリウスは自らを「神の僕の僕」と称したが（これは現在でも教皇の公式称号の1つとして使用されている）、優れた政治的手腕をもって教会内の諸課題を次々と解決した。

しかし、最大の貢献は、ゲルマン諸族の侵入から旧西ローマ地域を守るためにあてにならなくなった東ローマの軍事的援助に頼らず、独自の対ゲルマン政策に着手したことである。すなわち、ゲルマン人を積極的に教化し、改宗に導くことが得策であると考え、その布教に乗り出したのである。ここに、教皇の強いリーダーシップのもと、西方が新たなキリスト教世界に脱皮する決定的な基盤が形成された。

このように、グレゴリウスは西ローマ帝国滅亡後の新生ヨーロッパの教会政治を主導する「教皇」としてのローマ司教の立場を名実共に明確化し、教皇権の基盤形成に貢献した。このことから、彼を教会史における古代と中世の分岐点と見なし、彼をもって「中世教会史」がはじまったと解釈している歴史家も多い。

第1章　中世キリスト教の始まり（5〜8世紀）

3　西方修道制の成立

　教皇制と並んで中世キリスト教を性格付ける重要な要素となったのは「修道制」である。キリスト教修道制は、禁欲的隠遁的理想をもって、キリスト教の精神を厳格に保持することを目的としてはじめられた。

西方における修道制の出現　西方教会に修道的な生活形態が出現するのは、東方より少し遅れて4世紀後半からである。修道院として明確な形が現れるのは、ガリア（現フランス）とアイルランドである。ガリア西部ではトゥールのマルティヌスが、372年、トゥールから3キロメートルほど離れた近寄りがたい場所に、西方で最も古い修道院の1つマルムティエ修道院を建てたと報告されている。一方、ガリア東南部マルセイユ沿岸の島々、とくにレランにはホノラトゥスが405年から410年にかけて修道院を建てた。

　一方、アイルランドは紀元前5世紀からケルト人が住み着くようになったが、このアイルランドのケルト人は「ゲール人」と呼ばれ、ドルイド信仰など独自の文化を持っていた。ここはイングランドと違って、ローマの支配もアングロ＝サクソンの支配も受けることはなかった。

　このゲール人に対するキリスト教布教が始まったのは5世紀であるが、特徴的なことは、この地にはキリスト教化と同時に修道生活もセットになってもたらされたということである。このワンセットをもたらしたパイオニアがガリアから修道士としてやってきた「アイルランド人の使徒」パトリキウス（パトリック）である。

　アイルランドの修道運動は著しく活発となり、修道院が教会生活の中心となり、厳格な禁欲生活が営まれた。しかも、「キリストのための遍歴」というモットーのもと、故郷を捨てて遠く離れたところで修道生活を営む、という独自の方法を発展させた。6世紀末にこのケルト教会の遍歴的禁欲の修道士集団を率いてガリアに上陸し、この地に新たなアイルランド修道制をもたらしたのがコルンバヌス（543頃-615）である。

ベネディクトゥス

「西欧修道士の父」ヌルシアのベネディクトゥス　西方教会の修道制を決定的に方向付けたのは、イタリア中部のヌルシアで生まれたベネディクトゥスである。彼は529年頃、ローマの南東130キロに位置する高さ519メートルの岩山モンテ＝カッシーノに修道院を建設し、西方教会初の修道会である「ベネディクト会」を興した。「修道会」とは、ローマ教皇によって認可された共同生活による修道団体を言う。各修道会にはそれぞれの活動目的に応じた会の規則（会則）が定められており、その性格はさまざまである。ベネディクトゥスが「西欧修道士の父」と呼ばれるのは、539年または540年頃に自身の修道院のために定めた『聖ベネディクトゥスの戒律』が、その後の西欧修道会の規範として大きな影響を与えたからである。特に、『戒律』の中心に位置付けられる「清貧」「貞潔」「従順」の3誓願は、その後創設されたさまざまな修道会も採用するところのものとなった。

　「祈りかつ働け」（ora et labora）という標語や極端な禁欲・節制を避けて「分別」の精神を説いたこの『戒律』は、7世紀頃にはすべての修道院において規範とすることが定められ、12世紀に至るまで西方教会唯一の修道会則として扱われた。

4　フランク王国の台頭

　ゲルマン人は西ローマ帝国からさまざまなことを学びながら、征服地において王国を建設したが、やがて次々と滅んでいった。その中で唯一生き延び、その後のヨーロッパ形成に決定的な影響を与えたのが「フランク王国」であった。

メロヴィング朝フランク王国の成立　5世紀にガリア北部に侵入したフラン

第1章　中世キリスト教の始まり（5〜8世紀）

ク人はサリ族とリブアリ族という支族に分かれて、独自の法典に従って生活していたが、481年、サリ族のメロヴィング家のクローヴィス（位481-511）がフランク人の各部族を統一して「フランク王国」を建国、フランク最初の王朝メロヴィング朝が始まった。

　このクローヴィスが496年にランスの司教によって洗礼を受け、カトリックに改宗したことはローマ＝カトリック教会にとっては朗報であった。ローマ帝国の東西分割後、教会の首位権をめぐってコンスタンティノポリスのギリシア教会との対立を深めつつも、西ローマ帝国の滅亡によって政治的後ろ盾を失って劣勢に立たされていたローマ＝カトリック教会にとっては、フランク王国を新たな保護者とする道筋が整ったことを意味するからである。また、フランク王国にとっては、多くのゲルマン人がアレイオス派だったことから、異端アレイオス派の制圧という口実のもとに諸部族を攻撃する大義名分を得たことになる。事実、フランク王国は西ゴート王国のガリア部分を奪い、ブルグンド族を523年と543年の戦いで滅ぼし、さらに640年頃に東ゴート王国の一部であった現プロヴァンス地方の支配権も奪取した。こうして6世紀の中頃までにガリア全域がフランクのカトリック王の支配下に置かれることとなった。

「宮宰」の躍進　クローヴィスの死後、フランク王国は、ゲルマン人の習慣であった分割相続制にしたがって4人の子によって分割され、王国の北東部を占めるアウストラシア、北西部を占めるネウストリア、南東部を占めるブルグンド、南西部を占めるアクィタニアの4つの分王国となった。その後、その4人の中で最後まで生き残ったクロタール1世（位558-61）が分王国同士の覇権争いを制してフランク王国を再統一したが、彼の死後、再び王国は4人の子に分割され、内乱状態に入った。613年、これら4王国を再統一したのがクロタール1世の孫のクロタール2世（位613-28）であるが、こうした断続的な内乱および「無為の王」と揶揄されるほど資質に欠ける王たちが続出したことで、王家の権力は弱体化していった。これに伴い、実質的に王の代理として国政面の実権を握るようになったのが「宮宰」（マーヨル＝ドムス）と呼ばれる官職にあった者たちである。

これは元来王家の家政機関の管理者、いわば執事長のようなものであったが、次第に国家の「摂政」のような権力の伴う地位となった。カロリング家の祖である大ピピン（？-639）は、クロタール2世の再統一を支えた有力な豪族の1人で、クロタール2世治下のアウストラシアの宮宰であり、アウストラシアでは大ピピン以後カロリング家が宮宰を世襲するようになった。そして彼の孫である「中ピピン」と呼ばれたピピン2世（？-714）がフランク王国全体の宮宰となり、「フランク族の総帥にして首長」（Dux et Princeps Francorum）と称するまでに至った。

　この中ピピンの子が、732年のトゥール・ポワティエの戦いでイスラーム軍を撃退したことで知られるカール＝マルテル（689-741）である。彼は、720年に父の跡を継いで全フランク王国の宮宰となった。その後、ブルゴーニュ地方からラングドック地方を征服し、フランク王国の領土はフランス全土に拡大した。

カロリング朝フランク王国の成立とローマ教皇　カール＝マルテルの死後、兄のカールマンと共に父の跡を継いで宮宰となったのが「小ピピン」すなわちピピン3世（位751-68）であるが、彼は兄がモンテ＝カッシーノの修道士になって隠退したのち、全フランク王国を単独統治することとなった。政権を確保した彼の願いは宮宰から王位へ昇りつめることだった。つまり、クーデターである。国王としての正統性は血統にあるとするゲルマン的観念からすれば、この政変は正当化されない。そこで、彼は正当性を教会によるお墨付きに求め、時の教皇ザカリアス（位741-52）に使者を遣わし、国王廃位の是非を問うた。これに対しザカリアスは、実力のない者ではなく、実力を持つ者こそ王であるべきとして、ピピンが国王として適任である旨の回答をもって国王廃位を承認した。

　こうして、751年、ピピン3世はメロヴィング王朝最後のヒルデリック2世を廃位して、当時マインツ大司教であったボニファティウスから国王就任の塗油式を受けた。フランク人としてはじめて王位が教会による塗油で聖化されたと同時に、フランク王国におけるカロリング朝時代の幕開けとなった。

　もっとも、小ピピンの王位承認は、ローマ教皇側の政治的目論見が深く関

第 1 章　中世キリスト教の始まり（5〜8 世紀）

わっていた。教皇ザカリアスが小ピピンにカロリング朝発足のお墨付きを与えたことは、その見返りを教皇側が要求する格好の口実となった。実際に後継教皇ステファヌス2世（位 752-57）は、アイストゥルフ率いるランゴバルドの圧迫からローマ教会を守ってくれるよう小ピピンに頼み込んだのである。これを受けて、小ピピンはランゴバルド討伐のためにイタリアに出兵し、754 年、アイストゥルフから奪い取ったラヴェンナ地方を教皇に寄進した。

　この出来事は「ピピンの寄進」と呼ばれ、これが教皇領の起源となった。いずれにせよ、教皇による小ピピンの王位簒奪正当化と小ピピンによるラヴェンナの教皇への寄進は、フランク王国とローマ教皇との密接な結びつきを可能にした出来事として、つまり、かつてローマ教会が東ローマと地中海的東西関係を築いていたのに対し、今やアルプスを越えたフランクとの南北関係へとシフトした出来事として、ヨーロッパ史に新たな1ページを開いた。

5　ケルト人とアングロ＝サクソン人によるフランク王国のキリスト教化

　フランク王国のキリスト教化において注目すべきは、アイルランドやイングランドからやってきたケルト人、あるいはアングロ＝サクソン人の宣教師たちの活躍である。

イングランドのキリスト教化　イングランドには紀元前 5 世紀以来ケルト人が住み着いていたが、ブリテン島南部は紀元 40 年頃から「ブリタニア」と呼ばれるローマの植民地となり、この地のケルト人は「ブリトン人」と呼ばれた。その後 5 世紀に侵入したアングロ＝サクソン人がブリテン島を支配し、七王国を建てた範囲が「アングル人の土地」の意味で「イングランド」と称されるようになった。イングランドにはすでにローマ属州時代にキリスト教が足を踏み入れていたが、アングロ＝サクソンの侵入によってローマが撤退し、キリスト教も停滞する。

　異教のアングロ＝サクソンに征服されたイングランドの再キリスト教化は、597 年にローマ教皇グレゴリウス1世が派遣したアウグスティヌスと 40 人の修道士たちによって開始された。アウグスティヌスは、ローマのベ

ネディクト会系修道院の副院長であったが、教皇の命に従ってブリタニアに向かって旅立ち、ケントの首都カンタベリーを拠点に宣教活動をはじめた。そしてケント王エセルベルト（位560-616）の改宗に成功、初代カンタベリー大主教としてイングランドのアングロ＝サクソン系住民のキリスト教化に貢献した。

アイルランド人による大陸伝道　アイルランドのケルト教会によるヨーロッパ大陸伝道は6世紀末頃から進められたが、最初はまずウェールズやスコットランドに教勢を拡げた。彼らの活動は司教座の設置という形ではなく、ケルト教会の始まりがそうであったように、まず修道院を建設し、それを布教の拠点にするという形をとった。修道院が教会組織の中心となり、修道院長が司教を兼ねるという独特な形態をとったため、布教の拡大と共に修道院建設の波も各地に及んでいった。

　それは大陸伝道においても変わらなかった。すでに触れたように、その大陸伝道の著名なケルト人宣教師コルンバヌスはアイルランドからスコットランドを経て、ガリアやイタリアにまで活動範囲を伸ばし、修道院を各地に建設した。コルンバヌスの弟子たちも西ヨーロッパ各地にケルト系修道院を広めたが、なかでもガルスが613年に創建したスイスのザンクト＝ガレン修道院は中世初期の修道院生活と文化の中心地として栄えた。だが、ケルト人による布教活動は開拓精神に鼓舞されて絶えず働き続ける性格のものであって、反面、その働きの成果を維持管理することについてはそれほど熱心ではなかった。

イングランドによる大陸伝道——ボニファティウスの活躍　このアフターケアの不足を補い、さらに徹底した伝道に従事するために7世紀末頃から活躍しだしたのが、イングランドのアングロ＝サクソン人たちであった。これらアングロ＝サクソン人宣教師で最も名高いのがウィンフリート、すなわち「ドイツ人の使徒」と呼ばれたボニファティウスである。

　イングランドの七王国の1つ、ウェセックスに生まれたウィンフリートは、30歳で司祭となり、故郷を離れてフリースラント（ドイツ・オランダの北海

沿岸地域）で伝道活動を開始した。その後、718 年にローマに赴き、そこで教皇グレゴリウス 2 世（位 715-31）から異教徒伝道の許可と「ボニファティウス」という名を与えられた。

その後 5 年間、ドイツ各地で教化活動に奔走し、722 年にグレゴリウス 2 世から司教の位を、また 732 年、教皇グレゴリウス 3 世（位 731-41）から大司教の位を授かった。彼はまた、修道院設立にも注力したが、なかでも「ドイツのモンテ＝カッシーノ」と呼ばれたヘッセン州フルダ渓谷に建てられたベネディクト会系の大修道院「フルダ修道院」はドイツの宗教、学問、芸術などの文化活動の中心となった。

こうしたエネルギッシュな伝道開拓事業は、教皇のみならず、720 年に全フランク王国の宮宰となったカール＝マルテルや、その跡を継いで宮宰となった息子カールマンとその弟ピピン 3 世といったフランク王国の最高実力者の強力な支援があったからこそ実現した。この世俗権力の後ろ盾を受けて、ボニファティウスは教会内部のさまざまな課題に対処するために、フランク国内でたびたび教会会議を開催した。これら一連の会議で、フランク教会とローマとの強い結合が強調され、ローマ教皇を首長とする階層的教会組織の見取り図がヨーロッパではじめて明確に打ち出されたことは、注目される。

第 2 章　中世キリスト教の完成（8 世紀半ば〜 11 世紀半ば）

中世キリスト教は、教会の権力構造の骨格たる教皇制というハード面と教会の内的エネルギーを供給する修道制というソフト面の両者を基盤として歩みはじめた。一方、ローマを中心に拡大していった教会は、新興のフランク王国、さらにその向こうのイングランドやアイルランドのキリスト教化によって、それまでの東ローマとの横軸ではなく、ヨーロッパ北部との縦軸を基軸とする中世キリスト教の基本形を完成させた。本章では、いよいよその

第 2 部　中世

基本形を拡充させて中世キリスト教の完成形に導いたカロリング朝の活躍とそれ以後の教会の発展の歴史を概観したい。

1　カロリング朝主導下でのキリスト教の発展

　アイルランド系およびアングロ＝サクソン系の大陸伝道により、教会形成の基盤が築かれたフランク教会のその後の成長を推し進めたのは、カロリング朝を開いたピピン 3 世の子で、西ローマ皇帝として戴冠したカール大帝（位 800-14）であった。

カール大帝とローマ教皇　ピピン 3 世が世を去った 768 年、ローマでは新たに教皇ステファヌス 3 世（位 768-72）が着座したが、それは教皇座をめぐる流血の紛争のさなかでの就任であって、新教皇はこうした危機的状況の打開の支援を、すでに関係が密になっていたフランク王国に求めた。王国はピピンの死後すぐに 2 分されて、それぞれを 2 人の息子、カールとカールマンが統治しはじめたが、2 人はステファヌスの要請を受け入れて会議を開き、反ステファヌス派を一掃した。
　ところが、このローマを再び危機に陥れたのが、イタリア中北部にパヴィアを首都として勢力を維持していたランゴバルド王国のデシデリウス王（位 756-74）であった。彼はイタリア半島の全域支配という先代からの野望を実現すべく、772 年、着座したばかりの新教皇ハドリアヌス 1 世（位 772-95）が籠るローマを包囲した。教皇はさっそくカールに来援を求めた。その前年に弟カールマンが病没し、その統治領を自領に併合して全フランク王国の支配者となっていたカールはイタリアに進軍し、774 年、パヴィアに籠城するデシデリウスを捕縛し、ついにランゴバルド王国を滅ぼした。
　これ以降、カールは「フランク人の王」ばかりでなく、「ランゴバルド人の王」、さらにローマの最高官職「パトリキウス＝ロマノールム」（ローマ人の保護者）という称号が付されることとなった。また 781 年には、ハドリアヌス 1 世によってカールの 2 人の息子カールマンとルートヴィヒが洗礼を受け、カールマン（受洗後の名は「ピピン」）はイタリア王として、のちに

第2章　中世キリスト教の完成（8世紀半ば〜11世紀半ば）

カール大帝

「敬虔王」と呼ばれたルートヴィヒは現フランス南西部アクィタニアの王として塗油された。

カールの戴冠と西ローマ帝国の復活　紀元800年の12月25日、ローマのサン＝ピエトロ大聖堂の降誕祭ミサに参列していたカールは、ローマ教皇レオ3世（位795-816）の手で「帝国を統治するローマ人のインペラトール」すなわち「ローマ皇帝」として加冠された。476年に滅亡した「西ローマ帝国」の復活の瞬間である。カールからすればこれは思わぬ出来事であった。だが、領土問題や教会政治上の問題、とりわけ726年に聖像禁止令がビザンツ皇帝によって発布されて以来深刻化していた東ローマとの関係悪化の中にあって、カールの戴冠は、ローマ教会としては自教会の立場を確固たるものにするための秘策であった。

　カールの戴冠は、西ヨーロッパがビザンツ帝国の権威から脱し、独自の権威を持った政治勢力となったこと、また、ローマ教会がフランク王国を後ろ盾にして、ビザンツ皇帝から独立した地位を確保したことを意味し、最終的に、ローマ・ゲルマン・キリスト教の3要素からなる1つの文化圏としての西ヨーロッパが成立したことを象徴する出来事であった。

カロリング＝ルネサンス　カールは戴冠以前のフランク王時代からアーヘンを首都とする王国の領土拡大のために東奔西走した。結果として、イタリア南端部を除く西ヨーロッパ世界の政治的統一を達成し、イングランド、デンマーク、スカンディナビア半島を除く全ゲルマン民族を支配、フランク王国最盛期を迎えた。

　領土拡大と並行しながら、カールが取り組んだのは王国内の司教区および

修道院組織の統制であった。国内の全司教区を 21 の首都大司教区のいずれかに帰属させて修道院を司教区組織に組み入れ、教会を王権のもとにつなぎ留めた。カールは司教や修道院長を自由に任命して、国家行政のために利用したが、また財政上の特権を教会や修道院に付与するなどして保護した。修道院について言えば、国内の全修道院を『聖ベネディクトゥスの戒律』のもとに運営させようとしたことは、同会則の西方修道制における普及に重要な役割を果たしたと言える。

　カールはまた王国の文芸・文化を推進し、全ヨーロッパから優秀な人材を文化事業の協力者、助言者として登用。また宮廷学校や教会・修道院付属の学校を開設して学問を奨励し、教育事業を促進させた。これは十分な教養を持つ官吏と聖職者を確保することを目的としてはじめたことだが、中世のゲルマン社会で衰退した古典文芸の復興という側面があったので、カールのこの文芸促進運動は「カロリング＝ルネサンス」と呼ばれる。

　とくに、イングランドから招かれた神学者のアルクィンは、カロリング＝ルネサンスの中心人物として有名であり、フランク王国の教会制度と教育制度の相談役として大帝を補佐した。774 年のランゴバルド王国併合後、ランゴバルド人パウルス＝ディアコヌスも宮廷に招かれ、カールの学校制度の創設に協力した。またフランク人としては宮廷の建築を担当して優れた才能を発揮したアインハルトが、大帝の事績を記した『カール大帝伝』を残している。

ルートヴィヒ敬虔王とカロリング朝の断絶　カール大帝は、814 年 1 月 28 日、アーヘンにて 71 歳で死去した。だが、その前にカールの長子でイタリア王であったピピン（位 781-810）が故人となっていたので、弟でアクィタニア王であったルートヴィヒ（位 814-40）がフランク国王の後継者となった。信仰心がきわめて篤かったために「敬虔王」という呼び名が付されるようになったルートヴィヒは、アクィタニア統治時代に知り合ったアニャーヌ修道院長ベネディクトゥスを政治顧問に起用し、父と同じく『聖ベネディクトゥスの戒律』を自国の全修道院に遵守させ、教会改革を推し進めた。

　ルートヴィヒは、3 人の子息を残して 840 年に世を去ったが、この 3 名が

父から分割・相続されるはずの領土をめぐって対立しあう関係になったので、843年のヴェルダン条約で各人の支配地を確定した。それによれば、今のドイツのもととなった「東フランク王国」は次男ルートヴィヒ2世（位843-76）が、現フランスに連なる「西フランク王国」は3男のシャルル2世（位843-77）が、またその両者に挟まれた「中部フラ

ンク王国」は長男ロタール1世（位843-55）が支配することになった。なお、西ローマ皇帝の帝位はロタール1世が継承し、その子孫が世襲した。

　その後、870年のメルセン条約により、中部フランク王国は東西フランク王国に割譲され、イタリア北部がロタール1世の子、ロドヴィコ2世（位850-75）領のイタリア王国となる。しかし、ロドヴィコには男子がおらず、この血統は断絶する。東フランク王国は、911年のルートヴィヒ4世（位900-11）の死をもって、また西フランク王国は、987年のルイ5世（位986-87）の死をもって男系王位継承が途絶え、カロリング朝は断絶した。

2　オットー大帝以後の教会の発展

　9世紀末から西ヨーロッパは混乱時代に入った。3分割されていたフランク王国は、カロリング朝のカール肥満王（位881-87）によって884年に統一されたが、肥満王が政変によって退位して以降、帝国は最終的に5つの王国に分裂。教皇による戴冠はイタリア王のみが対象となったが、いずれの王国も伯や種族大公といった王権への抵抗勢力が増大し、またノルマン人、マジャール人、イスラームなどの度重なる侵入によって疲弊の一途をたどった。政治的混乱はまた教会的混乱をも招き、修道院と教会の略奪が横行し、司教職や修道院長職が俗人の手に渡され、教会全体の退廃、衰微を招いた。

第 2 部　中世

　こうした教会的衰退化は、フランク国内に限らず、ローマ教皇庁においても同じであった。カロリング朝という後ろ盾を失った教皇庁はイタリアを支配しようとする貴族たちの権力闘争に巻き込まれ、派閥同士の権謀術数に翻弄され、そのことが教皇たちの霊的、道徳的退廃をもたらした。ある貴族の娘が教皇の愛妾となり母と結託してローマ教皇の選挙をコントロールした「ポルノクラシー」、あるいは後継教皇が前任教皇を裁くために遺体を墓から掘り出して裁判に「出席」させ、有罪判決を下すという「死体裁判」など、9、10 世紀の教皇庁は目に余る退廃ぶりを見せた。

オットー大帝の戴冠と国王による教会支配　そうした中、すでにカロリング家が絶えていた東フランク王国は、919 年からザクセン朝が東フランク王あるいは「ドイツ王」として支配することとなった。歴史を動かしたのは、第 2 代目のオットー大帝（位 936-73）であった。936 年にアーヘンで東フランク国王に即位したオットーは、有力諸侯を抑えて国内統一に努め、また司教や大修道院長には小国並みの権利と権威を与え、教会に土地を提供するなど教会勢力を手厚く保護した。教会との連携を強化することで、国内の反抗的な世襲貴族の権利を相殺しようとしたのである。
　ところで、あるとき、教皇ヨハネス 12 世（位 955-64）から派遣された使者がオットーを訪れ、教皇領を脅かしていたイタリア王ベレンガーリオ 2 世（位 950-61）から保護してくれるよう懇願した。かねてよりカール大帝のようにランゴバルド王とローマ皇帝の地位を得たいと望んでいたオットーには、渡りに船であった。さっそく、961 年にローマに遠征し、ベレンガーリオ 2 世を倒してイタリア王となった。翌 962 年、再びイタリア入りし、ヨハネス 12 世から念願の「ローマ皇帝」の称号と冠を受けた。
　なお、日本では、通常、962 年のこの戴冠によってオットー大帝が「神聖ローマ帝国」の初代皇帝となったと説明されているが、ドイツでは、神聖ローマ帝国の成立を 800 年のカール大帝の戴冠にまでさかのぼらせて解釈するのが一般的である。いずれにせよ、この西ヨーロッパの帝国が実際に「神聖ローマ帝国」（Sacrum Romanum Imperium）と称される伝統が始まるのは 13 世紀半ばである。本書では、便宜上、オットー以前の西ローマと区別

第2章　中世キリスト教の完成（8世紀半ば～11世紀半ば）

するため、オットー以降の西ローマをそのように呼ぶことにする。

　オットーは戴冠の翌日に『オットーの特許状』を発布し、皇帝による教皇領保全と新たな寄進による教皇領拡大を約束したが、同時に教皇叙任の前提として皇帝への忠誠を義務付けるなど、皇帝権が教皇権の上位に立ち、教会は帝国の官僚機構として利用されることとなった。

　なお、司教職は国王が行う「贈与」の対象となり、その司教職の授与に当たっては、国王に対する忠誠の宣誓という儀式を伴うようになった。ドイツにおいてはこうした国王に対する司教の忠誠という制度が11世紀前半まで続いた。

進展するキリスト教化　一方、キリスト教は世俗権力の支配下にあって、さらに進展していった。まず、ブリテン島のアングロ＝サクソン人は、10世紀頃にイングランド王国を樹立したが、デンマークに居住していたノルマン人の一派「デーン人」の侵攻を受け、各地にデーン人が定住しはじめた。このデーン人のキリスト教化も進み、9世紀半ばにはほぼ完了した。

　他方、デンマークには、すでに7世紀から8世紀にかけてウィリブロルド（658-739）らによってキリスト教が伝えられていたが、デンマーク王スヴェン1世（位985頃-1014）、およびその子クヌート大王（位1018-35）の時代にキリスト教化が大いに進展した。ノルマン人のフランスにおける植民地ノルマンディーも、同じくキリスト教化された。

　さて、オットー大帝が手がけたキリスト教化事業として重要なのが「西スラヴ人」への伝道である。まず、西スラヴの一部をなすヴェント人への伝道が開始され、968年にマグデブルクに全ヴェント人地域を統括する大司教座が設置された。

　オーデル川の東に住む「農耕の人」（ポラーニ）の国ポーランドのキリスト教化も順調に進んだ。カトリックの洗礼を受けたポーランド初代国王ミェシュコ1世（位963-92）のとき、ポズナニにポーランド最初の司教座が置かれ、その子ボレスワフ勇将王（位992-1025）のときには、グニェズノに首都大司教座が置かれた。

　さらに、7世紀に現在のチェコに「モラヴィア王国」という西スラヴ人最

初の国家が誕生するが、906年に同王国を滅ぼしたマジャール人に支配された西スラヴ人が「スロヴァキア人」となり、東フランクの支配下に入った人々が「チェク人」と言われるようになる。

そのマジャール人は、955年、レヒフェルトの戦いでオットー大帝に敗れてから、現在のハンガリーが位置するパンノニア平原に定住した。紀元1000年にイシュトヴァン1世（位997-1038）がハンガリー王国を建設し、初代国王となったが、彼は当初から敬虔なキリスト教国王としてハンガリー教会の確立のために活躍した。

さて、紀元前205年からローマの属州であったイベリア半島のヒスパニアは、ゲルマン民族の移動期に、まずヴァンダル族の侵攻を被ったが、彼らがジブラルタル海峡を越えて北アフリカに移動したのち、西ゴート族がこの地に入り、418年に「西ゴート王国」を築き、都をトレドに定め、やがてカトリック化された。

ところが、711年、北アフリカからウマイヤ朝のイスラーム勢力が侵入し、713年に西ゴート王国を滅ぼし、イベリア半島のほぼ全域を支配することとなった。続いて中東・北アフリカにアッバース朝が成立すると、ウマイヤ朝の一族がイベリアに逃れ、コルドバを都とする「後ウマイヤ朝」を樹立した。

イスラーム支配下でのスペインのキリスト教徒は、ジズヤ（人頭税）を支払いさえすれば、宗教生活は自由であったが、850年頃、コルドバに激しい反イスラーム運動が起こり、これがキリスト教徒への迫害を誘発した。やがて、キリスト教徒による「レコンキスタ」（国土回復運動）の戦いが活発化し、1492年まで続いた。

クリュニー修道会およびシトー修道会による修道院改革　西欧の修道世界は、『聖ベネディクトゥスの戒律』の精神を土台として発展してきたが、拡大路線と並行して、修道規律の弛緩(しかん)が次第に顕在化していった。10世紀には、フランク王国の解体やノルマン人の侵攻といった変動の中で教会や修道院が荒廃した。

こうした状況にあって、ベネディクトゥスの修道精神に立ち返り、『戒律』の厳格な遵守を掲げて修道生活を立て直そうとする運動が、フランス・ブル

第3章　中世キリスト教の全盛（11世紀半ば～13世紀）

ゴーニュに位置するクリュニーに、当時、西フランク王国最大の領主であったアキテーヌ公ギヨームの寄進によって910年に創建されたベネディクト会修道院で起こった。いわゆる「クリュニー修道院改革」の始まりである。

もっとも、初代院長ベルノー（位910-26）は、『戒律』に忠実であろうとしたに過ぎなかったが、そのこと自体が注目されるほど、当時の一般の修道院の規律は弛緩していた。1027年のローマの教会会議で、クリュニー修道院は教皇直属の「教皇固有の修道院」であると宣言され、当該地域の司教の管轄権から自由になった。

こうして、第6代院長ユーグ（位1049-1109）のとき、クリュニー修道院は最盛期を迎えた。その晩年、この派の修道院はフランス、ドイツ、イタリア、イングランド、スペインなど全四方に約1000を数えるに至った。

クリュニー修道院改革は「シトー修道会」の設立にも結び付いた。これは、フランス、ブルゴーニュ地方出身の修道士モレームのロベールによって、1098年、フランス中部のシトーに設立された。『戒律』遵守の厳格化はクリュニーと同じであるが、教会建築における装飾や典礼の豪華さといったビジュアル的華美さを禁止した点で、クリュニーとは対極にある。

シトー会が急速に発展するようになったのは、クレルヴォーのベルナールの功績による。1115年にクレルヴォー修道院が設立されるとベルナールが院長に任命され、同修道院はシトー会の重要な拠点となった。ベルナールは、初期スコラ学の大家アベラルドゥスとの論争において彼を論破したことでも知られる頭脳派であるが、その知性は異端との戦いにおいても、また第2回十字軍の勧誘演説においても遺憾なく発揮された。

第3章　中世キリスト教の全盛（11世紀半ば～13世紀）

中世キリスト教は、ローマとヨーロッパ北部とを結ぶ経線を基軸として、その左右両側面が行きつくところまで、つまり西側はスペインまで、東は

西スラヴ地域までカトリック化され、こうして、ヨーロッパ全土における教勢の拡大が終息したときに、その全盛期を迎えることとなった。それはまた、カロリング時代から皇帝や国王の世俗権力に左右されてきた教会がその圧力を跳ね除けて、国家の上に立つ教皇権が確立した時代でもあった。その時代を切り拓いたのが、教皇グレゴリウス7世（位1073-85）である。

1 グレゴリウス改革の前史

　グレゴリウス7世は、いわゆる「グレゴリウス改革」と言われる一連の教会改革を実行した立役者であり、それによって教皇権の向上に寄与した教皇である。しかし、グレゴリウス改革は、実際には、数代前の教皇レオ9世（位1049-54）から準備されていた。

レオ9世　オットー大帝が亡くなったのち、ローマは再び政情不安定となり、教皇位をめぐる争いが頻発した。そのような混乱に教会も翻弄され、司教職の位階等が売買の対象とされる「シモニア」が横行し、「ニコライズム」と呼ばれる聖職者の妻帯が蔓延していった。オットー大帝の跡を継いだ実子、オットー2世（位973-83）は、クリュニーの修道院改革精神に影響を受けた教皇ベネディクトゥス7世（位974-83）を支援し、それらの悪弊を教会から締め出そうとしたが、彼ばかりでなく、その後数代の皇帝のもとでも改革は進まなかった。

　しかし、神聖ローマ皇帝ハインリヒ3世（位1046-56）が、トゥールの司教ブルノーを教皇レオ9世としてローマに送りこんだとき、改革はようやく本格化した。レオ9世は皇帝との協調関係の中で改革に乗り出したが、その改革の基本精神はクリュニー修道院の影響を受けて醸成された。彼はクリュニー修道院出身者をはじめ、率先して数多くの有能な人材を登用した。その中にヒルデブランド、のちのグレゴリウス7世も含まれている。改革の主要課題はシモニアとニコライズムの根絶であったが、これらの悪弊の禁止を徹底させるために、自ら教会会議をランスで開催し、禁を犯した聖職者の追放を決議した。レオはイタリア国内のみならず、ドイツ・フランスなどにも

第3章　中世キリスト教の全盛（11世紀半ば〜13世紀）

何度も足を運び、改革を推進した。

　レオはこうした聖職者の規律の引き締めによる教会内部の浄化をめざしたばかりではなく、かねてより教会の首位権や教義等に関して異なる立場をとっていた東ローマのギリシア教会との関係改善にも意欲を見せていた。教会改革への意欲は、教会のいわば外部構造の改善にまでおよぼうとしたわけである。

東西両教会の分裂（大シスマ）　そもそも、西方と東方の両教会の衝突がはっきりした形で現れたのは、8〜9世紀に東ローマで勃発した聖像禁止令による「聖像破壊運動」（イコノクラスム）で、これにより、フランク王国と東ローマおよびコンスタンティノポリス総主教との関係が悪化し、ローマはむしろこの悪化を避けようとした。だが、ローマをさらに困らせたのは、いわゆる「フィリオクェ問題」であった。

　これは、381年のコンスタンティノポリス公会議で採択された全世界のキリスト教信仰の一致のしるしである『ニカイア・コンスタンティノポリス信条』における「聖霊」の発出源に関する文言をめぐる問題である。同信条では聖霊は「父から発出する」と明記されているが、西方教会は、そのラテン語版に「子からも」を意味するラテン語「フィリオクェ」という1語を付加し、聖霊は父と子から発出するとの表現に改変された新バージョンを現在も使用している。

　ニカイア・コンスタンティノポリス信条に「フィリオクェ」が挿入されるようになったのは、6世紀のスペインにおいてであり、589年のトレド司教会議ではじめて公的に成文化された。これが次第にフランク王国に普及し、アーヘン司教会議（809）で、公式に補挿句入りの信条採択が決定された。ローマも11世紀はじめには「フィリオクェ」を受け入れた。一方、東方教会は、フィリオクェ入りの信条変更を認めておらず、東西両教会の一致の妨げとなっていた。

　決定的な決裂の遠因は、9世紀頃からヨーロッパ各地を侵略していたノルマン人の一部が11世紀中葉からシチリアおよび南イタリアに進出しはじめたことだった。ローマにとってはもちろん、イタリア半島に統治領を持つ東

コラム——「結果論」としての東西両教会の分裂

　1054年3月、教皇レオ9世は東ローマ皇帝コンスタンティヌス9世モノマコスと、対ノルマン軍事同盟を結ぶために教皇特使シルヴァ・カンディダの司教枢機卿フンベルトゥスを代表とする使節をコンスタンティノポリスに派遣した。交渉相手はコンスタンティノポリス総主教ミカエル・ケルラリオス（位1043-58）であった。

　1054年4月、コンスタンティノポリス入りしたフンベルトゥスが自ら書き下ろしたとされる皇帝宛ての教皇書簡が、きわめて攻撃的な論調でローマ教皇の首位権を認めるように要求しており、またラテン教会の慣行に対するあらゆる批判に反論するといった内容だったため、ケルラリオスはこれに驚愕し、教皇特使との接触を絶ってしまった。業を煮やしたフンベルトゥスは同年7月16日、典礼の行われていたハギア・ソフィア大聖堂に乗り込み、祭壇上にケルラリオスらに対する破門状をたたきつけた。この暴挙に対し、ケルラリオスは4日後、フンベルトゥスら教皇特使を破門に処した。

　以上の経緯を見れば、ここに「東西両教会の分裂」（大シスマ）と呼ばれる事実は存在しない。なぜなら、フンベルトゥスの破門状はあくまでケルラリオスとその同調者を対象とし、決してコンスタンティノポリス総主教率いる東方ギリシア教会そのものに対してではなく、また、ケルラリオスらによる破門決議もフンベルトゥスら個人を対象とし、教皇や彼が率いる西方ラテン教会を排斥したわけではないからである。それにもかかわらず、両教会が分裂状態にあるのは疑いのない事実であるから、法的、形式的ではなく、「結果論」としての大シスマとなった。

ローマにとっても、ノルマン人の勢力が強くなりすぎることは重大な脅威であって、そのために、前述の教皇レオ9世とビザンツ皇帝コンスタンティヌス9世モノマコス（位1042-55）とが、対ノルマン軍事同盟を結ぶことになった。ところが、1054年、この同盟のための交渉中に東西両教会の代表団が相互破門するという事態になり、これが、以後数百年続く両教会の分裂のきっかけとなった。ノルマンの手からローマ教会を守り、改革を進めるために東方と渡りを付けたかったレオ9世にとっては、思いもよらぬ結末だったに違いない。

2　グレゴリウス改革と叙任権闘争

レオ9世以来、6代の教皇に仕えてきたヒルデブランドが1073年にグレゴリウス7世として教皇座に登った。本格的な「グレゴリウス改革」の始まりである。

シモニアとニコライズム　グレゴリウスまでの6代の教皇も、教会会議等でシモニアとニコライズムの禁令を繰り返し決議した。教会の上層部だけではなく、イタリアのミラノにおいて「パタリ派」と呼ばれる民衆的改革運動（1057）も起こった。これは、下層の貴族、聖職者および民衆による反シモニア・反ニコライズム運動で、聖職売買聖職者や妻帯聖職者を排撃し、教会の浄化を図ろうとするものであった。それにもかかわらず、この悪弊は根絶できないでいた。

とりわけ、ドイツとフランスの宮廷が改革運動にしぶとく抵抗していた。そのため、グレゴリウス7世は、1074年、ローマにおける教会会議でシモニアとニコライズムに対する禁令を更新した。が、状況は変わらず、とうとうその翌年、教皇の命令に違反したドイツとイタリアの相当数の司教に対し免職、聖務停止という制裁を加え、フランスに対しては、カペー朝の第4代国王でシモニア政策を推し進めていたフィリップ1世（位1060-1108）を破門に付すと警告した。

叙任権闘争の始まりと「カノッサの屈辱」　さらに、グレゴリウスの強硬な姿勢は、1075年に反パタリ派であった人物を教皇の意に反してミラノ大司教に着座させた神聖ローマ皇帝ハインリヒ4世（位1084-1106）に向かった。グレゴリウスは同年これを非難する書簡をハインリヒに送ったが、後者は翌1076年、全ドイツの司教を集めて会議を開き、グレゴリウスの廃位を宣言した。この宣言文に対し、教皇はローマの会議で、『マタイ福音書』16章18節以下に記された

カノッサの屈辱（ひざまずくハインリヒ）

ペトロに対するキリストの、天上と地上をつなぎまた解く力の授与を根拠に、ハインリヒ4世を廃位し破門に付すと宣言した。ここに、世に言う「叙任権闘争」の火ぶたが切られた。これは単に、文字通り聖職者の叙任権に限定されたものではなく、教皇権と皇帝権との闘争、広い意味で聖権と俗権の全面衝突を意味した。

　グレゴリウスによる破門に対処するために、ハインリヒはヴォルムスで司教会議を開いたが、幾人かの諸侯が反旗を翻したことで旗色が悪くなり、さらにグレゴリウスがドイツの教会に自分の立場と考え方を書簡によって周知させたので、事態はいっそう不利になった。

　1077年、皇帝が有罪か教皇が有罪かを判断するために、ドイツの諸侯たちの要請でアウグスブルクに会議が召集されることになり、グレゴリウスはこの提案を受け入れ、ローマを出発した。形勢不利と見たハインリヒは、教皇がアウグスブルクに到着する前に赦免を乞うため北イタリアへ向かった。会議に向かう途中の教皇が、トスカーナ女伯マティルデの居城カノッサ城に滞在していることを知った彼は、1077年1月25日から3日間、修道士の服装に身を包んでカノッサ城の前で教皇に赦しを求めた。教皇は破門を解く旨

第 3 章　中世キリスト教の全盛（11 世紀半ば～ 13 世紀）

を伝え、ローマへ戻った。これが世に言う「カノッサの屈辱」と呼ばれる事件である。

　しかしハインリヒはドイツに戻ると、直ちに反対派の諸侯を制圧して王権を確立し、赦しを乞うたばかりのグレゴリウス 7 世に対して、1080 年に再び廃位宣言を下し、クレメンス 3 世（位 1080 年、1084-1100）を対立教皇として擁立した。さらにその 2 年後、グレゴリウスに退陣を迫るために軍勢を率いてイタリアに乗り込み、ローマを囲んだ。グレゴリウスはかろうじてローマを脱出し、1085 年にイタリア南部のサレルノで客死した。

　一方、ハインリヒ 4 世は、その後ドイツ国内の反対派に追い込まれ、最後には自分の子にも背かれて失意のうちに死んだ。

叙任権闘争の展開　叙任権闘争をめぐるグレゴリウス改革は、教皇ヴィクトル 3 世（位 1086-87）を経て、ウルバヌス 2 世（位 1088-99）へと引き継がれ、ウルバヌス 2 世の強硬路線は、パスカリス 2 世（位 1099-1118）に引き継がれた。パスカリスは教会会議を開いて、俗人叙任を厳しく禁止し、違反司教を罷免した。

　叙任権問題で教皇と争っていたイギリスのノルマン朝第 3 代イングランド王ヘンリー 1 世（位 1100-35）とフランスのフィリップ 1 世は、当初は強硬な姿勢を見せていたが、教権と俗権の関係に関わる「シャルトル学派」の理論に影響されて、1104 年までに教皇と和解した。この理論によれば、司教権は教権と俗権から成るものであり、国王にも教皇にも司教叙任についてそれぞれの権利を認める、というものである。具体的には、司教権は教皇から杖と指輪を授与されるばかりではなく、王に対する封建的宣誓を行うことをもって成立するというものであった。

　こうして、イギリスとフランスにおいて叙任権闘争は終息したが、ドイツにおいてはハインリヒ 4 世の子、ハインリヒ 5 世（位 1111-25）が闘争を激化させ、1110 年、武力でパスカリス 2 世を拘束し、司教候補に対する皇帝の同意、皇帝による杖と指輪の授与、皇帝への忠誠と宣誓を叙任の条件とするという、教皇の叙任権を完全に排除した制度を強制的に認めさせた。レオ 9 世以来、強化の道をたどってきた教皇権は一瞬のうちに失墜し、ローマは

混乱に陥った。

　しかし、カリストゥス2世（位1119-24）の教皇在任中に、ドイツ国内で勢力拡大を図る各地の諸侯が現地の司教らと協調して、ハインリヒ5世に対する圧力を高めていったので、ハインリヒはついに譲歩し、1122年、ヴォルムスで教皇側と協約を結んだ。いわゆる「ヴォルムスの政教協約」（コンコルダート）と呼ばれるものである。その内容は既述のシャルトル学派の理論を基本的に踏襲したもので、帝国内の教会による司教選挙の自由、皇帝による選挙への立ち合いと選挙結果の無条件受け入れ、皇帝による叙任権の放棄、皇帝の「笏（しゃく）」による俗権授与の権利が決定された。確かに教会側に叙任権があるということは確認されたが、俗権の完全排除という当初の目的から後退した妥協的解決である。

　しかし、この協約の締結によって、ローマ教皇権と皇帝・国王の世俗権の闘争が終結したのは確かであり、これをもってグレゴリウス改革の完成と見なされている。歴史的に見れば、国家による教会支配が開始されたカール大帝以来の皇帝教皇主義的俗権支配はここに終わりを告げ、教皇権と皇帝権という同等の2つの軸を持つヨーロッパが成立した、と言える。

3　異端運動

　「異端」（heterodoxy）とは、一般には「正統」（orthodoxy）ではない教えや運動を指すが、キリスト教では、公会議や勅令といった公的権威によって教会が正統と認めた教えに反する、あるいはそれから逸脱した教えや運動を指す。

　異端はすでにかなり初期から存在しており、初期のグノーシス主義（23-24ページ参照）や後期のペラギウス主義（47ページ参照）など、主に2世紀から5世紀にかけて現れた。教会の形成と教理の確立の途上にあって、これら異端は教会の自己理解を迫ったという側面もあり、異端との戦いを通して教会は正統信仰の確立へと余儀なくされたと言うこともできよう。

　この5世紀までをいわば異端の第1の潮流期と呼ぶならば、第2のそれは、12世紀に始まる「カタリ派」によって開始された。

第3章　中世キリスト教の全盛（11世紀半ば～13世紀）

カタリ派　カタリ派は、12世紀半ば頃から南フランスを中心にイギリスとスカンディナビアを除く全ヨーロッパに広がった異端運動で、ボゴミール派※の西欧における一支派と見なされている。この名称は「清浄なもの」を意味するギリシア語の「カタロス」に由来している。はじめはマニ教（24ページ参照）と同一視されることもあったが、12世紀の50年代には西欧でカタリ派の名が公然と聞かれるようになり、さらに12世紀終わりには、この異端の拠点となった南フランスの都市アルビにちなんで「アルビジョア派」と呼ばれることが通例となった。

　この異端の特徴は、厳しい禁欲生活にあり、結婚制度を否定するばかりか、肉や卵など性行為によって生まれたものは一切食しない。善悪二元論に立つ彼らは、物質世界に捕らえられた魂が非物質世界である天国に到達できることをめざし、その手段として、汚れた世俗と関係を断ち切って禁欲生活を送った。教会の職制とミサや幼児洗礼などの「サクラメント」（秘跡）を否定し、独自の典礼儀式を行った。

　イタリアでは神聖ローマ皇帝フリードリヒ2世（位1220-50）が、異端を帝国への反逆と見なして、カタリ派を火刑に処す法令を発布するなど聖俗両面からカタリ派撲滅運動が展開されたが、一時、カタリ派は10の司教区と16以上の教会を有するほど拡大、組織化された。しかし次第に衰え、15世紀初頭には完全に消滅する。

ワルドー派　カタリ派と共に中世の二大異端と言われるのが、12世紀初期フランスのリヨンの富裕な商人ピエール＝ワルドーが創始した「ワルドー派」である。ワルドーは1173年頃、使徒の生き方にならって清貧に生きることを志し、母国語プロヴァンス語に翻訳してもらった福音書を携えて巡歴説教をはじめた。そして1175年頃には多数の信者を擁する説教者集団を形成した。

　1179年、教皇アレクサンデル3世（位1159-81）が開催した第3ラテラノ公会議において、ワルドーは教皇に説教活動の認可を求めた。その結果、聖職者の監督下に置かれることを条件に説教活動が認められたが、現地の聖職者たちからは疑惑の目で見られていた。1180年、彼はリヨンにおいて、教

ボゴミール派＝ブルガリア発祥の二元論的異端。

皇特使アンリの前で信仰告白を行うよう命じられたが、そこでの信仰告白はどの点でも正統なものであった。

ところが、その数年後、1184年に出された教皇ルキウス3世（位1181-85）の「異端禁圧令」では「リヨンの貧者」という名で異端として断罪されている。理由は教義上のものではなく、教会への不服従とその特殊な生活形態にあったらしい。信仰は正統であったが、教会の権威を軽んじ秩序を脅かす者として異端とされたのである。結果的に、ワルドー派は反体制的な色彩を濃くすることになる。これ以降、ワルドー派を異端として非難する文書が次々に出されたが、13世紀の30年代以降はカタリ派と同列に扱われる例が多く見られる。しかし、反カトリック、福音主義、清貧の強調などの点でカタリ派と一致するが、その二元論には同調していない。

13世紀にはイタリア、オーストリア、ボヘミア、ポーランド、ハンガリー、北ドイツにも進出した。1200年頃からカトリック側からの強力な異端政策によって、ワルドー派からカトリックに改宗して「カトリックの貧者」と称するグループも出てきたが、教勢が衰えることはなかった。

15世紀には、ボヘミアのフス派に合流したり、宗教改革後は、プロテスタントに受け入れられたり保護を受けたりして生き延び、イタリアではトーレ＝ベリーチェとローマにワルドー派の神学校も建てられた。現在もプロテスタントの一派として約3万人の信者がイタリアのピエモンテ地方に独自の教会を組織して活動を続けている。

異端審問 既述のごとく、中世ヨーロッパは12世紀に入って異端運動が盛んとなった。とりわけ、カタリ派やワルドー派の異端が増加したところから、教会が対策を強化し、異端撲滅のために設けたのが「異端審問」の制度である。異端の取り締まりについては、1184年に教皇ルキウス3世が発布した「異端禁圧令」が12世紀における教会の異端対策のいわば総括と見なされるが、この禁圧令も含め、従来の異端対策は異端の教義についても、異端者に対する処罰についてもほとんど具体的な判断や手続きを明示していなかった。こうした不備を是正し、効果的な異端対策に向けて制度が確立したのは13世紀である。

第3章　中世キリスト教の全盛（11世紀半ば〜13世紀）

　まず、インノケンティウス3世（位1198-1216）が、ルキウス3世の異端禁圧令の考え方を踏襲し、第4ラテラノ公会議（1215）において異端と異端を保護する者への処置と制裁について制度化を試みた。こうして、1232年にカタリ派およびワルドー派を追及するために南フランスに最初の異端審問所が設置された。さらに、司教たちによる審問という従来のやり方を変えて、教皇が直接任命した異端審問官が各地を回って審問を厳密に実施するようになった。このような形式を整えたのは当時の教皇グレゴリウス9世（位1227-41）であり、教皇直属の異端審問官は当時学問の盛んな修道会として知られたドミニコ会修道士から任命されることが多かった。

　異端審問は、1234年にはスペイン、1255年には北フランスへと拡がり、多くの異端者が迫害された。人々には異端告発の義務が課せられ、異端審問官により、非公開、弁護なし、密告、拷問という手段で審理された。疑いをかけられるとほとんど有罪となり、最高刑は火刑とされた。この異端審問制度がやがて「魔女狩り」を産み出したことは周知のとおりである。

4　教皇権の絶頂期

　教会史上、教皇権が最も絶大な威力を発揮したのは、「十字軍」時代である。十字軍とは、1096年から約200年の間に行われた、聖地エルサレムをイスラーム諸国から奪還することを目的に派遣された西欧キリスト教諸国連合の遠征軍を指す。ヨーロッパ全体を巻き込む軍隊組織を可能とした権威、それがローマ教皇であった

十字軍　十字軍派遣は、1095年、セルジューク朝にアナトリア半島を占領されたビザンツ帝国の皇帝アレクシオス1世（位1081-1118）が、教皇ウルバヌス2世に救援を依頼したことがきっかけだった。ウルバヌス2世は、キリスト教圏にあった地域を奪回することを強く望んでいたので、そのために国際的規模の大運動を起こすことは、教皇がヨーロッパの真の支配者であることを示すことにもなると考え、ただちにこの要請に応えた。同年、彼はクレルモン教会会議を開き、先に見たように、シモニアとニコライズムの禁

止など、グレゴリウス改革の方針を踏襲する決議を下した。が、会議の終わりに臨んで、広場に集まった数千人の大聴衆に向かって演説をはじめ、エルサレム奪回活動に参加するよう呼びかけて、参加者には免償（罪の償いの免除）が与えられると宣言した。教皇の呼びかけに対する反応は熱狂的なものであった。十字軍への参加を決意した王侯貴族や庶民にとって、十字軍は最大の贖罪の機会であり、最高の巡礼となった。

十字軍は1270年まで8回（数え方には異論がある）結成されたが、その中で成功らしい成功を収めたのは、第1回と第2回の遠征くらいで、後は当初の目的を果たすことができなかったり、聖地奪回という目的とは異なる方向へ逸脱していった。

結局のところ、十字軍は全体として失敗に終わり、パレスティナやシリアで得た十字軍国家領土も、1291年までには元どおりイスラーム教徒に奪い返されてしまった。

十字軍の失敗は、はじめの頃にみられた宗教心から出た熱狂的態度が冷めて、一獲千金的冒険主義、要するに現実的利益の追求へと動機がそれてしまったことに原因があるが、失敗に終わったとはいえ、十字軍が当時の西欧社会におよぼした影響は計り知れない。とくに、東西交易が盛んになったことにより、イタリア海洋都市国家が東西交易で大いに利益を得た。十字軍は、東方の文物が西ヨーロッパに到来するきっかけともなり、これ以降盛んになる東西の流通は、のちのルネサンスの時代を準備することにもなった。

教皇インノケンティウス3世　歴史上、教皇権の絶頂期をもたらした教皇、それがインノケンティウス3世（位1198-1216）である。教皇に就任した年の書簡の中で、また第4ラテラノ公会議（1215）での演説の中で、教皇権を「太陽」に、皇帝権を「月」に譬えて、皇帝をしのいで優位に位置する教皇

〔**十字軍の回数**〕第1回十字軍（1096-99）、第2回十字軍（1147-48）、第3回十字軍（1182-92）、第4回十字軍（1202-04）、第5回十字軍（1217-21）、第6回十字軍（1228-29）、第7回十字軍（1248）、第8回十字軍（1265-72）が数えられるが、これ以外にも少年十字軍（1212）、ロードス十字軍（1310）、ニコポリス十字軍（1396）、ハンガリー十字軍（1443-44）などがある。（『新カトリック大事典』）

第3章　中世キリスト教の全盛（11世紀半ば〜13世紀）

の権威を強調した。そうした立場から、インノケンティウス3世は神聖ローマ皇帝の帝位継承問題に介入し、さらに教皇に反抗的な他の諸国の王たちを破門に付すなどして、世俗権力に対する優越的立場を見せつけた。

インノケンティウスが関わったものとして触れなければならないのは「第4回十字軍」である。教皇グレゴリウス8世（位1187）が呼びかけた第3回目の派遣の失敗を放置したくなかったインノケンティウスは、第4回目の派遣（1202-04）を決意した。

だが、派兵に至る経緯は波乱に満ちていた。まず、遠征軍の指揮官は、諸般の事情で反教皇的立場に立つイタリアのモンフェッラート侯ボニファーチョ1世（1150頃-1207）になってしまった。1201年、十字軍参加者は強大な渡航船団を有していたヴェネツィアに集結した。が、当初予定した人数もヴェネツィアに支払う船賃も不足していたため、出航することができなくなった。そこで十字軍はヴェネツィア側と協議し、資金調達のために、あろうことかハンガリー王保護下にあったザラ市（現クロアチアのザダル）を攻略することにした。同じカトリックの町を攻撃し、数日でこれを降伏させたという暴挙を知ったインノケンティウスは十字軍を破門に付したが、十字軍からの弁明を受けてその破門を解いた。

ところが、そのヴェネツィアにビザンツ帝国から、帝位を簒奪された元ビザンツ皇帝イサキオス2世（位1185-95、1203）の皇子アレクシオスが訪ねてきて、帝位再獲得の助力をボニファーチョ1世に願い出た。簒奪者は、こともあ

コンスタンティノポリスを攻略する十字軍
（ギュスターヴ・ドレ画）

ろうに、弟のアレクシオス3世（位1195-1203）だった。弟から父へ帝位を取り戻したいとのことで、見返りとして20万マルクの支払い、ビザンツ帝国の十字軍への参加と東西両教会の合同を提案した。

　これに同意した十字軍は、1203年、簒奪者討伐のためにコンスタンティノポリスに到着。恐れをなしたアレクシオス3世は逃亡、晴れてイサキオスが皇帝座に返り咲き、息子アレクシオスが共同統治者となったが、見返りとしての十字軍への約束は果たせず失脚。素性のはっきりしないアレクシオス5世が帝位についたが、1204年4月9日、見返りを反故(ほご)にされた十字軍はついに首都を攻撃し、3日後、完全に制圧した。そこで繰り広げられた十字軍による恐るべき蛮行を知ったインノケンティウスは驚愕し、これを厳しく非難したが、結局、征服者たちに東方教会のラテン化を命じ、コンスタンティノポリス総主教をはじめ全ギリシア主教の廃位を決定した。

　インノケンティウスの振りかざす教皇としての権力はこうしてビザンツ帝国を屈服させるまでに強大化したわけである。他方で、第4回十字軍の経験は、東方の人々の心に西方に対する癒やしがたい憎悪感を植え付けることとなった。

5　托鉢修道会の出現

　クリュニーと並ぶ改革運動で誕生したシトー会は、12 〜 13世紀には全ヨーロッパに約1800の修道院を持つまでになった。だが、シトー会の内部で修道規律の改革が再び起こり、フランス・ノルマンディー地方のラ・トラップ修道院に、厳しい規律に従おうとするグループが「厳律シトー修道会」（トラピスト会）と呼ばれる改革修道会を組織し、またフランスのシャルトルーズ修道院を起源とする「カルトゥジア会」もこの時期に創設された。

　ところが、13世紀に入ると、修道院改革はそれまでとはまったく異なる新しい修道生活のタイプ、すなわち「托鉢(たくはつ)修道会」を誕生させた。土地や富を蓄えることを否定して、都市や農村を歩き回り、信者からの寄進のみで生活しながらキリストの教えに忠実に生きようとする修道士たちの組織で、ドミニコ会とフランシスコ会がその代表的な組織である。

第 3 章　中世キリスト教の全盛（11 世紀半ば～13 世紀）

ドミニコ会　会の創立者ドミニクスは、1170 年、スペインの旧カスティーリャ地方の貧しい農村カレルエガに生まれ、長じてパレンシアで神学と聖書の養成を受けたのち、カスティーリャのオスマの司教座聖堂の参事会員に抜擢され、25 歳で司祭となった。やがて参事会の副院長となった彼は、1206 年、時の教皇インノケンティウス 3 世のもとを訪れ、教皇の命令で南フランスのラングドックの異端カタリ派に対する伝道に着手した。伝道を効果的に推し進めるため、カタリ派と同様の厳格で質素な生活を実践したところ、多くの改宗者を勝ち得た。

　ここで、ドミニクスは説教者仲間と共同体を形成した。これがのちにドミニコ会として正式認可を得る土台となった共同体である。この説教者共同体は、1214 年、トゥールーズに移り、同地の司教区の説教活動を委託された。そして、1217 年、彼らは教皇ホノリウス 3 世（位 1216-27）から『アウグスティヌスの規則』に準拠する「説教者兄弟会」（Ordo Fratrum Praedicatorum）として認可を受けた。これが、ドミニコ会の正式名称である。この修道会は信者からの布施を生活の資としていたことから、「托鉢修道会」と呼ばれたが、人里離れた地で農耕によって自活し、沈黙と観想の生活を送る従来型の修道生活とはまったく異なり、都市に根を下ろして説教を主眼とする集団として出発したのは、まさに都市を中心に清貧生活と説教の巧みさで民衆を教化していたカタリ派等の異端へのカウンターバランスとなるためであった。

　異端対策を第 1 の任務とするこの修道会では、変幻自在に発生する異端に対し、いつでも修道士を必要な場所へ送りこむことが優先されるために、一所定住という従来の徳目は放棄された。また古来一貫して重視されてきた修道士の「労働」も義務付けられなくなり、それに代わって、学問の研究が修道士の必須の徳目となった。これは、異端論破に必要な鋭い論理と弁証の術を磨くことが要求されたからである。この要請に応えるためにドミニコ会では管区ごとに教育機関が設けられ、やがて 13 世紀にトマス＝アクィナスを代表とする学問研究において、ドミニコ会の名声は決定的なものとなった。

フランシスコ会　フランシスコ会の創設者アッシジのフランチェスコは、1181 年もしくはその翌年、イタリア中部のウンブリア地方アッシジの町に、

裕福な毛織物商人の長男として生まれた。若い頃は放蕩生活も経験したが、23歳のとき信仰に目覚め、すべてを捨てて主に従う生活を開始。フランチェスコは托鉢しながら平和と愛、清貧を唱える中、次第に互いに「兄弟」と呼び合う同志が増え、12人の仲間と共に「小さき兄弟会」(Ordo Fratrum Minorum)と名乗るようになった。これがフランシスコ会の正式名称である。彼らは、「清貧」「貞潔」「従順」という従来の修道誓願に従う生活を送り、各地を放浪しながら、説教を続けた。

鳥に説教をするフランチェスコ

　フランチェスコは、この新しい修道生活の認可を得るために、1209年もしくはその翌年に教皇インノケンティウス3世に謁見した。教皇はフランチェスコの活動認可にはかなり慎重で、認可は口約とし、今後の推移を観察してから正式な決定をするという判断だったようである。

　なお、このときの会則は「第一会則」と呼ばれ、福音書から抜粋した3条からなる簡単なものであったが、インノケンティウスによる活動認可後約10年間で3000人程の会員を擁するまでに急激に発展した修道会内部の問題に対処するにはあまりに簡素に過ぎたため、1221年に会則の改訂が行われた。彼が起草した新会則「第二会則」の草案は、ウゴリーノ枢機卿（のちのグレゴリウス9世）の手で大幅に修正されたうえで、1223年、教皇ホノリウス3世によって承認された。これによって、同修道会は教皇庁を中心とするカトリック教会の枠にしっかりと組み込まれることとなった。

　彼らもドミニコ会同様、都市部に修道院を構え、修道院の中に引きこもって祈りに専心する伝統的な修道生活のあり方とは異なって修道院の外へ出て行き、俗人に対して説教と告白聴聞を行った。また、清貧を掲げつつも、洗練された都市民と渡り合える知的訓練を受け、巧みな説教を行えた彼らは、中世後期の民衆キリスト教の成熟に大きな影響をおよぼした。

第3章　中世キリスト教の全盛（11世紀半ば～13世紀）

コラム――人気の高い聖人、アッシジのフランチェスコ

　アッシジの裕福な毛織物商人の長男として生を受けたフランチェスコは、1206年、全ての相続財産を放棄して出家し、2年の間修道生活を営みながら、ハンセン病者の看護や幾つかの聖堂修理に従事したのち、つぎはぎだらけの粗服を身に着け、厳しい貧しさに身をさらしながら、民衆に福音を語り、彼らの素直な信仰心を目覚めさせた。清貧と愛を説くフランチェスコの素朴で慎ましやかな生活に感化され、次第に同志の者が彼の下に集まり、1209年12人となった同志たちは、教皇インノケンティウス3世から修道会「小さき兄弟会」設立の認可を得た。

　1224年ラ・ヴェルナ山上で、キリストとの親密な一致により魂の平安と喜びを得、その刻印である聖痕を受けた。アッシジに戻り、サン・ダミアーノ教会にて神への感謝と賛美である「太陽の讃歌」をつくり、1226年ポルツィウンコラで永眠した。その死の2年後の1228年、フランチェスコは教皇グレゴリウス9世により列聖され、のちに「イタリア共和国」や「ウンブリア州」の守護聖人に指定された。フランチェスコの人気ぶりは美術・音楽・文学・映画などの芸術の題材として頻繁に取り上げられていることから窺い知ることができる。この聖人の生涯と思想は清貧と平和に貫かれているが、とりわけ、被造物を自分の兄弟姉妹のように愛し、単純と謙譲の道を歩んだことから、1979年、カトリック教会は彼を「環境保護」の守護聖人に指定した。彼の人気ぶりは、さらにアメリカ合衆国の都市サンフランシスコやブラジルのサンフランシスコ川の地名が、彼の名前にちなんでいることや、また、2013年、第266代教皇に就任したブエノスアイレス大司教のホルヘ・マリオ・ベルゴリオ枢機卿が教皇名として史上はじめて「フランチェスコ（フランシスコ）」の名を選んだという事実にも現れている。

6 中世の文化

中世の文化は、すなわち「キリスト教文化」である。その1000年間の中世の時代でキリスト教文化がとりわけ最高度に花開いたのが12世紀と13世紀で、それまでの中世文化はキリスト教とゲルマン文化の結びつきを特徴としていたが、この時期からは、十字軍によって西方にもたらされたイスラーム文化およびイスラーム世界に維持継承されていた古代ギリシアの知の遺産との出会いによって形成されたキリスト教文化である。こうした中世文化の新たな段階が出現し発展したことを指して「12世紀ルネサンス」と言う。

このキリスト教文化の新段階を構成する主な内容は、スコラ学の隆盛、大学の出現、ゴシック様式の建築および中世文学などに現れている。

スコラ学と大学の誕生　11、12世紀に起こり、13、14世紀の中世ヨーロッパにおける思想の主流となった学問を「スコラ学」と言う。「スコラ」とは、教会・修道院に付属する学校（schoolの語源）のことで、元来はこれらの学校で教えられていた真理を知る方法を意味していたが、その内容は、キリスト教信仰上の真理を理性的思考によって解き明かすことを目的としていた。あくまで信仰から出発して、その信仰の内容を学問的に根拠付けようとするもので、この姿勢はカンタベリーのアンセルムスによってはじめて明確に示された。彼はその著書『プロスロギオン』の中で「理解せんがために、我信ず」とか「知解を求める信仰」という命題を掲げることで、「信じるために知る」という普通の順序を逆転させた「信仰」と「知識」の関係、すなわち、啓示を出発点に知の営みを開始するスコラ的思考法を示した。彼が「スコラ学の父」と言われるゆえんである。

このアンセルムスとほぼ同時代の前出のアベラルドゥスに代表される初期スコラ学、アルベルトゥス＝マグヌスとその弟子トマス＝アクィナスが活躍した盛期スコラ学、ロジャー＝ベーコンからドゥンス＝スコートゥスを経てウィリアム＝オッカムに至る後期スコラ学の3期に区分されて扱われることが一般的であるが、盛期スコラ学までは、信仰内容の理性的（学問）

第3章　中世キリスト教の全盛（11世紀半ば～13世紀）

解明は可能との立場をとり、後期では信仰と理性の不一致を説く。

　スコラ学の中心的な課題は11、12世紀に起こった「普遍論争」をどう解決するかであった。アンセルムスは、「普遍は実在性を持ち、個に先だって存在する」と主張したが、これを「実在論」（リアリズム）と言う。それに対して「普遍は単なる名辞に過ぎず、ただ個のみが実在する」という主張は「唯名論」（ノミナリズム）と呼ばれた。

　実際には「実在論」が優勢となって、13世紀のトマス＝アクィナスもその立場に立ってスコラ学を体系付け、カトリックの実在論的立場を正統とする伝統を基礎付けた。トマスは、ナポリ大学で学んだのちに師のアルベルトゥス＝マグヌスと同じドミニコ会士となり、パリ大学で教鞭をとり、帰国後はローマの修道院で研究に励み、主著『神学大全』を著して信仰と理性の調和・統合を図った。

　なお、このスコラ学最盛期がドミニコ会士によってもたらされたように、中世末期においてはこれに対する強力な批判勢力として「キリスト教神秘主義」が、同じようにドミニコ会から出てきた。マイスター＝エックハルトおよびヨハネス＝タウラーである。神秘主義の本意は、人間の認識が成立する以前の、主観－客観未分の根源に関わる高度に哲学的、宗教的営みで、この主客未分の根源を求める場合、認識そのものを捨て、完全に自己から「離脱」することで、神との合一を図ろうとする。こうした考えは、トマス哲学の知性重視とは相容れず、また教会という制度も原理的には不要で、そのためエックハルトは死後異端者として断罪された。しかし、今日ではドイツ神秘思想の大家として再評価されている。

　「12世紀ルネサンス」の特徴の1つとして、スコラ学をはじめさまざまな学問が盛んとなったが、そうした高度なレベルの教育を施す場は、修道院が多く散在していた地方から都市へと集中しはじめ、それが「大学」を生むきっかけとなった。大学の多くは教会や修道院付属の学校を母体として生まれた。神学で有名なパリ大学は、12世紀中頃ノートルダム大聖堂付属の神学校から昇格し、「ウニヴェルシタス」と呼ばれる教授と学生の共同組合として発展した。

　一方、11世紀中頃に設立されたヨーロッパ最古の大学であるナポリのサ

レルノ大学は医学で、また同大学と並んで古い北イタリアのボローニャ大学（11世紀末設立）は法学で名を馳せたが、この南欧の「ウニヴェルシタス」は、パリとは違って学生のみの共同体であり、彼らがお金を拠出して教師を雇うという形をとった。イギリスでは、12世紀後半に神学で有名なオックスフォード大学がパリを引き上げてきた学生たちによって、さらに13世紀のはじめにはオックスフォード大学の教授や学生が移ってきて、ケンブリッジ大学が設立され、多くの優れた学者やイギリスの指導者層を輩出した。

ゴシック様式と中世文学　12世紀ルネサンスのビジュアル的な側面を象徴しているのが「ゴシック様式」の教会建築である。

　中世初期に見られた「ビザンツ様式」に代わって、11、12世紀になるとピサ大聖堂やヴォルムス大聖堂などのように、ドーム型のアーチとその重みを支える重厚な石壁を特徴とする「ロマネスク様式」が盛んとなったが、それほど普及はしなかった。しかし、12世紀末からは、教会の権威の増大と新興市民階級の経済力の上昇に伴い、ゴシック様式が教会建築の主流となって全ヨーロッパに普及した。ゴシック様式の特徴は、天に向かってそびえ立つ大小の尖塔をそなえた大規模な造りとステンドグラスで飾られた広い窓で、パリのノートルダム大聖堂やドイツのケルン大聖堂などがその代表例である。

　一方、中世文学を代表するのは「騎士道物語」である。騎士道物語は英雄的騎士にまつわる伝説を題材とし、ラテン語ではなく日常語で書かれて吟誦された。11世紀頃からフランスを中心に発達し、吟遊詩人により歌われた武勲詩が発展したもので、「ローランの歌」をはじめ、フランスでまとめられ、ドイツにも伝えられて人気を博した「トリスタンとイゾルデ」やイギリスの「アーサー王物語」、そしてドイツの「ニーベルンゲンの歌」などがその代表作である。

第4章　中世キリスト教の衰退（14～15世紀）

　12世紀末から13世紀初頭は、インノケンティウス3世によって教皇権が絶頂期を迎えた時期であったが、同教皇以降、その絶対的権力の支配下にあった神聖ローマ皇帝や各国の王たちが少しずつ巻き返しを図り、互いに国益を優先して争うようになった。その結果、十字軍の失敗等もあって教皇庁の権威が低下し、教皇権は、ボニファティウス8世を例外として、かつてのような力を行使できなくなっていった。やがて、フランスの圧力によって教皇庁がアヴィニョンへ強制移管されたいわゆる「アヴィニョン捕囚」とそれに続く教会の「大分裂」によって、教皇の権威は失墜した。

1　ボニファティウス8世

　世俗権力の巻き返しに対してインノケンティウス3世並みの辣腕を振るって抵抗を試みたのが、ボニファティウス8世（位1294-1303）である。だが、そのやり方があまりにも強引だったことから、かえって彼以降、教皇権は急速に凋落する結果となった。

ナポリ問題とコロンナ家との対立　14世紀最初の教皇となったボニファティウス8世を取り巻く環境は厳しいものがあった。まず、彼が着座しようとしていた頃、教皇宮はナポリ王国にあった。前任教皇ケレスティヌス5世（位1294年7～12月）がナポリ王カルロ2世（位1285-1309）の傀儡として王のもとに身を寄せて、王の意のままに教会役職人事を進めていたからである。ボニファティウスは直ちにその人事措置を破棄し、教皇宮をローマに戻し、そこで教皇に就任した。また、当時シチリアを支配していたスペインのアラゴン家とも対立し、シチリアをナポリ王国に併合しようと数年にわたり争ったが、シチリア併合の企ては失敗した。
　ボニファティウスには、お膝元のローマにも敵対勢力がいた。イタリア有

数の貴族コロンナ家である。コロンナ家がボニファティウスを敵視していたのは、同家がアラゴン派に属し、教皇のシチリア政策に反対していたからである。彼らが仕掛けた攻撃は、ボニファティウスの教皇就任が非合法的であるとのプロパガンダを繰り広げ、同教皇を罷免するための公会議を開くよう全教会に呼びかけることであった。しかし、開催は実現せず、情勢が教皇に優位に働き、コロンナ家討伐のための十字軍も差し向けられるなどして、同家は1298年に屈服した。

フランスとの対立　英仏は、中世後期を通じて抗争が絶えなかったが、フランスにおける英領ギエンヌおよびガスコーニュをめぐる戦闘で、フランスのカペー朝フィリップ4世（位1285-1314）は、長期化したこの戦争で必要となった膨大な戦費を調達するため、1296年、フランス国内の聖職者に10分の1税を課した。

　これに対してボニファティウス8世は同年教書『クレリキス・ライコス』を発布して、教皇の許可なく聖職者へ課税することを禁じた。ところが、フランス宮廷はこの教書の撤回を求め、フランスにある貴金属、金、手形などの輸出を禁じた。教皇庁の重要な収入源がなくなることを恐れたボニファティウスは、緊急な場合での聖職者課税を認めるという妥協提案をもって、フランスとの関係をつなぎとめた。だが、これもその場しのぎであった。

アナーニ事件　そもそもフランスのフィリップ4世は、王権の拡張に執念を燃やした国王であったから、それを侵害しようとする教皇の権威に対し、常に抵抗を示してきた人物である。1295年、ボニファティウス8世が南フランスの1地方に司教区を新設したときも、フィリップと利害が衝突し、国王に対する名誉棄損等で、教皇が任命した新司教を有罪として拘留するという強硬手段に出た。これに対し、教皇は1301年、教書を発布し、教会の自由と特権が侵害されている間はフランス国王に与えられた特権を取り上げると宣言した。

　翌1302年フィリップは、貴族、高位聖職者および都市の代表からなるフランス史上初の「三部会」（聖職者、貴族、平民で構成）を開催し、フランス

第 4 章　中世キリスト教の衰退（14〜15 世紀）

の教会と信仰を擁護する義務と権利を有するのはフランス国王であると決議させた。これに対し、同年 11 月にボニファティウスは、ローマ教皇権の至上性を強調する有名な教書『ウナム・サンクタム』を発令した。同教書は教皇の権威は他のあらゆる地上の権力に優越し、教皇に服従しない者は救済されないと宣した。

　にもかかわらず、1303 年の三部会では、ボニファティウス 8 世に対する非難決議が採択されたのみか、フィリップ 4 世は、腹心の法曹官僚ギヨーム＝ド＝ノガレに命じ、教皇の捕縛を謀った。ノガレは、1303 年 9 月、財産没収と国外追放の刑を受けていた教皇の政敵コロンナ家と結託して、ローマ郊外のアナーニにある教皇離宮を襲撃し、そこに滞在中のボニファティウスを捕縛した。これが世に言う「アナーニ事件」である。3 日間監禁された教皇は、突き付けられたフランス側の要求を拒否している間に住民に救出され、ローマに帰還できたが、アナーニ事件の衝撃から 3 週間経たないうちに死亡した。

2　教皇権と教会の衰退

　ボニファティウス 8 世の死により、教皇権は坂道を転げ落ちるように衰退してゆき、中世教会はいよいよ末期的な状況へと突き進んでいった。

教皇のアヴィニョン捕囚　ボニファティウス 8 世が死んだのち、ローマでは貴族間の対立抗争で治安は悪化していたものの、教皇選挙は遅滞なく行われ、ベネディクトゥス 11 世（位 1303-04）が後継教皇に選ばれた。だが、フランス宮廷はなおも反教皇的姿勢を崩さなかった。そこへまたとないチャンスが訪れる。新教皇が在任わずか 9 か月で急死したのである。1305 年の次期教皇選挙で、親フランス派の枢機卿団は反フランス派を押さえて画策したため、ボルドーの大司教が選出され、クレメンス 5 世（位 1305-14）として教皇位に就いた。叙任式はローマではなくリヨンで行われた。

　新教皇はただちにそれまでほぼイタリア人で占められていた枢機卿団にフランス人を多数入れ込み、1309 年には教皇庁をフランスの南東部のアヴィ

ニョンに設置した。結局、クレメンスは一度もローマに行かなかった。こうして、クレメンス5世は以後約70年続くいわゆる「アヴィニョン捕囚」時代の最初の教皇となった。

　クレメンス5世は、教皇ボニファティウス8世の反フランス的教書を教皇庁の記録簿から抹消し、フィリップ4世の反ボニファティウス的行為の正当化など、露骨な親フランス的政策を推し進めた。さらに、当時、莫大な富をなし、好ましからぬ噂の絶えなかったテンプル騎士修道会を解散に追い込んだ。この会員たちには冒瀆（ぼうとく）、男色、偶像崇拝といった種々の告発が浴びせられ、火刑に処せられた者も少なくなかった。解散措置の狙いは、富裕で有力なこの修道会の財産を没収し、フランス財政の安定化目的に利用することだった。

教皇庁のローマ帰還と「大分裂」　一方で、教皇庁をローマに戻そうとする動きは、教皇インノケンティウス6世（位1352-62）の頃に本格化した。彼は、教皇不在のローマで門閥や大公たちの争いが頻発し、それに教皇領も関係していたことから、座視することができず、神聖ローマ帝国皇帝カール4世（位1347-78）の支持もあって、ローマ帰還を望むようになった。また、人文主義者ペトラルカが教皇のローマ帰還を願う気持ちを詩に託して表明し、さらにスウェーデンのビルギッタやシエナのカタリナのような神秘思想家も帰還運動を推進していた。

　しかし、インノケンティウス本人がローマを見ずして死去したので、ローマ帰還のチャンスは後継教皇ウルバヌス5世（位1362-70）にめぐってきた。そのウルバヌスも一時的に帰還できたものの結局アヴィニョンに戻らざるをえず、その後継者グレゴリウス11世（位1370-78）がようやく帰還をはたした。だが、そのグレゴリウスも帰還後わずか1年あまりで死亡したのである。

　バチカンで新教皇が選ばれようとしていたその矢先、武装したローマ人が教皇宮殿を取り巻き、教皇を選ぶなら、ローマ出身もしくはイタリア生まれの人物にするよう要求した。結果、当時パリ大司教だったイタリア人が選ばれ、ウルバヌス6世（位1378-89）として着座したが、フランス人枢機卿の多くはアナーニに集まって選挙を無効とし、独自にフランス人教皇クレメ

第 4 章　中世キリスト教の衰退（14〜15 世紀）

ンス 7 世（位 1378-94）を就任させた。そのクレメンスはローマを武力で占領しようと試みたが失敗し、1381 年にアヴィニョンに帰った。これが歴史上、「大分裂」あるいは「西方大離教」（Magnum schisma occidentale）と呼ばれる事件で、以後 40 年間この状態が続いた。ヨーロッパの主要国はどちらか一方の教皇を支持して分裂した。両教皇の死後も教権の分立状態は解消されず、主にフランス王権と神聖ローマ皇帝権の意を受けたそれぞれの教皇が並び立った。

　教会が長きにわたり同時に 2 人の教皇を戴くという異常な事態を打開するべく、分裂から和解への道を模索しはじめたのはフランス側で、具体的にはパリ大学の神学者や教会法学者によって解決のための選択肢が 3 つ用意された。すなわち、①双方の教皇の同時退位による「譲位の道」、②両者の歩み寄りによる「事実の道」、③議論によって解決する「公会議の道」である。ローマとアヴィニョンの双方の枢機卿たちは、①と②の解決の道が両教皇によって拒否されたので、第 3 の「公会議の道」を取り、これを 1409 年のピサにおける公会議の開催に結び付けた。

　だが、当時のフランス側のベネディクトゥス 13 世（位 1394-1417）もローマ側のグレゴリウス 12 世（位 1406-15）も会議開催に反対し、出席を拒否したため、会議は両教皇を罷免し、新たにアレクサンデル 5 世（位 1409-10）を新教皇に選んだ。だが、両名共自身に対する罷免措置を承認しなかったので、分裂解消どころか、同時に 3 名の教皇を鼎立させる結果に終わった。教会はいよいよ末期的な状況に陥った。

3　教会批判運動の試み

　教皇のアヴィニョン捕囚と大分裂という教会の斜陽時代に、堂々と教皇や教会に対する批判運動を展開した 2 人の人物がいる。ジョン＝ウィクリフとヤン＝フスである。その批判精神は、ルターによる宗教改革を先取りするものとして教会史上の意義を有している。

ジョン＝ウィクリフ　オックスフォード大学の神学教授ジョン＝ウィクリ

フ（1330 頃 -84）の批判は聖書研究から出発しており、教皇の首位性を含む聖職位階制や聖変化（ミサにおいて、パンとぶどう酒がキリストの肉と血に変化すること）を「実体変化」という哲学概念で説明する「化体説」も含めサクラメント全体の考え方は聖書にそぐわない伝統であるとして否定さるべきだと考えた。信仰実践の基盤は聖書のみにあるとの考えから、聖書に立ち返ることを説き、はじめてラテン語の聖書を英語に翻訳したことで知られる。

　当然のことながら、彼の教会批判運動は体制側から反発を招くことになった。1377 年、教皇グレゴリウス 11 世が、彼の教義を異端として宣言したのを皮切りに、その 2 年後は彼の化体説否定がオックスフォード大学長を含む大学側からの批判を招き、1382 年には、イングランドの教会会議で、彼の教義の一部が異端的、一部は誤謬であるとの決議がなされたので、彼は公的生活から締め出され、余生を著作に捧げて 1384 年に死去した。

　しかし、ウィクリフを信奉する「ロラード派」というグループによって、彼の教えは一般信徒の間に広く普及した。教会は、ウィクリフの教義を根絶するため教会会議等で執拗にこれを攻撃し、ロラード派に対しても 1382 年以降弾圧を加えはじめたため、彼らの運動は次第に衰え、勢いを失っていった。ところが、ウィクリフの教えは遠いボヘミアにおいて、そこでの宗教運動に大きな影響を与えることとなった。

ヤン＝フス　1378 年に始まる「大分裂」という混乱の中で教皇権が衰退し、封建領主化した聖職者の腐敗も目立ってきた教会の現状にあって、ウィクリフに続いてカトリック教会に対する批判を公然と行う聖職者がボヘミアに現れた。ヤン＝フス（1370 頃 -1415）である。

　フスが生きていた 14 世紀のボヘミアでは、ボヘミア王カレル 1 世が神聖ローマ皇帝（カール 4 世。位 1347-78）に選ばれて以来、プラハ城の拡張や中欧初の大学であるプラハ大学の創立、カレル橋の建設など都市開発が行われ、「黄金のプラハ」と形容される繁栄期を迎えていた。

　フスはプラハ大学で神学を学び、1398 年から教授、1401 年に哲学部長、1403 年には学長となった。カレル 1 世がイングランド王室と姻戚関係にあり、またフスの親友プラハのヒエロニムスがオックスフォード大学で学び、

第4章　中世キリスト教の衰退（14～15世紀）

帰国の際ウィクリフの哲学書をプラハに持ち帰ってきたこともあって、ウィクリフの著作はボヘミアで広く知られるようになった。フスはウィクリフの教説を知ってその影響を受け、カトリック教会の現状を厳しく批判するようになった。

1402年からプラハのベツレヘム教会の説教者に指名されたのを機に、彼はチェコ語による説教で自説を訴え続けた。彼の主張は、確かにウィクリフに影響されていたとはいえ、彼のようにローマ教皇の権威を否定したのでもなく、また化体説を否定も同調もしておらず、ただ教会の誤りを正し、聖書に基づく信仰に戻ることに主眼があった。

しかし、体制側には彼の主張を理解する余裕はなかった。まず、学長になった1403年、大学での講義が禁止され、1410年にはその著書がプラハ大司教館の前庭で焼かれ、説教も禁じられ、大司教および教皇庁からも破門された。それでも、フスは批判活動をやめはしなかった。

1412年、ピサの教会会議で教皇に選ばれたアレクサンデル5世の後継教皇ヨハネス23世（位1410-15）が、ナポリ王に対する十字軍派遣のための戦費を調達するため、贖宥符をプラハで販売しはじめたことについて、フスがこれを激しく非難し、この非難は同調する貴族や民衆を巻き込む抵抗運動へと発展していった。そしてこの問題の処理は、2年後のコンスタンツ公会議の課題となった。

コンスタンツ公会議　1414年、3教皇が対立しあう教会大分裂を解決する目的で、神聖ローマ皇帝ジギスムント（位1411-37）の意向により、ドイツのボーデン湖に面する都市コンスタンツで公会議が開催された（1418年閉会）。教皇として出席したのはヨハネス23世のみで、ピサの教会会議で罷免されはしたが、それを受け入れなかったグレゴリウス12世とベネディクトゥス13世は欠席した。ヨハネスは教皇位としての自らの正統性がここで確認されることを期待していたが、会議の流れでその望みが果たされないと悟ると、支持者の枢機卿たちと共に逃亡を図った。

公会議中、グレゴリウスは自主的に退位宣言をしたが、公会議は逃亡したヨハネスを罷免し、またピサでの罷免決議を拒否していたベネディクトゥス

第 2 部　中世

フスの火刑

を改めて罷免し、新しく教皇を選出したことで教会分裂は終息した。

　一方、公会議がもう1つ処理しなければならなかったのが、前述のフスが引き起こしたボヘミアの宗教問題であった。フスはこの会議に出席するために約30人の信者と共にコンスタンツ入りしたが、反フス派の聖職者らの暗躍で捕縛され、ドミニコ会の修道院に幽閉された。

　公会議は1415年の第8会期でウィクリフを改めて断罪したのち、フスを公開裁判にかけ、彼の高位聖職者批判などこれまでの主張を誤りとして認めて撤回するよう要求した。しかし、フスはこの要求を全面的に拒否。同年7月6日、有罪として聖職を剥奪されたうえ、火刑に処せられた。

　すると、たちまちフスを支持するボヘミアの貴族と民衆は、教会のフス措置に反発して暴動を起こし、ボヘミア全土の教会や修道院を襲撃した。このフス派暴動に対して、教皇マルティヌス5世（位1417-31）は1420年から前後5回にわたり対フス派十字軍を組織して鎮圧にあたったが、よく訓練されたフス派の軍隊が圧倒的な強さで応戦したうえに、チェク人としての民族意識に鼓舞されて積極的に参戦する多数の農民・市民のパワーの前に敗北し、鎮圧に失敗した。

　しかし、フス派内部にも穏健派と急進派の対立があり、最終的にジギスムントが穏健派と結んで過激派を制圧し、1436年に和平を実現した。教会はフス派の主張の一部を認め、フス派はジギスムントをボヘミア王として承認することで妥協が成立した。

　このフス派の社会革命的運動は「ボヘミア兄弟団」に受け継がれ、やがてこれがルター派と合流して「モラヴィア兄弟団」として教会の革新をめざす共同体運動を展開していった。

おわりに

　フス派運動によって成立したボヘミアの国民教会の動きは、1431 年に開催されたスイスのバーゼル公会議においても議論されたが、ボヘミアでの国民教会の自治は正式に認められた。
　しかし、この公会議の主要な目的は、11 世紀初期以来分裂状態にあった西方のローマ教会と東方のギリシア正教会との再合同であった。これは東地中海一帯を覆っていたオスマン・トルコの脅威に直面していたビザンツ皇帝ヨハネス 8 世パライオロゴス（位 1425-48）が西ヨーロッパの軍事援助を期待して提案したもので、対トルコ軍事同盟の前提として東西両教会の再合同を実現するための会議であった。
　しかし、この会議はいわゆる「公会議主義者」（教皇権に対する抑止力としての公会議の役割を重視し、教会内の至上決定権は教皇ではなく公会議にあると唱える聖職者・神学者のグループ）と教皇支持派の対立を激化させ、挙句、公会議主義者はバーゼルにとどまり、教皇支持派は教皇エウゲニウス（位 1431-47）と共にイタリアに移動し、1437 年春にフェラーラに、さらに 1439 年にフィレンツェに公会議の場所を移し、そこで懸案の問題を討議した。結果、カロリング時代以来両教会の争点であった「聖霊が父と子から発する」とする神学説とそれを表明する「フィリオクェ」付きのニカイア・コンスタンティノポリス信条の正統性およびローマ教皇が全キリスト教会の頭であるとするローマ側の主張が、ギリシア側に承認され、同年合同が決議された。

オスマン・トルコによるコンスタンティノポリス攻略

ところが、この合同決議はすぐにギリシア教会側から一方的に無効宣言されたうえ、ビザンツ帝国が求めていた西側からの軍事援助も実現できなかった。瀕死の帝国は、とうとうその14年後の1453年、帝都コンスタンティノポリスがムハメット2世（位1451-81）率いるオスマン・トルコによって陥落、1000年続いたビザンツ帝国がついに滅んだ。
　ちょうどその同じ年に、ヨーロッパではいわゆる「百年戦争」（フランス王位継承権やフランドル地方の領有権をめぐるイングランド王家とフランス王家の間で繰り広げられた戦争）が終結した。この戦争により、地方領主の没落に伴う中世の封建社会の崩壊に呼応して王権が強化され、領土と国民を明確にした主権国家が台頭しはじめたが、この間に起こったペスト大流行と「ワット・タイラーの乱」（1381）などの激化する農民反乱の影響により、社会不安も増大した。すでに見たように、「アヴィニョン捕囚」と「大分裂」により、ローマ教皇そして教会の権威は見る影もなく凋落していた。ヨーロッパ中世の終焉は、こうして聖俗両界共に激動と混乱に彩られて進んでいったのである。
　しかし、この時期、文化的には大きな躍動が見られた。12世紀、イスラーム世界に維持継承されていた古代ギリシアの知の遺産はアラビア語からの翻訳を介して西欧に伝達され、「12世紀ルネサンス」に影響を与えた。しかし14世紀末には、ビザンツ帝国の学者によってイタリアでギリシア語教育が行われるようになり、帝国に保管・継承されていたギリシア語の古典文献の読解が可能となった。さらに、15世紀中葉の、上述したコンスタンティノポリスの陥落後はイタリアに相次いで移住してきたビザンツ帝国の学者たちの助けを得て、ギリシア古典文献研究がますます進展した。これが「イタリア・ルネサンス」の成立の一助となったのである。さらに、古典研究に拍車をかけたのが印刷技術の発明である。印刷物の普及に伴い、聖書原典や教父文献の研究が促された。そしてこれが後の「宗教改革」につながることとなる。

第3部
近　世

村上みか

第 3 部　近世

第 1 章　宗教改革前史：中世末期のヨーロッパ

　宗教改革が起こった 16 世紀はじめのヨーロッパは、中世から近世に至る転換期にあり、古い秩序の崩壊と新しい秩序の模索が社会の諸領域において見られた。宗教改革は、これらの社会の動きに影響を受けて成立し、その展開を規定された。宗教改革の正確な理解のために、まず中世末期の政治、社会、文化、そして教会や宗教運動、神学について概観する。

1　政治、社会

政治　当時のヨーロッパの政治状況について、まず言及すべきことは、神聖ローマ帝国が弱体化し、それに伴い帝国の宗教的機能を担ったローマ教会の力が衰退したことである。その原因はなによりも、周囲の君主国家の台頭にあった。イングランド、フランス、スペイン、ポーランド、ハンガリーなどの諸国が自律的国家の形成をめざし、帝国の対抗勢力を形成するとともに、教会を自らの支配下に置こうとして、ローマ教会への対立姿勢を明らかにした。フランスにおける教皇のアヴィニョン捕囚や教会大分裂（第 2 部参照）は、世俗国家による教皇権の弱体化を象徴する。この状況下で、教皇権の上に公会議を置こうとする公会議主義が唱えられ、ローマ教会の支配体制の崩壊過程が確認される。

　一方、帝国内部の地方勢力、領邦※の成長も、帝国やローマ教会への対立を内側から形成した。宗教改革が生起する約 20 年前には帝国改革が行われ（1495）、帝国議会が国政の最重要機関となり、これにより皇帝の権力が弱められて領主（諸侯）たちの影響力が増大した。のちに、この帝国議会で諸侯たちは皇帝に抵抗してルターを支持し、宗教改革の確立に決定的な影響を与えることになる。加えて、諸侯たちは領邦内の教会を支配下に置こうと、長

　　　　　　領邦＝帝国内において封建領主によって統治された地方国家。

第1章　宗教改革前史：中世末期のヨーロッパ

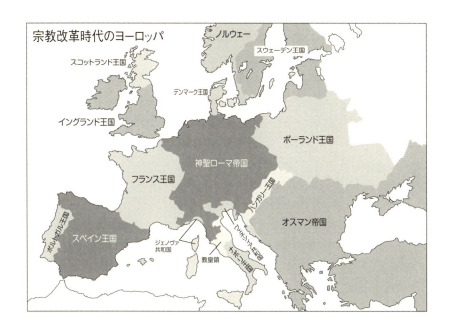

年にわたる努力の末、教会の諸権限をローマ教会より獲得して領邦教会体制の基礎を築いており、このことが宗教改革の定着に大きな役割を果たした。彼らはルターの改革をこの領邦教会に導入し、新しい福音主義教会(プロテスタント)を形成したのである。

社会　社会における変化もまた、宗教改革の成立を促すさまざまな要因を内包していた。なかでも重要なのは、11世紀頃より成長した「都市」の存在である。中世の封建的な社会関係に対して、都市は市民による自治という新しい社会の形を追求し、その完成のために教会をも掌握することに努めていた。その結果、中世末期には教会の重要な権限を手中に収め、宗教改革が都市に及んだとき、市参事会（市政府）はこの権限をもって宗教改革の導入を自ら決定した。宗教改革をもっとも早く受容し、定着させたのは、この都市であった。

　もっとも都市が宗教改革を受容した背景には、都市で展開されていた新し

い社会的、文化的な営みがあった。とりわけ重要なのは、初期資本主義経済の発展を支えた商人たちが都市に拠点を置き、その経済力をもってルネサンス文化を花開かせ、人文主義の活動を発展させたことである。新しい時代を切り拓こうとする知識人たちが都市に集まり、彼らの活動を支える印刷所がここで発展し、新しい知的活動が展開されたのである。

「死の舞踏」(バーゼル プレディガー修道院、1440年頃〔複製1806年〕)

　もっとも、これらの文化を享受し、知的活動に携わることができたのは社会の一部の人々であった。全体的にみると、中世末期の社会は多様な問題を抱え、対立と不安に満ちた社会であった。政治的には新旧勢力の対立により戦争が繰り返された。経済的には経済構造の変化に加えて、寒冷化による農業危機が生じ、農民、特に小作農たちが貧困化を余儀なくされていた。そして彼らは経済的、社会的状況の改善を求めて各地で反乱を起こし、仕事と食糧を求めて都市に流入した。都市内部においても小商人や職人たちが政治への参加を求めて反乱を繰り返した。そして宗教改革が起こると、これらの反乱はそこに合流し、改革勢力となったのである。加えてペストの猛威により、多くの人の命が失われた時代であった。

　この社会のなかで、「死」への意識が強く現れてくる。「死」をリアルに表現する「死の芸術」が盛んになり、「死の舞踏」のテーマが頻繁に用いられて、誰もが死と隣り合わせで生きていることが風刺的に描かれた。メメント・モリ（汝の死を覚えよ）が説かれ、「死の作法」の手引書も普及した。

　まさにこの不安に満ちた生活の中で、「救い」への強い渇望が現れてくる。死後の魂の救いを願って、人々はさまざまな形で宗教活動に関わっていったのである。中世末期の宗教生活は決して破綻しておらず、それどころか、大変な高揚を見せていた。これもまた宗教改革が成立するための重要な要因であった。

2 人文主義

人文主義とは 人文主義は 14 世紀イタリアに起こった文化刷新運動である。ルネサンスの文芸分野ともいえるこの運動は 15～16 世紀にヨーロッパ各地に広がり、大きく発展した。その背景には前述の閉塞的な社会状況があり、その打開のために、人文主義者たちは「人間」について問うことからはじめた。「人間とは何か、人はいかに生きるか」と問い、人間そのものを変革することによって、社会を変革しようとしたのである。

古典（聖書）の研究から教会批判、改革へ その答えを見出すために、人文主義者たちが依拠したのは「古典」であった。彼らは "ad fontes（源泉に帰れ）" というスローガンを掲げ、ヨーロッパ文化の源流であるギリシア・ラテンの古典を復興させ、そこに時代を切り開くための思考や規範を見出そうとした。そのために彼らは古典書の出版に取り組み、それが原典に値するかを問うことからはじめた。印刷術発明以前の筆写による書物は誤字、脱字を含み、後の時代の解釈も加えられ、翻訳による意味のずれも生じるからである。聖書の場合、原語（ヘブライ語、ギリシア語）によるものが求められ、原典に近づくために、エラスムスは修道院図書館の写本を比較分析し、よりオリジナルに近いものを編集して出版した。これが『ギリシア語新約聖書』(1516) である。ルターもこれを用いて聖書解釈を行い、彼のドイツ語聖書の底本とした。このテキストの批判的な捉え直しの中で原典批判の方法が形成され、文献学の発展を促進した。さらに宗教改革との関連で重要な役割を果たしたのは、教父たちの著作の出版であった。特に『アウグスティヌス著作集』(1506) はルターの神学に大きな影響を与えることになる。

　古典書の理解のためには古典語（ラテン語、ギリシア語、ヘブライ語）の習得が必須であり、これは「言葉」の力を訓練する教育へと展開した。そして古典書の研究に際しては、それを解釈するにとどまらず、それを現実に応用することを試みた。彼らの最終目的は、古典の知恵をもって困難な現実を切り開くことにあったのである。

人文主義者たちの活動は多様であったが、1つの基本的な傾向として確認されるのは、人間の価値、特にその精神の価値を見出し、その意義を主張したことである。これは当時の封建的な身分制社会や聖俗二元論の価値観に対して新しい人間観を表現するものであった。エラスムスは、この優れた人間の精神を努力により成長させ、人格を完成させることを唱えた。ここから彼をはじめとする人文主義者たちは、聖職者の道徳的堕落がはなはだしいローマ教会を批判し、聖書の初代教会に立ち帰り、教会を浄化し、改革することを訴えた。

教育の重視と大学改革　古典に学んだ知恵を現実に応用するため、人文主義者は教育活動を展開した。新しい社会を支える優れた市民、優れた人間性を育成することが必要と考えられたからである。人文主義者自身が教師となり、大学や都市の学校、教会付属の学校、また貴族の子弟の家庭教師として教育を担った。

彼らの活動は当時の大学批判、やがては大学改革へとつながっていった。中世の大学は専門3分野（神学、法学、医学）と基礎学科の自由学芸7科（文法、修辞学、論理学、算術、幾何学、音楽、天文学）から成っていた。「言葉」を重視する人文主義者は自由学芸の重要性を唱え、なかでも文法や修辞学等の文芸分野を重視し、さらに「歴史」や「倫理学」により人間の生を学ぶ必要性を説いた。一方、専門の神学分野についても改革が行われ、中世のスコラ学に代わり、聖書と古代教父に集中するプログラムが――人文主義の影響下にある大学で――導入された。

このような人文主義者、またその影響を受けた若い世代から優れた宗教改革者が輩出された。メランヒトン、ツヴィングリ、ブツァー、カルヴァン等である。彼らの優れた知性と変革への意欲は、宗教改革の神学や改革に大きく貢献した。また古典語の学びや文献学も宗教改革の聖書解釈に重要な役割を果たすことになる。

第1章　宗教改革前史：中世末期のヨーロッパ

3　教会、諸宗教運動（神秘主義、聖霊主義）

　「救い」への渇望が強く現れた中世末期に、キリスト教内部でもさまざまな運動が展開された。ローマ教会の活動、その内外に見られる神秘主義、聖霊主義の運動である。ローマ教会は確かに多くの問題を抱えていたが、全体的に見ると、中世末期は決して暗黒の時代ではなく、逆に宗教性、敬虔性の高揚が認められる時代であった。

ローマ・カトリック教会の諸問題　中世後期になると、中世盛期に確立されたローマ・カトリック教会の体制が揺れ動き、さまざまな問題が教会内に現れた。なかでも顕著であったのが、教皇制の弱体化である。世俗権力によりもたらされた衰退に加え、ヒエラルキー制度とそれを支える聖俗二元論により、教会内にさまざまな問題がもたらされた。教会刑の濫用、聖職売買、閥族主義、贈収賄が教会内にはびこり、中世末期には高位聖職者の地位の多くが貴族によって占められていた。また聖職者数の増大とともに、教育の不十分さや貧困化が生じ、聖職者の宗教的能力の欠如と道徳的堕落が深刻な問題となっていた。

　中世の教会は世俗の社会と区別され、独自の法体系（教会法、教会裁判所）をもち、教会税や裁判収入などの財政的な収入を有する一方、聖職者には免税特権が与えられていた。そして霊的身分と世俗的身分とが区別され、特別な霊性を持つとされる聖職者にサクラメントの執行をはじめとする諸権限が与えられ、教会生活の中心的役割が担われていた（聖職者主義）。この教会に対して世俗権力は介入できず、領邦や都市における聖職者の貧困や道徳的問題にも、また住民の婚姻や教会税の問題にも領主や市参事会は対応できないジレンマにあった。そのため、世俗権力者たちは教会の権限の獲得を試み、ローマ教会の力の排除に努めていたのである。

教会批判と教会改革の提唱　このような制度や問題をもつ教会に対する批判が、中世末期に現れてきた。印刷術によりビラやパンフレットが作成され、

教皇や聖職者を批判する文書が広く出回った。また財政的に豊かな教会は、経済的に困窮する民衆の非難の対象ともなった。一方、反教皇の運動は教会内でも見られ、コンスタンツ公会議（1414-18）では、教会の首位権は教皇ではなく公会議にあるとする「公会議主義」が主張された。さらに同会議やバーゼル公会議（1431-49）、第5ラテラノ公会議（1512-17）では教会改革が提唱され、神学者や教会の指導者により広められた。もっともこのような改革は宗教改革以前には十分な実現には至らず、唯一改革が進められたのは修道院であった。厳格な修道院規則の遵守が求められ、それに従った修道生活が導入された。ルターも、当時最も厳しいアウグスティノ隠修士会で修道生活を送ったのである。

教会内の敬虔運動　その一方で、「救い」を願う人々の思いがローマ教会内にも敬虔運動を開花させ、さまざまな救いの手段が提供された。救いは「良い行い（功績）」により得られるとする神学に基づき、告解やミサに加えて聖人崇拝が行われ、聖地巡礼が盛んになり、聖遺物収集がなされた。教会への寄付も多くなされ、それをもとに教会建築が盛んになり、後期ゴシックが開花した。印刷術により祈禱書や説教集も普及した。一方、救いへの願望は贖宥符(しょくゆうふ)の販売を促進させた。十分に良い行いができず、煉獄(れんごく)に留まっている魂を天国へ挙げるために、こぞって贖宥符が買われたのである。

神秘主義と聖霊主義　魂の救いの願いは、教会内外で神秘主義や聖霊主義の運動を活発にした。なかでも広く知られたのは、14世紀以来のドイツ神秘主義、エックハルトの流れを汲むタウラーやゾイゼであった。タウラーは「内省」を重視し、魂の根底に沈静し、そこにおいて神と一致することを説いた。ゾイゼは受難のキリストとの一致を説き、キリストの受難を現在化し、追体験することにより救いにあずかることを強調した。一方、彼らの影響下にある匿名の神学諸論文が「ドイツ神学」として伝えられ——これはのちにルターが出版（1516）——、人間の意志を完全に放棄したキリストにならうことにおいてのみ、人が神と一致し得ると説かれた。中世末期の神秘主義は、これらの思想の影響を受けつつ、一種の敬虔運動として展開され、聖職者の

みならず、民衆の間にも広まった。たとえばネーデルランドに始まりドイツ諸地域に広まった「新しい敬虔(デヴォチオ モデルナ)」の運動は、キリストにならい、キリストと同じ形にされることにより新たな敬虔が得られると説き、高次の道徳性を要求した。そしてこの敬虔性をもってこの世を浄化することを唱え、それが教会批判、社会批判として展開された。この時期の神秘主義は、この世を超越したところにおける魂の浄化に終わらず、その浄化された魂をもって混乱したこの世を浄化するという実践的傾向を示した。これらの神秘主義が宗教改革者たちの周囲に存在し、その神学や運動の展開に大きな影響を与えることになる。

　その一方、聖霊主義の運動も活発であった。12世紀のフィオーレのヨアキムの千年王国思想に影響を受け、聖霊の力を受けて教会や社会の回復を図ろうとする運動である。ここでは混乱した時代状況を前に差し迫った終末が説かれ、聖霊により直接的な啓示を受けた者がキリストの再臨に備え、この世を浄化すべきと唱えられ、社会批判や社会改革の活動が展開された。中世末期の聖霊主義は、このように黙示文学的終末論と結びつき、神の国はこの世の歴史を超えたところに期待されるものではなく、聖霊の働きを受けた人間により準備されるものとし、この世における改革運動として展開された。この聖霊主義も宗教改革運動の――特に急進派に――大きな影響を与えることになる。

4　神学

　中世末期の神学は多様であり、大学によりその傾向は異なっていたが、いくつかの主要な流れがあった。1つは伝統的なトマス主義（古い道）、そしてオッカム主義（新しい道）、新アウグスティヌス主義である。なかでも14世紀以降に展開した後二者が宗教改革神学の形成に直接的な影響を及ぼした。

オッカム主義　普遍概念をめぐる論争で実在論をとるトマス主義に対して、唯名論の立場をとるオッカム主義は、普遍概念は名称にすぎず実在しないとし、個物のみが実在すると理解した。したがって普遍概念については論じ

必要はなく、神や神の目的についても証明しえず、個物に議論を集中すべきことを唱えた。この認識論的懐疑の態度は理性と信仰、哲学と神学の峻別へと至り、さらに思弁を批判し、経験を重視する理解を展開した。

　実在する個物、すなわち神ではなく人間に議論を集中する彼らの態度は、救いについて人間が何をなしうるかという問いへ向かう。そして定められた要求を人間が満たすという条件のもとに、神は人間を受け入れるとする救済論を展開した。ガブリエル・ビールはこの条件を「自分のうちにあることをなせ」と表現し、悪を退け、善を行う努力をなすべきことを説いた。このように人間の行為を救いの条件とする一方、証明し得ぬものとしての神の主権や全能性を強調し、自然的人間を神的なものから分離して理解する傾向も示した。その結果、人間の存在を低いものと見なしながら、その一方で善をなす人間の力を評価する、という矛盾を示すことになった。ルターはビールの

コラム――煉獄と贖宥符

　「煉獄」の概念は12世紀後半に確立され、天国と地獄の間にある中間的な場、すなわち小罪を帯びた者の浄化の場として、第2リヨン公会議（1274）で教義とされた。やがて煉獄にある魂の救しのために生者が功績を積むという考えが生まれ、そのための1つの手段が教会で販売されていた「贖宥符」である。その購入により聖人の功績を譲り受け、罪の償いを得るとされた。ルターの周辺で販売されていた贖宥符は、教皇ユリウス2世（位1503-13）がはじめたサン・ピエトロ大聖堂の新築のため、教皇レオ10世（位1513-21）が振り出した記念贖宥符で、マインツの大司教にその販売が委託されていた。これは大司教への認可に対する支払いの意味をもち、当時の教会の問題状況を反映したものでもあった。贖宥説教者テッツェルは「金貨が箱でチャリンとなると、魂が煉獄から飛び出す」と言って贖宥符を販売した。この贖宥符とその背景にある神学が、宗教改革の契機となる。

神学を学んでこの矛盾に直面し、苦悩する。のちにルターは、この「行為義認」の神学を「スコラ学」とみなし、厳しく退けることになる。

新アウグスティヌス主義　オッカム主義と並ぶもう1つの唯名論の流れが新アウグスティヌス主義である。リミニのグレゴリウスによってはじめられたこの神学潮流は、アウグスティヌスの救済論に立ち、人間の罪を強調し、義認における神の主導を主張する。つまり救いについての人間の能力を否定し、救いは人間の外から、神の恵みにより、功績なしに与えられるとする。このようなアウグスティヌス・ルネサンスがアウグスティノ隠修士会に広まり、エアフルトのアウグスティノ隠修士会にいたルターにも影響を与えたと推測されている。アウグスティヌスの神学は、ルターの宗教改革的神学の形成に決定的な影響を与えた。

第2章　ドイツの宗教改革

　以上に見た中世末期の社会の諸要素が宗教改革成立の要因として働いた。しかし宗教改革の直接的な契機は、ルターの「95箇条の提題」とその背景にある彼独自の神学の形成であった。この章では、まず「95箇条」以前のルターの歩みと神学の形成を取り上げ（第1節）、「95箇条」の問題提起と、それに続く神学論争を概観する（第2節）。さらにルターの問題提起が社会の反響を得て改革運動として拡大し（第3節）、やがて福音主義教会（プロテスタント）が形成されてゆくプロセスを確認する（第5節）。また改革運動内部にさまざまな見解が現れ、それらと取り組む中でさらに展開したルターの神学にも言及する（第4節）。

第 3 部　近世

1　ルター：信仰の歩みと神学の形成

学び　ルターは 1483 年にドイツ・ザクセン地方のアイスレーベンに生まれた。父ハンスは鉱山労働者であったが、やがて精錬所を経営し、ルターは幼い頃より優れた教育環境を与えられた。7 歳で教会付属学校へ入ってラテン語の学びをはじめ、14 歳になるとアイゼナハの学校で弁論術や作詩法を学び、さらにすぐれた宗教的環境や音楽への関心

修道士ルター

を深める機会も与えられた。のちのルターの論争力や賛美歌の作詞作曲の基礎力は、ここで育てられたと考えられている。1501 年にはエアフルト大学に入り、大学の基礎学科の学びをはじめた。1505 年にそれを終えて修士号を得、父親の希望もあり、専門の法学の学びへと歩みを進めた。

修道士ルター　しかし同年 7 月 2 日に、実家のあるマンスフェルトからエアフルトへ向かう途上で激しい雷雨に襲われ、ルターは「聖アンナ様、お助けください、修道士になります」と口走る。困難の中で聖人に助けを求めるのは一般的なことであったが、ルターはその言葉を実行し、2 週間後にはエアフルトのアウグスティノ隠修士会に入り、修道士となった。この決断の背景には、雷雨によりルターが「死」を直感し、魂の救いを求めた事情がある。ルターはそれ以前にも自らの怪我や、ペストによる友人・知人の死を通して死の恐怖を経験しており、救いへの強い思いと修道士となる意志はルターの中にある程度形成されていたと考えられる。当時は、厳しい禁欲生活が課され祈りの生活に徹する修道士は、もっとも功績があり、天国への道にあるとされていたのである。

　修道生活をはじめたルターは神学の学びをもはじめた。エアフルト大学の神学部はオッカム主義が支配的であり、ルターもその影響を強く受けた。とりわけ認識論的懐疑の態度、哲学と神学の峻別、批判的思考はルター神学の形成に影響を与えた。エアフルトではビールの神学が教えられ、ルターも熱

心に彼の書を読み、やがてその矛盾に苦悩することになる。一方、当時エアフルト大学では人文主義の影響の下に改革が進められ、スコラ学に代わって聖書や古代教父、古典語の学びが導入されつつあった。ここでルターはスコラ学がもはや支配的な神学ではないことを知り、古典語の学びを通して聖書のテキストを読み解く基礎を得たのである。またパウロやアウグスティヌスが人文主義者に重視されていたことも、ルターに影響を与えたと考えられる。

ルターが修道院に入った翌年に『アウグスティヌス著作集』が出版され、ルターはこれを入手して書き込みを行い、講義や著作で多くを引用している。ルター自身も後に、聖書とともにアウグスティヌスから多くを学んだと述べている。ルターは1507年に司祭に叙階され、1509年には神学士となった。

ルターの苦悩と「信仰義認論」　順調に見える修道生活のなかで、ルターは苦悩を重ねた。厳しい修道院規則を守り、模範的な修道士として生活していたが、彼の良心は救いの確信を与えなかったのである。表面的には良い行いをなし得ても、神の前では罪人でしかない自らを知り、神の怒りと罰を恐れ、ルターは絶望に陥った。

苦悩するルターに手を差し伸べたのは、シュタウピッツという深い敬虔性を持った神学教師であった。アウグスティノ隠修士会の総代理でもあった彼はルターの宗教生活の助言者となり、苦しみの中でキリストの十字架に示される愛に目を向けることを教えた。さらに彼はルターに神学博士の学位を取らせ、ヴィッテンベルク大学の聖書講座の後継者とした。ルターの講義は「詩編講義」に始まり、「ローマ書講義」「ガラテヤ書講義」「ヘブライ書講義」と続いた。ルターは苦悩の中で聖書研究に打ち込むが、「神の義 iustitia Dei」という言葉に悩まされた。オッカム主義の神論と行為義認論を学んだ彼は、努力しても罪人は義なる神により罰せられるしかないと考えたのである。ルターはこの言葉を「憎んだ」とさえ語っている。

しかしローマ書1章17節のパウロの言葉――またアウグスティヌス――を通して、ルターは良い行いによって自ら義を作り出すのではなく、信仰によって義とされることを知り、文字通り救われる。そして人間が罪人であること、その罪人は神の恵みにより救われるしかないとする信仰義認論を展開

111

したのである。この新しい認識は塔の小部屋で得られたことから「塔の体験」と呼ばれている。ここでルターはローマ教会の神学を離れ、「宗教改革的神学」へと転回した。もっとも、この転回は瞬間的なものではなく、14年頃から徐々に形をとり、19年には完成していたと考えられている。この形成されつつある信仰義認論をもってルターは「95箇条の提題」を提出したのである。

2 「95箇条の提題」と神学論争の展開

「95箇条の提題」（1517年） 当時の大学の討論の形式として、提題を掲示し、討論を呼びかけることは一般的であった。「95箇条の提題」もそれにならったもので、正式な名称は「贖宥の効力を明らかにするための討論」である。したがって「95箇条」はローマ教会に批判を突きつけたという性質のものではない。また城教会の扉に貼り出されたことも確固たる証拠がなく、その事実を否定する見解も現れている。

　「95箇条」の内容は、贖宥符の実践と、その根底にある救いの理解（行為義認論）に対する批判である。救い（＝罪の赦し）は苦しみの中で悔い改めを通じて無償の愛により与えられ、贖宥符を買って得られるものではないことをルターはまず指摘する。そして教会の宝をキリストや聖人の功績とする理解を否定し、煉獄にある魂の赦しという考えを退けた。さらに教皇の罪の赦しの権限を否定し、豊かな教皇が貧しい信者の金で大聖堂を建設することを問題とした。もっともルターは、教皇に服従し、教皇による神の赦しの宣言を尊重するよう呼びかけている。ルターが「95箇条」で問題にしたのは救いの問題であり、ローマ教会そのものや教皇制度ではなかった。教皇への忠誠はこの後も2年続く。教会改革や分裂は、ルターにおいて意図されていなかったのである。

神学論争の展開 しかしローマ教会の対応により、事が大きく展開した。「95箇条」は大司教によってローマへ送られ、ルターへの審問が開始されたのである。1518年10月のアウグスブルク審問で、ルターは教皇使節カエタ

第 2 章　ドイツの宗教改革

ヌスより慈愛に満ちた応対を受けるが、その要求は「95箇条」の内容とその解説の撤回であった。ルターは撤回を拒むとともに、信仰による義認の神学を理解しない教皇使節を前に、ローマ教会はキリスト教的かと疑念を抱きはじめた。

　翌 19 年 6 〜 7 月のライプツィヒ論争では、インゴルシュタット大学教授のエックより審問を受け、ここで議論が救いから教皇や教会の問題へと展開する。救いについては、人間がそれに寄与し得るとするエックに対し、人間は神と対立するとしてルターはそれを否定した。また教皇を神と人間の仲介者とし、その不可謬性を主張するエックに対し、人は信仰を通じて仲介者なしに救われ、教皇は誤りを犯すと応じた。そしてエックが、普遍的教会はローマ教会から成るとしたのに対し、ルターはこの 400 年の教会は聖書に対立すると主張した。こうしてルターは教皇の神的権限を否定し、カトリックの教会概念から離れた。その後、ルターは新しい神学プログラムの形成へと向かう。

ルター神学の展開：改革三文書（1520 年）　翌年、ルターはいわゆる改革三文書を著し、彼の新しい教会構想を提出した。その内容はいずれも信仰義認論に基づき、ローマ教会の制度や実践を批判し、それに代わる新しい教会やキリスト教的生活のあり方を示すものであった。

　「キリスト教界の改善に関してドイツのキリスト者貴族に宛てて」は、タイトルが示すように教会改革の必要性を訴えたものである。ルターは教会をこの世的な権力や富から解放することを説き、聖職者の上位性、また教皇の教導権や公会議の権限を否定した。ルターはこの改革を貴族に期待し、そのために全信徒祭司論を持ち出し、すべてのキリスト者は洗礼と信仰により同じ霊性を持ち、神の言葉の宣教とサクラメントに関して同じ権限を有するとした。霊的身分と世俗的身分の区別は人間の作り出した偽りであるとし、聖俗二元論を退けたのである。

　「教会のバビロン捕囚」では、福音が司祭職やサクラメントなどの制度に囚われていることを批判し、7 つのサクラメントを 2 つ（洗礼と聖餐）に削減した。サクラメントは、見えない神の恵みを見える形で現す手段であり、

ルターはこの神の恵みを「罪びとの赦しの約束」と理解したからである。

「キリスト者の自由」は信仰義認論を主張したものとして知られるが、「キリスト者の生活の綱要」として著されたものである。「功績を積み、聖職者を通じて神の恵みを受領する」という中世のキリスト教的生活に代わり、信仰により開かれる新しい自由な生活をルターは示そうとした。すなわち、信仰により神との関係に生きることにより、人の魂は律法を含むあらゆる束縛から解放され、自由になる。同時に信仰から神への愛と喜びがあふれ出て、人は値なしに隣人に仕えようとし、愛の行為をなす。つまり救われるために行いは必要ないが、救われた者は自由に愛の行為をなすことをルターは示したのである。

これらの新しい理解はのちの福音主義教会(プロテスタント)の基礎となり、その神学や活動に影響を与えるものとなる。

3　社会の反響と改革運動の拡大

ルターの問題の進展　教会改革を訴え、新しい教会論を展開するルターに、ローマ教会は1520年6月に破門警告の勅書を出して彼の見解を異端とし、60日以内に見解を撤回するよう要求した。ルターは12月にこの勅書をスコラ学の書物と教会法とともに公衆の前で焼却し、翌年1月に破門され(破門勅書)、4月にはヴォルムスの帝国議会へ召喚された。教会と国家が結びついた帝国の体制下では、破門は帝国追放を伴ったのである。ルターはここで、自らの良心は神の言葉に捕らえられており、聖書の言葉により論駁されない限り見解の撤回には応じないと主張した。その結果、ルターは帝国追放令(ヴォルムスの勅令)を受けるが、その帰途、身の危険を案じたザクセン選帝侯の騎馬隊に誘拐され、ヴァルトブルク城に匿われる。10か月の滞在中にルターは新約聖書をドイツ語に翻訳し、翌年出版した(『九月聖書』1522)。

ルターの支持者たち　その間にルターは多くの支持者を得た。「95箇条」や審問、帝国議会を通してルターは広く知られることになり、名もない修道士の問題提起が大きな改革運動へ展開したのである。

第 2 章　ドイツの宗教改革

　教会内では、改革を志向していた「聖職者」や「神学者」たちがルターの側につき、自ら改革者となって各地に教会改革を導入した。カールシュタット、メランヒトン、ブツァー、ミュンツァーたちである。教会外でも、ローマ教会に批判的なさまざまな層がルターを支持した。同じく改革を訴えていた「人文主義者」たちは、「95箇条」をいち早く印刷し、ルターの批判や神学を広める役割を果たした。そして彼らの若い世代の多くは宗教改革者となり、宗教改革を各地に導入し、定着させるのに貢献した。また教会の諸権限を獲得していた「都市」の参事会は、それに基づいて公開討論会を開催し、宗教改革の導入を決定し、市の政策として教会改革を実施した。最初に宗教改革を導入したのは、これらの都市であった。

　困難な生活の中で救いを求めた「民衆」もルターの支持勢力となった。ルターの文書はパンフレットやビラの形で印刷され、多くの版を重ねていたことから、彼の神学は広く正確に知られていたと推測されている（破門以前に100万部を超えていた）。当時の識字率は10％に満たなかったが、説教などの口頭でそれが伝えられ、多くの人がルターの主張に親しんでいたと考えられている。第1章に述べた都市や農村の反乱は宗教改革が始まるとそれに結びつき、宗教改革の神学も併せて主張した。「領主」たちも帝国政治の場においてルターを支持し、領邦の教会に改革を導入し、福音主義を帝国内に定着させていった。これらのさまざまな支持勢力の存在により、宗教改革ははじめて成立し得たのである。

　もっとも改革運動の進展とともに、支持勢力の思惑とルターの意図の相違が明らかにもなった。人間の生に関心を持つ人文主義者は、深い罪を説くルターとは異なる神学を展開した。また市参事会や領主たちは新しい教会を支配下に置こうとして、改革者との間に緊張関係を生んだ。さらに社会生活の改善を期待する民衆と救いの問題を追求するルターの関心には、ずれがあった。そのため宗教改革は最初から一枚岩であることができず、多様なあり方を取り、緊張と対立をもって展開していくのである。

4 宗教改革神学の展開

ローマ教会や、これらの多様な支持勢力との議論を通じて、ルターの神学はさらに展開していった。

聖書の権威　ローマ教会において元来、聖書は教理の源泉とされていた。しかし中世末期においては「伝承（＝伝統的神学、教義）」が聖書と並ぶ啓示の源泉とされ、聖書の解釈は教皇の決定権に委ねられていた。ルターはローマとの論争でこの教皇の権威と対立するなか、自らは「聖書の権威において」発言することを明確にし、教皇も公会議も聖書の権威に従属すると主張した。教会の権威を聖書に求めるこの姿勢は、やがて「聖書のみ」「聖書原理」というプロテスタント教会の原則となっていく。

聖職者の独身制、修道院制、結婚　聖職者の独身制は第2ラテラノ公会議（1139）で定められたが、ルターはこれを人間の伝承に基づくものとして退け、結婚は各人の決断に委ねられるべきとした（「ドイツのキリスト者貴族」1520）。これにより多くの修道士や修道女が修道院を離れ、結婚した（修道院大脱出、1521）。

　同様に修道誓願を立て修道士になることは功績とはならず、修道生活は特別な聖なる道ではなく、この世の職業と同じ召命に基づくものとルターは理解した（「修道誓願について」1521）。もっともルターは修道院制そのものを否定する意図はなく、その教育的、社会的機能を評価していた。ルター自身20年間修道士であり、それをやめる決断は容易にはなし得なかったが、1524年に「心痛めて」修道服を脱ぎ、翌年に元修道女のカタリーナ・フォン・ボラと結婚した。のちにルターは結婚について、最も愛すべき神の賜物と語っている。最終的にルターは、修道生活を非キリスト教的なものと否定した。その理由は、修道士たちがキリストではなく、自分の功績に頼っていると判断したからである。

第 2 章　ドイツの宗教改革

> **コラム──ルターとバッハ**
> 　ルターは会衆が賛美をする新しい礼拝を導入したが、その 200 年後に同じザクセンで活躍したバッハは、ルターが学んだアイゼナハの出身で、同じ聖ゲオルク学校に学んだ。彼はライプツィヒの聖トーマス教会の音楽監督などルター派の教会音楽家を務め、コラール（賛美歌）をもとにオルガン前奏曲を作り、教会カンタータ（「主よ、人の望みの喜びよ」など）や受難曲、オラトリオなど数多くの宗教曲を残した。その作品にはルターの神学も影響していると考えられている。ルターからバッハを経て今日に至るまで、ドイツの福音主義教会は優れた教会音楽の遺産を受け継ぎ、多くの卓越した音楽家を輩出した。ルター作詞作曲の賛美歌「神はわが砦」は現行の『讃美歌 21』377 番として愛唱され続けている。

教会：全信徒祭司論、信仰者の共同体、礼拝改革　ルターは全信徒祭司論により、キリスト者は信仰により同じ霊性をもつとし、ここからローマ教会の聖職者主義、ヒエラルキー制度を否定した。すなわち聖職者に特別な霊性を認め、人々に恵みを仲介する存在として、サクラメントの執行、司祭叙階、教理の決定、罪の赦しの宣言の権限をもつとする理解を退けたのである。
　そしてこの全信徒祭司論に基づき、新しい教会論が展開された。すなわち、教会は信仰者の共同体であり、会衆が教理を判定し、教師を招く権限をもつという会衆中心の教会論である（「キリスト者の集まり」1523）。この教会論に基づきルターは礼拝改革を行った。礼拝では聖書の言葉を通じ、罪人に神の恵みを告知することに重きが置かれ、その結果、説教に大きな役割が与えられることになった。また会衆の理解のために言葉はラテン語からドイツ語に変えられ、ドイツ語聖書が用いられた（『新約』1522、『旧新約』1534）。会衆の賛美のためにドイツ語の『賛美歌集』(1524) が出版され、ルターも「神はわが砦」など作詞作曲を手がけた。このように、礼拝は犠牲を捧げる場ではなく、会衆が恵みを受ける場へ変えられたのである。さらに信徒や教職者

の教育のために大小の教理問答が作られ、また教会財政や困窮者の援助のために共同金庫が設けられ、会衆による教会維持の体制が整えられた。もっともルターは急進派との対立の中で、また教会制度の確立のために、次第に秩序の必要を主張し、全信徒祭司論や会衆中心の教会論は後退していく。

見える教会の限界と教職制度　信仰者の共同体、すなわち「見える外的教会」は「真の霊的教会」と区別されるべきことをルターは唱えた。なぜなら見える現実の教会には義人と罪人が含まれ、義人もなお罪人であるから、霊的教会はそのまま現実の教会に実現され得ないのである。しかし「見える教会」の中にキリストへの信仰があることにより、「霊的教会」はそこに実現されると理解した。

　ここから、「見える教会」の存続には教会秩序が必要であり、教職制を含む教会制度が不可欠であるとルターは考えた。すなわち、牧師職を立て、説教と聖礼典の執行を通して神の言葉を宣教し、救いの約束を告知することが求められた。ルターは全信徒祭司論を唱えたが、「職務」として宣教するのは牧師であり、そのため「内的召命」に加え、教会の「選任と招聘」を必要とするとした。「按手」はローマ教会の叙階のように受階者に特別な霊性を与えるものではなく、教会の職務への派遣と祝福の意味をもつとされた。牧師職は特別に崇高な存在ではなく、神の言葉に従属する、福音の告知の「仕え人」であると説いたのである。

ザクセン選帝侯
フリードリヒ賢侯

律法の意義　ルターのヴァルトブルク滞在中にヴィッテンベルクの改革を主導したカールシュタットは、聖霊の働きを受けて律法の行為が成就されると説き、偶像禁止規定に基づき聖像を撤去することを義務として市の規則に定めた。これにより町に聖

按手＝牧師としての務めにつく者を祝福し、任命すること。カトリックの叙階に相当する。

第2章　ドイツの宗教改革

像破壊の混乱が引き起こされ（ヴィッテンベルク騒動、1522）、事態の収拾にルターは選帝侯より呼び戻された。ルターは、禁止されているのは聖像そのものではなく、崇拝することであるとし、律法の字義的解釈はキリスト教的自由を侵すとして、これを退けた。

　一方、反律法主義者アグリコラは、「律法」はキリストにより成就され、救いの道として意味がないと主張した。ルターはこれに対し、律法は義認へは導かないが、なお意味をもつとし、罪を示し、キリスト者の生活の指針を示し、政治的統治の指針を示す機能を指摘した。これはのちにメランヒトンにより「律法の三用法」とされ、ルター派神学の基礎となる。

聖餐論：論争とその歴史的結果　ルターは、キリストの十字架の犠牲の十全性から、聖餐に犠牲の意味を与えず（⇔ミサ）、逆に恵みを受ける場であることを強調した。聖餐のパンとぶどう酒についても、ローマ教会の実体変化説を非合理的と退け、しかし霊性の受肉を表現しようとして、パンにキリストが「現在」すると説明した（現在説）。スイスの改革者ツヴィングリはこれもなお非合理的と退け、パンとぶどう酒はキリストの体と血を「意味する」象徴にすぎないとした（象徴説）。霊は、肉には存し得ないという二元論的考えに基づくこの理解は、人文主義者の中にも見られた。議論はその後も続き、メランヒトンは、キリストはパンと共におられるという共在説を主張し、カルヴァンは「信仰においてキリストが霊的に存在する」と表現した。

　ツヴィングリとの対立は歴史的に大きな結果を伴った。ヴォルムスの勅令更新の決議により宗教改革への圧力が決定的になると、ドイツとスイスの宗教改革者は同盟を結ぶため、神学上の一致を試みた（マールブルク会談、1529）。しかし聖餐論においてルターとツヴィングリは互いに譲らず、その結果、ドイツ、スイスの宗教改革の分裂が明らかとなり、両者はその後、ルター派、改革派として異なる道を歩むことになった。

奴隷意志論　人文主義的な人間観とルターのそれとの相違が明確に表れたのが、人間の意志に関する論争である。エラスムスは「自由意志論」（1524）において、人間は神から自由意志を与えられているとし、救いにおけるその

119

働きを肯定的に理解した。ルターは翌年「奴隷意志論」を著し、人間の意志は救いに対して不自由であると応じた。奴隷意志論は人間の根本的な罪と神からの一方的な救いを表現したものであるが、エラスムスの議論に触発された、1つの誇張表現と言えるだろう。

政治権力について：2つの統治（二王国論）　改革当初よりルターは世俗権力への信頼をもっていた。ザクセン選帝侯フリードリヒ賢侯は優れた領主であり、ルターの勤めるヴィッテンベルク大学を創立し、危機にあるルターに繰り返し理解と保護を与えた。彼の存在によりルターの改革は可能となり、ルターも領主たちに教会改革を期待した。一方、カールシュタットやミュンツァーなど急進的なグループが改革を破壊的なしかたで進め、混乱が生じると、ルターは秩序の必要性を主張し、世俗権力の意義を説いた（「この世の権威」1523）。このいわゆる二王国論において、ルターは霊的統治と世俗的統治を区別し、前者は内的な敬虔を、後者は外的な平和を作るものとし、その任にあたる教会と政治権力はいずれも神的委任を受けたものとして、相互に協力すべきことを唱えた。そしてこの世は神の国とは異なり、非キリスト教的であるから、剣による統治が必要であると唱え、世俗権力への服従の義務を説いた。農民戦争の際、ルターはこの理解に基づいて農民を批判し、世俗権力に農民への対処を求めた。政治権力へのこのような積極的な評価は、20世紀ドイツにナチズムをもたらした思想的根源とされ、批判されることとなる。またルターはこの国教会的理解の下でユダヤ人批判を強めていった。

5　福音主義教会（ルター派）の形成と確立

　宗教改革は新しい福音主義教会（プロテスタント）を形成した。最初に定着したのは都市であり、教会規則や信仰告白により新しい教会のあり方が定められた。また帝国のレベルで福音主義教会の確立に寄与したのは領主たちである。彼らはすでにヴォルムスの勅令の実施を拒否し、ルターの改革に道を開いていたが、第2シュパイエル帝国議会（1529）で勅令更新の決議がなされると、「抗議（protestatio）の文書」を出してこれに抵抗した（プロテスタントの名称はここ

に由来する)。翌1530年に皇帝カール5世(位1519-56)が問題解決のためにアウグスブルク帝国議会を開くと、ザクセン選帝侯は福音主義の正当性を示すために「アウグスブルク信仰告白」を提出した。メランヒトン起草のこの文書は、福音主義が聖書や教父の教えに従い、公同の教会から離れていないことを示そうとしたものである。これはドイツの諸都市、諸領邦の共同の信仰告白として提出され、前年に分かれたスイス宗教改革との違いも示され、ここにルター派が独自の教会として形成をはじめた。

しかし皇帝はこれを拒否し、ローマ教会に戻ることを求めたため、ルターを支持する領主たちはシュマルカルデン同盟を結成し(1531)、自らの領邦教会を福音主義に変え、各地に福音主義が確立されていった。ルターの死を機に皇帝の圧力が強められると、シュマルカルデン諸侯はこれに対抗し、シュマルカルデン戦争が起こされた。1548年にはその収拾のため、共通の信仰の基礎を形成すべく「アウグスブルク仮信条協定」が作成されたが、合意には至らなかった。その後アウグスブルクの宗教和議(1555)で「統治者の宗教が当地の宗教(cuius regio, eius religio)」の原則が定められ、ルター派が帝国法により承認された。しかし改革派や再洗礼派はなお認められなかった。

領邦教会体制の確立　このプロセスの中で領邦教会体制が整えられた。まずザクセンにおいて選帝侯(領主)を臨時司教とし、強制権を伴う宗務局制度が定められ、その後、同様の教会制度が各地に広がった。ルター自身は、霊的統治を行う教会が刑罰権を伴う組織をもつことに否定的で、教会は懲戒の勧告にとどまるべきと考えていた。しかし帝国からの抑圧と改革運動内部の分裂が続く中、妥協を余儀なくされ、世俗権力の監督下にある領邦教会体制が定着した(「ザクセン教会規定」)。これにより、定められた領邦教会のあり方に反する者、とりわけ教理上の逸脱者に対しては、陪餐停止、破門の刑罰が科され、追放の措置が取られることとなる。この体制によりルター派はその地の正統な宗教として地位を確立したのである。

ルター派神学の確立　聖書学者であったルターは教義学を書かず、メランヒ

トンがルターの義認論を教理として体系化した(『神学総覧』1521)。しかし人文主義出身のメランヒトンは神学的にルターとずれがあり、救いにおいて人間の意志が神の恵みと共働することを唱え、良い行いの必要性を主張した。聖餐論においてもルターの非合理的な解釈を否定し、共在説を取った。その結果、両者の神学的相違はルターの死後、「純正ルター派」と「フィリップ派」の対立をもたらし、論争を引き起こすことになる。しかしドイツの福音主義内の分裂は当時の状況下では危険であったため、和解のための努力がなされ、「和協信条」(1577)によってルター派の基本的信仰理解が定められた。そこでは救いと良い行いについて中間的な立場が取られ、恵みの働きは罪びとの反抗的意志を解放し、人間の意志は神の意志に支えられつつ共働すると表現された。また義認の結果、良い行いが必然的に生じることも言及している。その後、古代の信条および「アウグスブルク信仰告白」から「和協信条」に至る信条や教理問答が集められて『一致信条書』(1580)が作成され、ルター派の正統的信仰として定められた。これは、聖書以上に教義学が重視される傾向をもたらし、17世紀に敬虔主義よりその教条化を批判されることになる。

第3章　スイスの宗教改革

　ドイツに始まった宗教改革は隣国スイスにも伝わった。しかしスイスの宗教改革は独自のあり方をとって始まり、やがてドイツの宗教改革から分かれていく。本章では最初に宗教改革を導入したチューリヒとツヴィングリを取り上げ(第1節)、ついで世界的な影響力をもったジュネーヴとカルヴァン(第2節)、カルヴァンの神学(第3節)、そして改革派教会とカルヴィニズムに言及する。

第3章　スイスの宗教改革

1　宗教改革の導入：ツヴィングリとチューリヒ

　16世紀はじめのスイスは13邦から成る同盟で、神聖ローマ帝国から事実上の独立を果たしたばかりであった（1499）。これによりスイスの国家意識が形成され、ドイツとは異なるものとしての自己意識が高められた。この時代状況の中で、スイス独自の宗教改革が展開することになる。

中世末期のチューリヒ：市参事会と教会　都市国家チューリヒは他の諸都市と同様、主権の確立のため教会を支配下に置くことに努めていた。すでに13世紀以来、市参事会は教会の権力と所有を制限し、宗教改革前夜には教会の重要な権限――教会税や結婚に関する裁判権、財政権や人事権――を獲得していた。さらに聖職者を都市の裁判権の下に置き、免税特権を廃止することをも試みていた。そして都市の宗教生活の改善のため、市参事会自ら、聖職者の道徳的堕落や下級司祭の貧困の問題を解決しようとしていた。他方、教会改革の必要は教会内部でも唱えられ、聖堂参事会は人文主義的な改革を導入すべく、ツヴィングリを大聖堂の司祭に任命した。これにより、チューリヒの宗教改革が始まる。

ツヴィングリ　フルドリヒ・ツヴィングリ（1484-1531）はトッゲンブルクの農家に生まれ、聖職者の叔父や修道士の兄弟を通じて教会と結びつきのある環境に育った。教育環境にも恵まれ、5歳で基礎教育をはじめた後、バーゼルやベルンで優れた人文主義者のもとにラテン語を学び、また音楽にも親しみ、その後ウィーン大学、バーゼル大学で基礎学科を修得した。神学を半年学んだ頃に――おそらく修士号を得ていたために――司祭職を得、グラールスやアインジーデルンで任に当たった。若きツヴィングリは政治問題に関心をもち、神のための戦争を肯定し、自らも従軍して戦場に赴くほどであった。しかし悲惨な戦場を経験したのちは平和主義に転じ、神学の学びに集中する。この転向にはエラスムスとの個人的な出会いも影響していた。ツヴィングリはエラスムスの『ギリシア語聖書』の学びに取り組み、人文主義的、

倫理的な聖書解釈を自らのものとした。その中で倫理的な教会改革が彼の課題となってゆく。

このツヴィングリが聖堂参事会に期待され、大聖堂に着任する（1519）。当初の説教でツヴィングリは初代教会を道徳的な模範として示し、道徳的改善による改革を呼びかけた。しかしその後、聖書や教父、特にアウグスティヌスの学びを経て、彼はルター的宗教改革へ転換する。すなわち教会の伝統的権威（教義、教皇、公会議）を否定し、教会の唯一の権威を聖書に認め、ここから聖人崇拝や煉獄への批判をはじめたのである。

宗教改革の始まり　チューリヒの宗教改革は、ツヴィングリによるキリスト教的自由の提唱を受けて始まった。断食規則に対する自由を示そうと、印刷屋フロシャウアーの家でソーセージを食べる事件が起こり、市内には断食破りが広がり、混乱に陥った。ツヴィングリは責任者として「食の選択と自由について」を著し、食は救いの問題とは関係なく、聖書から一般的な食規則は引き出せない、よって断食規則を破ることは罪ではなく、むしろ福音の自由を練習すべきであると論じた。

市参事会は公開討論会を開催し、ローマ教会に対する論争が始まる（1523）。ツヴィングリは「67箇条」を作成し、キリストに一致しない教会の制度や慣習（教皇、ヒエラルキー制度、ミサ、良い行い、聖職者の独身制など）を退けた。討論の結果、市参事会はツヴィングリに軍配を上げ、宗教改革の導入を決定したのである。

教会改革　それに続く教会改革も市の政策として進められた。市参事会は聖書に基づいた説教を課し、聖像廃止を決定して、聖像や聖遺物、オルガンを撤去した。さらに修道院を廃止し、その財産を、ツヴィングリの助言に従って困窮者や病人の救済に用いた。彼は市参事会と共に教会規則を定め、新しい礼拝形式や教会制度を決定した。ミサを廃止し、聖餐を導入し、説教を中心とするドイツ語の礼拝をはじめた。また福音主義の教職者教育のために大聖堂付属の教職者養成学校が作られ、聖書の釈義と講解が教授され、スイス・ドイツ語の聖書も出版された（『チューリヒ聖書』）。さらに教会裁判所に

第3章　スイスの宗教改革

聖書と剣をもつ
ツヴィングリ

代わり都市の婚姻裁判所（翌年、道徳裁判所となる）が設置され、市参事会と教会が共同で道徳規律や教会規律の問題を扱った。これにより違反者は教会から破門され、市参事会に告訴され、刑罰を受ける体制が整えられたのである。再洗礼派は、この体制のもとで追放され、処刑された。

ツヴィングリの神学（1）「教会」　ツヴィングリは当初、市参事会（＝政治権力）から独立した信仰共同体の形成を目指したが、市参事会の協力なしに改革を進めることの困難を知り、政治権力と結びついた教会のあり方を受け容れた。説教「神の義と人間の義」では、人間の内面生活に関わる「神の義」と外面生活に関わる「人間の義」を区別し、人間の罪ゆえに後者（＝法）を要し、平和の確保のため刑罰権を伴う世俗権力が必要であることを強調した。

ツヴィングリの神学（2）「洗礼」　この体制を基礎づけるため、さらに「洗礼論」が展開された。これはこの体制を批判する再洗礼派に向けられたもので、洗礼はキリスト教共同体への所属の公的証明であるとし、教会への所属と都市国家への所属を同一視する理解を示した。それゆえ、幼児洗礼の拒否は都市共同体への忠誠の拒否をも意味し、市当局に追放の権利があるとした。

宗教改革の拡大、カトリックとの対立と戦争　チューリヒに宗教改革が導入された翌年にカトリック側からの攻撃が始まり、1526年のバーデン討論の結果、スイス同盟はツヴィングリとチューリヒの宗教改革を異端とした。しかし宗教改革は各地に広まり、1528年にベルン、翌年にバーゼルが福音主義となる。これらの都市は軍事協力のために「キリスト教都市同盟」を結んでカトリック地域の「キリスト教連合」に対抗し、これが軍事対決へと発展

した（第1カッペルの戦い）。その後の和議で現状維持が決定されるが、福音主義陣営はドイツ福音主義との軍事同盟を望み、マールブルク会談を持つが決裂に終わる（119ページ参照）。これによりドイツとの同盟の道が絶たれ、ツヴィングリは1531年の第2カッペルの戦いに自ら従軍し、市参事会員とともに命を失った。大聖堂近くのツヴィングリの像は彼のその姿勢を表し、右手に聖書、左手に剣を持つ。

「共同の信仰告白」　ドイツ福音主義との同盟が不可能となり、スイスの福音主義諸都市は自国内での結びつきを強化しようと、共同の信仰告白を作成した。諸都市の市参事会員と神学者が集まり、ツヴィングリの神学に基づいた「第1スイス信仰告白」（1536）を提出した。これによりローマ教会ともドイツ福音主義教会（ルター派）とも対立するスイスの福音主義教会（のちの改革派）が形成されたのである。

2　ジュネーヴの宗教改革とカルヴァン

宗教改革の導入　都市国家ジュネーヴは、長年、隣国サヴォワ公の支配下にあったが、1536年に政治的独立を果たし、その過程で宗教改革が導入された。すでに独立の戦いの中で宗教改革が伝えられ、ベルンから派遣された改革者ファレルが教会襲撃や聖像破壊を行い、カトリックとの対立が激化していった。その中で市参事会は討論会を開催し、その結果、ミサの一時停止を決定し、教会財産の没収をはじめた。聖職者は退去か追放、あるいは改宗を余儀なくされた。1536年5月に市民総会で宗教改革導入が正式に決定され、その翌月にカルヴァンが偶然、ジュネーヴに立ち寄った。

カルヴァン　ジャン・カルヴァンは（1509-64）はフランスのピカルディ地方ノワイヨンに生まれた。ノワイヨンは司教座聖堂所在地で、カルヴァンの父も教会参事会公証人や司教顧問会議書記を務めていた。その関係もあり、カルヴァンは貴族の子弟と共にパリ大学付属寮に学び、ここで近代教育の祖マチュラン・コルディエよりラテン語の教えを受け、優れた語学力の基礎

第3章　スイスの宗教改革

を身に付けた。その後、基礎学科を修得し、専門の法学を学ぶべくオルレアンへ移る。ここで優れた人文主義法学者に出会い、大きな影響を受けた。彼らは、古典的法典——ローマ法——を中世の注解書を通さず、直接そのテキストに向かい、それを歴史的、言語的文脈の中で読み解き、さらに理論的に再構築し、現実問題に応用するという新しい試みを行っていた。この人文主義的な原典志向と解釈方法

カルヴァン

が、カルヴァンの聖書解釈の基礎となる。法学の学びを終えると、カルヴァンはパリへ戻り、人文主義者の道を歩むべく古典語（ヘブライ語、ギリシア語）の学びを続けた。

　その2年後にカルヴァンは人文主義的作品『セネカ「寛容論」注解』(1532)を著した。ストア哲学者セネカが皇帝ネロに慈悲深くなるよう説いたのと同じく、宗教改革を弾圧するフランス国王に寛容を訴えたものである。しかしこの書は評価されず、その後、カルヴァンは「思いがけない回心」を体験し、宗教改革運動へと入ってゆく。フランスではフランソワ1世（位1515-47）による迫害が厳しく、出版禁止令やルター派隠匿罪が出され、火刑が科されていた。危険の中、カルヴァンは宣教活動を行い、1534年末にはスイスのバーゼルへ赴き、『キリスト教綱要』初版を出版した。

　「クーシーの勅令」を機にカルヴァンはパリへ戻り、弟、妹とストラスブールへ向かう（1536年4月）。しかし戦争のために遠回りを余儀なくされ、ジュネーヴに立ち寄った。そこで改革者ファレルに協力を請われ、学究に集中したいととまどいながらもこれを受け入れ、改革を担うことになる。9月には聖書講義を開始し、古典語を教え、説教を行った。12月には牧師に任命されている。また新しい教会のあり方を定めるべく教会規則を作り、教会の問題は教会自身が——国家から独立して——担う体制を整え、さらには新しい「信仰告白」に全市民の署名を要求した。これに対し、教会支配からの自由を求める市当局と市民は反発し、カルヴァンとファレルはジュネーヴか

ら追放された。

　カルヴァンはストラスブールへ向かい、ここで執筆活動や講義を行い、この地の改革者ブツァーたちと交流をもった。その後、ジュネーヴでファレル派が力を得たことにより、再びジュネーヴへ招かれ、断りながらも最終的にこれに応じた。ジュネーヴに戻ったカルヴァンは改めて「教会規則」を作成して四職制（牧師、教師、長老、執事）を定め、また礼拝式文や教理問答を作成した。その傍らでカルヴァンは牧師として働き、『聖書注解』を著し、『キリスト教綱要』の改訂を重ねた。もっともその後も、教会を支配しようとする市参事会との緊張関係は続き、カルヴァンがジュネーヴの市民権を得たのは、晩年である（このことから、カルヴァンが神政政治を行う余地はなかったことがわかるだろう）。その一方、カルヴァンは牧師として社会問題にも関わり、社会的、経済的な困窮者への対処を市参事会に求め、教会内でも執事による配慮の体制を整えた。また神学教育のためにアカデミーを設立し、ここに教会改革と神学を学ぼうとする人々がヨーロッパ各地から訪れた。これによりカルヴァンの改革と神学は世界に広がることになる。

3　カルヴァンの神学

　カルヴァンの神学は『キリスト教綱要』『聖書注解』『説教集』により知られる。なかでも『綱要』はカルヴァンの代表作であり、宗教改革神学の優れた体系書である。聖書注解や説教の内容もその体系に合致し、彼の神学が、聖書に基づき、現実と関わる中で徹底した論理的思考の下に展開されたことがうかがわれる。

　『綱要』は4部から成り、第1部は「創造主なる神の認識」、第2部は「贖い主なる神の認識」、第3部は聖霊により「キリストの恵みを受けるあり方」、第4部は「キリストとの交わりに導く外的手段」をテーマとする。この構成から「神論」がその中心にあるように見えるが、第1巻の冒頭にあるように、「神を知る知識」と「われわれを知る知識」とは結び合ったものとされ、人間についても多くが語られる。特に第3巻では恵みを受けた人間の「実り」、すなわち倫理が大きな位置を占めており、若き日に身に付けた人文主義的志

向がうかがわれる。カルヴァンは神との関係で人がいかに生きるかを語り、その関連で社会や経済についても多くを論じた。

創造　カルヴァンの神学は「創造論」をもって始まる。すなわち神は豊かな世界を創造され、その中にあって人間が神を知り、神に従い、豊かに生きることが本来の姿として示される。魂が神に従う人の知性は正しい判断力を持ち、意志は自由に善を選ぶという。この優れた本性をもつ人間に神は世界の主権を委ね、人は信仰においてそれに応え、働く。そして人は相互に交わり、助け合い、経済生活においても相互に補完し、各自が充足されるものとなる。

堕落　しかし人間は神の言葉に背き、神から離反し、「堕落」する。これが「罪」であり、人間の傲慢、自律として示される。この魂の堕落は優れた人間本性を破壊し、公正さを失わせ、たえず悪の行いを生み出すことをカルヴァンは示す。社会生活においては愛を失い、不和を生じ、経済生活においても富の独占により貧困が生じる。その結果、社会は不正や屈辱、暴動や反抗に満ち、悲惨な世界となるという。この人間の堕落は根本的、徹底的、普遍的であり、人が生きる可能性は外から与えられるしかないという。

回復　堕落した人間の「回復」は、キリストにおける神からの和解により生じることをカルヴァンは示す。神に対するキリストの完全な服従、とりわけその死において、人間の罪が赦され、神に受け入れられるという価なしの義認が与えられる。この福音を受け入れて、キリストに従う信仰が与えられ、人は回復をはじめるのである。

新生と聖化　神との和解は人間の生に変革をもたらすことをカルヴァンは示す。新生とは人間の生が神に立ち返ることであり、それは罪なる自身の「悔い改め」を意味する。これにより人はキリストの義と敬虔に従おうとし、ここから外的な行い（聖化）が生じる。もっとも「行い」は「悔い改めの実」にすぎず、強調されてはならないとカルヴァンは言う。魂の回復はさらに社会や経済生活の回復をも導き、それが「教会」においてはじめられる。キリ

ストに「召された者の集まり」である教会で相互の交わりをもち、そこで人間の関係も回復され、経済的な交流により豊かさも回復されるという。

規範と制度　しかしこの回復は終末論的に理解され、この世にあって回復は部分的にすぎず、それゆえ人は完全な回復を願いつつ「生涯にわたる悔い改めの修練」を行い、生きていくことが示される。そしてこの不完全性ゆえに規範の必要性が示され、「義と敬虔なる生き方の規範」を教え、励ますことが求められる（教会規律）。同時に社会の回復も不完全とされ、その存続のために制度——教会制度、政治権力——が必要とされる。「教会制度」は人間の弱さゆえの制度であり、信仰を支えるための「外的支え」以上のものではないことをカルヴァンは強調し、四職制を定めた。神の言葉を宣べ伝える牧師、神学教育を担う教師、教会訓練により信仰生活を監督する長老、信徒の社会生活を援助する執事(ディアコニー)である。牧師と長老は長老会を構成し、合議制をもって教会の問題にあたり、破門権をもって自律的に教会の問題を取り扱う。牧師は会衆により選ばれ、長老と執事は信徒のなかから選ばれ、いずれの教職も同格であるとした。また聖礼典についても同様に補助手段と理解された。一方、人間の外的生活に関わる「政治権力」も社会の秩序維持のために必要とされるが、そこでは回復された秩序を反映していくことが望まれ、神への愛と隣人愛に仕え、教会を保護するべきとした。この意味において政治権力は神の権威を与えられた神聖な職務とされ、服従の義務が説かれる。しかしそれが神の意志に従わなくなった時には抵抗を認めた。これらの制度をもって、教会問題の逸脱者は勧告を経て破門され、市参事会に告訴され、刑罰が科される制度が整えられた。この体制下で、予定説を批判したボルセックが追放され、三位一体論を否定したセルヴェトゥスが処刑されたのである。

経済活動と予定説　堕落した人間の回復と回復された豊かな生を示そうとする神学は、この世の経済活動の評価につながり、富を賜物とし、労働を創造と摂理への参与とし、世俗の職業を召しにふさわしいものと理解した。また経済交流の観点から商業を評価し、生産活動のための利子も認めた。実際、ジュネーヴでは資本と技術を持つ宗教的亡命者により新しい産業（印刷業、

織物業、時計製造業、宝石業）が発展した。またカルヴァンの神学に特徴的とされる予定説は『綱要』3巻の終わりに記されているにすぎず、カルヴァンの神学において中心的な意味を持たない。同時にそれは慰めの言葉であることに留意すべきである。

4　改革派教会の形成、カルヴィニズムの展開

「第1スイス信仰告白」以後、ジュネーヴなど西スイスの地域が福音主義に加わった。その一方、ドイツ福音主義との対立やシュマルカルデン戦争の生起、また、皇帝の態度が硬化する状況下で、スイス内の福音主義の一致が促進され、「チューリヒ協定」(1549) が作成された。その内容はツヴィングリ派とカルヴァン派の聖餐論を一致させたもので、実体変化説や現在説、共在説を退け、象徴的理解を取りながら、信仰に基づいた受領を強調したものである。この協定は西スイスを含めたスイスの諸地域に受け入れられ、ここにおいてルター派との分裂が完成し、改革派が確立した。その後「第2スイス信仰告白」(1566) の作成により、一致はさらに強化された。もっともこれにより1つの教会が組織されたわけではなく、各地域が独自の信仰告白や教会規則を持ち、それぞれの展開を遂げたのである。

一方、宗教的亡命者がジュネーヴでカルヴァンの神学と改革を学び、それを祖国へ持ち帰ったことにより、その影響は世界的に広がった（カルヴィニズム）。フランスのユグノー、オランダの改革派、スコットランドの長老派、ドイツの改革派などである。イングランドのカルヴィニズム（長老派、会衆派、バプテスト派）は独自の展開を遂げてアメリカへも広がった。

第4章　宗教改革急進派

ルター、ツヴィングリ、カルヴァンなど宗教改革主流派は政治権力と結び

つき、体制的教会を形成した。これに対し、神秘主義や人文主義の影響を受けて独自の神学を形成し、体制教会を批判し、排除されたグループがあった。本章ではその中からミュンツァー（第1節）と再洗礼派（第2節）を取り上げ、その神学と活動を概観する。

1 ミュンツァーと農民戦争

ミュンツァー　トーマス・ミュンツァー（1490頃-1525）は中部ドイツ、ハルツ地方に生まれ、ライプツィヒ大学、フランクフルト大学に学び、聖職者としてザクセン地方で活動していた。彼は当初からヒエラルキー制度や聖職者の道徳的堕落を批判しており、それが抗議行動に至ることもあった。ルターの「95箇条」が出されると、その数か月後にヴィッテンベルクへ赴き、宗教改革の担い手となる。その後、各地で神秘主義の影響を受け、とりわけツヴィッカウの預言者との出会いにより、神との一致により真の敬虔を得た人が教会改革を行うべきことを確信する。これにより彼の教会批判と活動は急進化し、解雇や追放の経験を繰り返す中、ミュンツァーの先鋭化された神学が形成されていく。

「プラーハ・マニフェスト」では、受難の神秘主義と黙示文学的終末論に基づき、人は苦悩の中で受難のキリストと同じ形にされ、そこで聖霊により神と結び合わされて霊的認識を得ることを説く。そして貧しく苦悩し、神の言葉に渇いている民衆を「神に選ばれた者」とし、神の言葉を聞かない聖職者を「滅びに定められた者」とみなし、麦を毒麦から分かつ刈り入れのこのときに、背信の輩を滅ぼすために共に戦うことを民衆に求めた。

この神学をもってミュンツァーは各地で改革を試みるが、反乱を伴う彼の活動は受け入れられなかった。もっともアルシュテット初期には礼拝改革に専念し、ルターに先立ってミサ文をドイツ語に訳し、聖務日課を編集し、賛美歌をドイツ語に訳し、会衆による賛美を取り入れた。しかしその礼拝が評判となり多くの参加者を得たことにより領主の妨害を受けた。これに対してミュンツァーは聖者共同体を作り、ここを拠点に社会的な要求を掲げて破壊的な活動をはじめた。

第 4 章　宗教改革急進派

　このように急進化するミュンツァーに領主勢力や選帝侯は弾圧をはじめ、ルターも次第に批判的態度を示し、弾劾文書「反乱を起こす霊について、ザクセン諸侯に宛てた手紙」を著した。ミュンツァー自身も、領主勢力と結びついて改革を進めるルターに対立の姿勢を示し、民衆に唯一の信頼を見出すようになる。彼の神学はさらに先鋭化し、神と一つにされた人間は神化し、霊的な知恵を持つ選ばれた者が、終末の神の裁きの執行として不信仰の根を絶滅させると主張した（「あからさまな暴露」「やむを得ざる弁明」1524）。この神学をもってミュンツァーは農民戦争へ入っていく。

農民戦争　ミュンツァーの神学の展開の背景には、民衆運動との出会いもあった。前述のように、経済構造の変化や農業危機により貧困化を余儀なくされた農民や手工業者、鉱山労働者は、領主や市参事会に生活状況の改善や政治的要求を掲げ、頻繁に反乱を起こしていた。彼らの貧困化にはローマ教会による経済的搾取も関わり、反乱は反教会的な性質をもあわせ持った。宗教改革が起こると、これらの運動はその支持勢力となり、政治的経済的要求とともに宗教改革の要求を併せて提出したのである（農民戦争の基本綱領「12箇条」は牧師の任命権、農奴制の廃止、賦役や地代の軽減を要求した）。ミュンツァーは 1524 年にスイスの農民蜂起と出会い、ここに神の裁きの始まりを確信し、翌年 2 月にミュールハウゼンのマリエン教会の司祭となり、説教壇から改革を訴えた。そして市参事会を廃して永久参事会を設立し、ここをテューリンゲンの農民戦争の拠点とした。ミュンツァーは蜂起を呼びかける際、神のための戦いは勝利すると激励した。しかし反乱は彼の意図を超えて修道院や城砦の略奪や放火へと激化し、5 月には領主軍によって壊滅させられた。ミュンツァーも逮捕され、反乱の指導者として処刑された。

農民戦争に対するルターの態度　1525 年に農民戦争が大規模に広がり、そこで宗教改革的要求が出されると、ルターは批判的な態度を明らかにした。「シュヴァーベン農民の 12 箇条に対する平和の勧告」では農民たちを批判するとともに、領主たちの非福音的な態度や民衆への圧迫をも批判した。しかし農民戦争が過激化したのちは「農民の殺人、強盗団に抗して」を著し、

農民が世俗的権威に従わず、略奪や破壊、殺人を行うことに裁きが与えられるべきと主張した。ルターは何よりも、この罪ある行為を福音の自由をもって説明することを批判した。福音の自由は魂に関わるもので、物質への自由ではないと述べ、世俗的権威による弾圧を促したのである。

苦悩する民衆を選ばれた者とし、不信仰の権力者を否定するミュンツァーの理解は、既成の価値観を覆すものであり、身分制を前提としたローマ教会やルターの理解を超えた新しさを持つ。彼の理解と活動は19世紀のマルクス主義により、近代市民革命の先駆として評価を受けた。

2 再洗礼派

同様に体制的教会に異を唱えたのが、再洗礼派である。再洗礼派には多様なグループや神学があるが、もっとも早い時期に形を取ったのはスイス兄弟団であった。

スイス兄弟団　スイス兄弟団は、ツヴィングリの改革の同志コンラート・グレーベルとフェリックス・マンツを指導者として始まった。人文主義の教育を受けた彼らは、宗教改革の目的は聖書の初代教会を復興させることにあると理解した。したがって洗礼は悔い改めと回心を経てなされるべきとし、この洗礼に基づいた教会形成を求めたのである。

これにより彼らは幼児洗礼を否定したが、幼児洗礼は国教会の存在を支えるものであったから、この主張は危険視された。チューリヒの市参事会は討論会で彼らの主張を退け、ツヴィングリの立場を承認した（125ページ参照）。その後、彼らは自ら洗礼を実施し、公的教会から離れて独自の信仰共同体の形成をはじめた（「再洗礼派」は、2度洗礼を受けてい

リマト河岸の再洗礼派処刑地（手前のプレートに、マンツ他5名がここで処刑されたと記されている。奥には大聖堂が見える）。

第4章　宗教改革急進派

ると批判したツヴィングリによる蔑称である)。その後彼らの運動は拡大し、翌1526年には死刑命令が出された。グレーベルは逮捕後に亡くなり、マンツも——ツヴィングリの指示により——大聖堂の前を流れるリマト川で処刑された。

　こうして指導者を失い、離散を余儀なくされるなか、再洗礼派の主張は先鋭化していった。彼らを迫害し排除する世俗権力と公的教会を否定し、両者が体現するこの世を否定する二元論を展開したのである。すなわち霊に従うキリスト者は肉なるこの世と対立し、そこから隔絶して生き、官職につかず、武器を持たず、この世から分かたれた教会の中で全き平和を生きることが唱えられた(「シュライトハイム信仰告白」1527)。この二元論はフッター派[※]によって実現された。迫害を逃れてモラヴィアへ亡命したこのスイス再洗礼派は、領主たちの保護を受けて数百名から成る共同体を形成した。彼らは共同農場により共産的な生活を営み、教育や労働、信仰生活を共にして、神の国の実現をめざした。しかしその後の弾圧により東欧や北米へ逃れ、今日に至るまでその伝統を存続させている。

聖霊主義的再洗礼派：ミュンスターの再洗礼派王国　再洗礼派の中には聖霊主義の影響を受け、急進的な活動を展開する集団もあった。なかでも影響力をもったのが、メルキオール・ホフマン(1500?-43)である。シュヴァーベン地方の出身で毛皮職人であったホフマンは、ローマ教会の聖職者主義やヒエラルキー制度を強く批判し、信徒説教者として改革運動に携わり、急進的な改革を進めていった。その急進性ゆえに追放の経験を繰り返すなか、聖霊主義や黙示文学的終末論に影響を受け、差し迫った終末を訴えるようになる。そして洗礼により神と一つとなり霊的に完全とされた者が、キリストの再臨に備えてこの世を改革し、神の国を準備することを唱えた。ホフマンは逮捕されるが、彼の主張は支持者により広められ、ミュンスターにおける再洗礼派王国の建設へと至る。彼らは武力により市の支配権を掌握し、神の国の準備のために共産制を導入し、独裁政治を行った。しかし領主の弾圧により、王国は1年数か月で終わりを迎えた。

フッター派 = ヤーコプ・フッターの指揮の下に形成された再洗礼派の群れ。

メノナイト派 オランダへ逃れたミュンスターの再洗礼派を再統合したのがメノ・シモンズ（1496?-1561）である。カトリックの司祭であった彼は再洗礼派に刺激を受け、自らも聖書研究により幼児洗礼を否定した。その後、再洗礼派の虐殺を身近に経験してローマ教会を離れ、再洗礼派へ移る。メノも二元論的理解をもち、悔い改めて回心し、新生した者から成る教会は、徹底した平和をもつ純粋な存在であり、罪なるこの世と区別されるものとした。そしてその純粋性の維持のため、教会規律によって厳格な訓練を行い、逸脱者は追放されるべきとした。

　メノはこの主張を文書で公にしたために異端として指名手配され、寛容な地を求めながら各地を旅し、活動を続けた。その結果、メノナイト派は拡大したが、やがて世俗との関係をめぐって分裂した。世俗との関係を否定するグループは 17、18 世紀にアメリカへ逃れ、独自の集落を形成するアーミッシュを生み出した。

第 5 章　カトリック改革

　宗教改革に打撃を受けたローマ教会は教会改革に着手した。教会内の問題を一掃し、紀律を正し、従来の教義を再確認して、ローマ教会の立て直しを図ったのである。それを推進したトリエント公会議（第 1 節）、失地回復のための対抗宗教改革の運動、さらにそれに対立するヤンセン主義（第 2 節）を概観する。

1　トリエント公会議

　ローマ教会の改革は中世末期にスペインやイタリアに見られ、16 世紀前半には修道院の改革や設立、また信徒団体の設立やスコラ学の改革も試みられていた。しかし宗教改革により揺らいだ基盤を立て直すことがドイツの諸

第 5 章　カトリック改革

侯と皇帝により求められ、教皇パウルス 3 世（位 1534-49）がトリエント公会議（1545-63）を招集した。当初は宗教改革の神学に対しカトリックの教義を確認することを目的としたが、皇帝側から教会全体の改革が求められ、これも並行して進められることになった。

教義の確認　宗教改革は三位一体論やキリスト論など古代の教義については対立しておらず、問題となったのは教義として定められていない中世の神学や慣習であった。なかでも議論を要したのは義認論や教会の権威の問題であった。
(1) 義認論：宗教改革の契機となった義認論について、ローマ教会はトマス＝アクィナスの神学に基づいた理解をカトリックの義認論として確定した。すなわち、義認は恵みのみにより与えられ、人間の自由意志によっては得られないが、義とされた者は自由意志により恵みに同意を与えて協力し、その功績により恵みを受けるとした。つまり自由意志により神の、より大きな恵みを得ることができるとし、人間が救いに寄与し得ることを確認した。これにより、良い行いによって義認を受けるとする行為義認論を退ける一方、信仰のみによる義認を説く信仰義認論を異端とした。
(2) 教会の権威：聖書のみを教会の権威とする宗教改革の理解をローマ教会は異端とし、聖書とともに教会の伝承を重視することを確認した。さらに聖書はラテン語のウルガタ訳のみを正統とし、その改訂を決定した。また聖書と伝承の解釈は教導職に委ねるとした。
(3) 新たな教義：中世の教会の慣習のうち、7 つのサクラメント、実体変化説、ミサの犠牲性、煉獄や原罪が教義として定められ、また再確認された。

教会改革　中世末期のさまざまな弊害、とりわけ聖職者の道徳的堕落の問題は、司教権力の堕落に原因があるとされ、司教の職務や司教区の改革が行われた。すなわち司教は司教区に居住して教区を厳しく監督し、管区や教区の総会を定期的に開催し、巡察を行うことを義務づけた。また説教の義務を定め、質の高い司祭を育成するため各教区に神学校を設置し、霊的、学問的、実践的な訓練を行うことを要求した。さらに贖宥符の販売を廃止し、聖人や

聖遺物の崇拝における迷信や利益追求を排除することが命じられた。

公会議以後も諸改革が実施され、信仰告白を作成して全聖職者に課し、また教皇への服従が義務付けられた。さらに禁書目録の作成や聖務日課書の改良、ミサ書の統一が行われた。そしてこの改革の実現のため、監督体制を設けた。

これらの教義や改革は、20世紀に至るまでローマ教会の性格を規定することになる。

2 対抗宗教改革とヤンセン主義

イエズス会 宗教改革により神聖ローマ帝国の約半分を失ったローマ教会は、福音主義を壊滅させ、その地を取り戻す活動を進めた。その先頭に立ったのが、イグナティウス・デ・ロヨラらの設立したイエズス会である。スペインのバスク地方の出身で軍人であったロヨラは、戦争での負傷を機に禁欲的な信仰生活をはじめ、その後、パリで大学の友人とともに禁欲的兄弟団を結成する。これが教皇に承認され、清貧、純潔、従順の誓い、教皇への服従を課す修道会となる。イエズス会はローマ教会立て直しのために各地の伝道や学校設立に取り組み、南米や東洋に向けて海外伝道をはじめ、日本にも創立者の1人フランシスコ・ザビエルが訪れた（第5部参照）。

やがてイエズス会は宗教改革を制圧するための戦いをはじめた。それにより、宗教改革は1570年代以降拡大を阻止され、未確立の地域では崩壊した。オーストリアやバイエルンでは武力で福音主義が根絶され、ローマ教会の体制が復活した。17世紀になるとポーランドをカトリックに復帰させ、フランスでは国王と結びついてナントの勅令（1598）を廃止させ（1685）、ユグノーを国外へ追いやった。彼らがめざしたのはヨーロッパの教会的統一の再建であった。しかし神聖ローマ帝国内のローマ教会と福音主義の対立はやがて諸国を巻き込む三十年戦争（1618-48）へと発展し、ウェストファリア条約（1648）によって統一の崩壊が決定的となった（151ページ以下参照）。

ヤンセン主義 このイエズス会に対立するものとして現れたのがコルネリウ

ス・ヤンセンとヤンセン主義である。オランダ出身でイープル司教であったヤンセンは、アウグスティヌスの神学に深い影響を受け、著書『アウグスティヌス』(1640) で信仰のみによる義認を主張した。ルターの神学に重なる彼の理解はイエズス会から大きな反発を受け、死後、教皇より異端宣告がなされた。しかしイエズス会に対する批判的な風潮を背景に、ヤンセン主義は中央ヨーロッパに広まり、異端宣告を受けながらも聖職者の間に浸透していった。ヤンセン主義は初代教会をあるべき教会の姿とし、教皇の首位権を否定して公会議主義を主張し、ヒエラルキー制度を批判した。

第6章　イングランドの宗教改革

　宗教改革は海を越えてイングランドにも伝わり、新しい諸教会を形成した。以下ではイングランドにおける宗教改革の導入とイングランド国教会の成立（第1節）、それに対するピューリタン運動の展開（第2節）、さらにその中で形成された諸教派（第3節）について概観する。

1　イングランド国教会の形成

　イングランドでは1520年代はじめよりルターの神学が議論され、信仰義認論や教会批判が広がりを見せていた。しかしイングランドの宗教改革は教会批判や神学議論からではなく、絶対主義王政の形成過程の中で政治的なものとして始まった。

宗教改革の始まりとイングランド国教会の形成　イングランドに宗教改革を導入したのは、国王ヘンリー8世（位1509-47）であった。彼は元来、宗教改革に否定的でルターの書を禁止し、彼の「教会のバビロン捕囚」を批判していた。しかし後継者問題で王妃キャサリンとの離婚を望むが教皇に認めら

れず、それを機にローマ教会から独立して自国の教会を設立し、イングランドの主権確立を試みた。ここにイングランド国教会の形成が始まる。ヘンリーはローマの影響を退けるため、ローマ教会への支持を反逆罪と定め、司教は国王自らが任命し、教皇への上訴と上納金を禁止した。そして国王至上法により国王を教会の首長とし、否定者は大逆罪法により死刑に処した。トマス・モアをはじめ、司教や多くの修道士がこれにより処刑された。

　この政策の結果、カトリック諸国からの攻撃の危険が生じたため、ヘンリーは軍事費捻出のためにすべての修道院を閉鎖して財産を没収した。またドイツのシュマルカルデン同盟に加入するため、ルターの神学を取り入れた信仰箇条「10箇条」を定め、聖書中心主義、サクラメント論、信仰義認を受容した。国内には聖職者や指導者層など多くの改革支持者が現れ、英訳聖書が許可され、主の祈りや十戒、連禱の英訳もはじめられた。

　本格的な改革はエドワード（位 1547-53）の時代に導入された。カンタベリー大司教クランマーにより、聖像の撤去や聖餐（二種陪餐）の導入、聖職者の結婚許可が進められた。また祈禱書がプロテスタント的に改訂され、その使用が礼拝統一法により義務付けられた。祈禱書ではツヴィングリ的な聖餐論が採用され、ミサなど儀式に関わるものは削除され、司祭の式服は白に限定された。プロテスタント的な信仰箇条「42箇条」や「説教集」も作成され、改革の神学的基礎づけのため、ブツァーがケンブリッジ大学に招かれた。

カトリックの復興　しかしこれらの改革はメアリー1世（位 1553-58）により中止された。キャサリンの娘で皇帝カール5世の従姉妹でもあったメアリーはカトリックへの志向を示し、一連の施策によりカトリック的な制度を復活させた。すなわち教皇の権威の回復を決定し、プロテスタント的な教会法令を廃止した。またミサを復活させ、使用言語を英語からラテン語に戻し、妻帯聖職者の職務を剝奪した。同時にプロテスタントへの厳しい弾圧を行い、クランマーをはじめとする改革支持者を処刑した。これにより多くのプロテスタントが大陸へ逃れ、ジュネーヴやチューリヒ、ストラスブールなどへ亡命した。彼らは亡命先——多くはジュネーヴ——で本場の改革を学び、後に

第 6 章　イングランドの宗教改革

帰国してピューリタン運動の指導者となる。

イングランド国教会の確立　揺れ動くイングランドの教会のあり方を定め、国教会を確立させたのがエリザベス1世（位 1558-1603）である。ヘンリーの2人目の王妃アン・ブーリンの娘であるエリザベスは、彼女の母と彼女の出生とがローマから否認されたため、親プロテスタントの姿勢を示した。しかし国内のカトリック、プロテスタント双方を満足させるために「宗教解決」を行い、両方の要素を取り入れた教会を形成した。すなわち、改めて「国王至上法」を定め、教皇の権威を否定し、教皇への上納金と上訴を禁止した。また礼拝統一法により祈禱書に基づいた礼拝の復活を定め、礼拝様式はカトリック、教義はプロテスタントとした。「39箇条」（1663）では聖書の優位性、信仰義認、キリストの犠牲の一回性が確認され、教皇至上権、煉獄、贖宥、聖遺物崇拝、諸聖人の執り成しを否定した。一方、ヒエラルキー的な主教制を採用し、歴史的継承の維持を明示した。それに関連して聖職式服規定を設け、また聖職者の結婚は認めず、妻帯者は許可を要するとした。これらの政策は高等宗務官制度により保障され、違反者の取り締まりが行われた。

エリザベスの宗教解決は、カトリック、プロテスタント双方から激しい抵抗を受けた。カトリックの高位聖職者たちは女王への宣誓を拒否して職務を剥奪された。その後、教皇やスペインの支援の下にメアリー・スチュアートを擁立し、エリザベスを暗殺しようとするが阻止され、これ以後、カトリックに対する厳しい取り締まりが始まる。一方、プロテスタントの抵抗はピューリタン運動として展開した。

2　ピューリタン運動

徹底的改革の要求　エリザベス時代になるとメアリー時代に大陸に亡命していた人々が帰国し、徹底的な改革を求めるようになった。この運動は特に1560年代に顕著となり、ジュネーヴの影響を受けて展開した。最初に彼らが求めたのは聖書に基づいた改革であり、非聖書的な伝統的慣習を排除し、

なかでも霊的階級を表す聖職者の式服を廃止しようとした。しかし彼らの改革案は国教会からは認められず、改革者らは自ら礼拝を簡素化し、独自の式服の着用をはじめた。これに対してエリザベスは全説教者に認可を受けるよう要求し、論争的説教を禁止し、規定通りの式服の着用を求めた（「通告文」）。これによりピューリタン聖職者の多くはその地位を失った。

長老制の導入　70年代に入ると、ケンブリッジ大学教授カートライトを中心に、主教制に代わる長老制の導入が要求され、会衆による教職者の招聘（しょうへい）、教職者の同格化が求められた。彼らは国教会の中でその実践をはじめ、長老会を形成し、「教会規律宣言」を起草し、聖書釈義集会を開いた。ピューリタンの多くは国教会の中に長老制と教会規律を導入し、同時に主教も──同格性を維持しつつ──存続させることを考えていた（非分離派）。それに対し、国教会では本来の教会形成が不可能であるとし、神によって召された者のみから成る教会を建設しようとする分離派が現れた。彼らは国教会の外で自分たちの礼拝をもち、自ら教職者を選んだが、やがて逮捕され、投獄された。その指導者ロバート・ブラウンは弾圧の中、彼の会衆とともにオランダへ逃れるが、教会が混乱したために帰国し、国教会の聖職者となった。その後、より急進的な分離主義が現れ、その活動は拡大した。

弾圧とオランダへの亡命　ピューリタン運動への弾圧はさらに厳しくなり、「宗教条項」により祈禱書の使用と式服規定の遵守が課され、私的な宗教集会は禁止された。さらに高等宗務官裁判所が設置され、分離派の指導者は処刑された。女王の首位権の拒否者、国教会出席拒否者、秘密集会出席者は国外追放とされ、分離主義者の多くはアムステルダムへ亡命した。

主教制の強化とアメリカへの移住　エリザベスに続くジェームズ1世（位1603-25）は長老主義を導入したスコットランドの王であったため、ピューリタンたちは期待して「千人請願」を提出し、さらなる教会改革を求めた。しかしジェームズは王権神授説を唱え、「主教なければ国王なし（No Bishop, No King）」と宣言して、それを拒否した。もっとも聖書の新訳の要求は受け

第6章 イングランドの宗教改革

入れ、欽定訳聖書が制定された。しかしピューリタンに対しては「遊び宣言」を発布して厳しい弾圧をはじめた。オランダの分離派もジェームズに期待して文書（「相違点」）を送るが、この政策に帰国の望みを絶たれ、北米へ移住した。「メイフラワー号」でニューイングランドへ移住したピルグリム・ファーザーズもその1つである。

　宗教的統一の政策は次のチャールズ1世（位1625-49）の時代にさらに促進された（「遊び宣言」の再発行）。彼は政治領域でも王権神授説に基づく国王の大権を主張し、議会を経ずに課税や貸付の強要を行った。議会は「権利の請願」を提出し、人権の尊重と議会制民主主義の確立を求めるが、チャールズは議会を解散し、専制政治を進めた。ピューリタンの多くは、宗教的、政治的に絶望し、ニューイングランドへ移住した。

ピューリタン革命：長老主義的国教会の形成　国内では、チャールズがスコットランド教会に主教制を導入しようとして主教戦争が生起し、これを機に国王と議会の対立が激化する。議会は上院から主教を排除することを決定し、革命へと至る。議員オリヴァー・クロムウェルはピューリタン農民から成る鉄騎隊を率いて議会軍の中心で戦い、議会を勝利へ導いた。その結果、高等宗務官裁判所が廃止され、主教制が廃止され、大主教ロードは処刑された。議会は教会改革のためにウェストミンスター会議を招集して祈禱書による礼拝を廃止し、カトリック的な要素を排除して、長老主義的な教会のあり方を定めた（「公同礼拝指針」）。さらに「ウェストミンスター信仰告白」（1646）を作成し、カルヴィニズムに基づいた教理と長老制を定めた。

　ところが、革命のさなかに議会内では国王の処遇等をめぐって、長老派、独立派、平等派の間に対立が起こる。国王との妥協を求める長老派は独立派を中心とする議会軍により追放され（1648）、翌年には国王が処刑され、専制政治が廃止された。一方、民主主義を主張する平等派や共産制を目指したディッガーズも退けられて共和制が樹立され、ク

クロムウェル

143

ロムウェルが首相となる。やがて彼は議会を解散して護国卿となり、独裁政治を行った。ここにおいて、聖者による支配を実現しようとした第五王国派*も排除された。クロムウェル自身は独立派で各個教会主義の志向を持ち、宗教的寛容を唱えたため、国教会の中に長老派、独立派、バプテスト派が存在することになった。

　その後、クロムウェルの死を経て王政復古し、主教制が回復された。そして礼拝統一法により改訂祈禱書以外の礼拝式文が禁じられ、また聖職者には誓約が求められて違反者には刑が科された。さらに「秘密集会禁止法」により、国教会以外の礼拝への出席は違法とされた。これにより国教会と非国教会の境界が明確となり、その後は徐々に寛容政策が進められていった（寛容宣言、1672、1687）。名誉革命下での「寛容令」（1689）では、一定の条件の下で（統治者への臣従の誓約、教皇権やカトリック的教理の否定、「39箇条」の肯定）礼拝の自由が認められた。これにより、非国教徒の礼拝が可能となり、長老派、会衆派、バプテスト派は自由教会として存在することになった。この時点でカトリックには礼拝の自由は与えられず、それにはなお100年を要した。

3　諸教派の形成

　このようなピューリタン運動の進展の中で、多様な教派が形成されていった。その多くはカルヴァンの影響を受け、それをイングランドの状況下で展開させて独自の神学や教会制度を生み出した。

長老派　ジュネーヴの教職制にならい、長老制を導入しようとした人々により、その基礎が築かれた。初期のピューリタン運動で中心的な役割を担い、革命期にはウェストミンスター会議で長老主義の導入を実現した（前節参照）。国教会制度の維持を基本とし、国王の権力や主教の監督権を要求したため、革命期には独立派（会衆主義）と対立し、議会から追放された。王政復古以後は影響力を失い、国教外の教派となる。「ウェストミンスター信仰告白」は今日に至るまで各国の長老主義の基本的な信仰基準となっている。

第五王国派＝ピューリタン革命の急進派。再臨したキリストが聖徒と共に千年間統治するとする千年王国説に立つ。

第6章 イングランドの宗教改革

会衆派 会衆主義の主張はピューリタン運動初期に現れた。その指導者ロバート・ブラウンは、教会とは神に召し出され、自発的意思により集まった信仰者より成るとし、教会的、政治的権威からの独立を主張した。実際、国教会の外に信仰共同体を設立したが（分離派）、エリザベスの弾圧により多くはオランダへ逃れた。一方、国教会を会衆主義にしようとする非分離派も現れた。

オランダやイングランドの会衆主義者は17世紀に北米へ移住し（ピルグリム・ファーザーズ）、ニューイングランドに教会を建設した。マサチューセッツでは公定教会制（158ページ参照）を採り、信仰の自由を認めない社会を形成した。国内ではクロムウェルのもとで一時は国教会が会衆主義的になったが、その後の王政復古により非国教会となる。

会衆派の特徴は教会論にあり、上述の教会理解から各個教会の自主独立を唱え、各教会は聖書に基づき独自の教会形成を行うものとし、拘束力ある教理（信仰告白）を否定する。しかし信仰宣言は認め、革命期には「サヴォイ宣言」（1658）を作成した。その内容は、教会論以外は「ウェストミンスター信仰告白」をほぼそのまま採用したものである。

バプテスト派 17世紀はじめに分離派から生まれ、国家からの教会の独立を徹底して主張したのがバプテスト派である。弾圧を逃れてアムステルダムへ亡命したスマイス、ヘルヴィスにより、最初のバプテスト派教会が作られた（1609頃）。スマイスは新約聖書に基づき、悔い改めと信仰告白を経て洗礼（バプテスマ）が授けられるべきであるとし、そのような洗礼を受けた者のみにより教会が形成されることを主張し、幼児洗礼を否定した（同様の主張をする再洗礼派〔メノナイト〕との接触はあったが、歴史的な継続性は認められない）。初期バプテストは全人類の救いを主張するアルミニウス的理解を取るが（ジェネラル・バプテスト）、1630年代後半に成立したバプテスト派はカルヴィニズムの予定論に基づき、選ばれた者のみの救いを主張した（パティキュラー・バプテスト）。イングランドでは後者が拡大し、革命時に勢力を持った。

バプテスト派の特徴は、個人の自覚的な信仰告白を重視する洗礼論と教会

論にあるが、ここからさらに各個教会の自律の原則を展開し、聖書に基づく自由で民主的な教会形成のあり方を主張した。また新約聖書にならい、浸礼を行う。「第二ロンドン信仰告白」(1677) は、教会論以外は「ウェストミンスター信仰告白」を採用している。しかしその非妥協的な態度のため厳しい迫害を受け、バプテスト派はアメリカで大きく発展する。ロジャー・ウィリアムズは会衆主義の公定教会制に反対し、植民地ロードアイランドで国家と教会を分離し、信仰の自由が保障される社会を形成した。

クェーカー派　前述のようにピューリタン革命の混乱期にさまざまな分派が現れたが（平等派、ディッガーズ、第五王国派、シーカーズ、ファインダーズ）、その中で大きな広がりを見せたのが、クェーカー派である。

　指導者ジョージ・フォックスは人間の内なる光に神の直接的啓示を見、個人における霊的経験を重視した（「クェーカー」は神の言葉に震えることから付けられた俗称である）。ここから形式的な制度を不要とし、教職者や教会組織、聖礼典や信仰告白を否定し、沈黙の礼拝をもつことを特徴とする。また聖書に特別な権威を認めず、愛の実践や平和主義を主張し、戦争の否定や兵役拒否の思想を展開した。その主張ゆえに厳しい迫害を経験したが、ウィリアム・ペンによるアメリカのペンシルバニア開拓により、急速に拡大した。

第4部
近現代

芦名定道

第 4 部　近現代

はじめに

　第 4 部では、キリスト教史のもっとも新しい時代区分である「近現代」が扱われる。第 4 部の基本方針は、近代以降のキリスト教を西欧的な市民社会との関わりで描くということであるが、もちろん、これは、西欧近代の市民社会のキリスト教が近代以降のキリスト教全体の中心であり、最善のものであるということを意味しない。しかし、西欧市民社会のキリスト教の成立と展開、そしてその限界に注目することは、近代以降のキリスト教の歴史的動向を全体として概観する際に有効であると言うことができよう。

　そこで、まず市民社会の形成過程を、近代市民社会を特徴づける、民主主義・国民国家、資本主義経済・社会主義、近代科学といったサブシステムの形成過程との関連で検討し——その過程にキリスト教がいかに関与したのか——キリスト教にとっての近代市民社会の意義を論じる（第 2 章。第 1 章は前史）。しかし、近代市民社会はさまざまな矛盾を抱えており、キリスト教はその矛盾に向き合うことになる（第 3 章）。この矛盾は、20 世紀に 2 つの世界大戦として噴出することになるが、同時に 20 世紀はキリスト教に西欧近代を超える展望を切り開くものとなった（第 4 章と第 5 章）。そして最後に、21 世紀のキリスト教を展望しつつ、第 4 部は結ばれる。

第 1 章　大航海時代と世界宣教——近代キリスト教の前提（～ 17 世紀）

　15 世紀中頃から 17 世紀中頃にかけて、西欧諸国による世界各地への大規模な航海が行われた。この大航海時代は、カトリック教会による世界宣教が

第 1 章　大航海時代と世界宣教──近代キリスト教の前提（～17 世紀）

推進された時代であり、近代キリスト教が西欧から世界へと拡大する基礎が形成されることになった。

1　世界宣教の動向

対抗宗教改革とイエズス会　宗教改革は、西欧のキリスト教統一世界を解体させ、西欧近代が成立する前提となった。これは、プロテスタント世界にのみ当てはまることではなく、宗教改革以降、カトリック世界は対抗宗教改革によって体制を整えつつ、近代へと歩みはじめることになった。注目すべきは、対抗宗教改革の場となったトリエント公会議（1545-63）と近代的カトリックを担うイエズス会の登場である。

　第 3 部で論じられたように、トリエント公会議は 1545 年に開催された。たびたび中断されたが、18 年間にわたって継続され、近代以降のローマ・カトリック教会の基礎はここで確立された。こうしたカトリック教会の刷新の一翼を担ったのが、1534 年に「教皇の精鋭部隊」としてイグナティウス・デ・ロヨラらによって創設されたイエズス会である。イエズス会は、教皇パウルス 3 世（位 1534-49）により正式に認可されたが（1540）、高等教育を中心とした教育活動と社会正義事業を推進することによって、プロテスタントに対するカトリックの防波堤として活動した。特に注目すべきは、イエズス会が世界各地への宣教活動を重視した点である。ここでは、ラテンアメリカのイエズス会の宣教を取り上げてみよう（日本については第 5 部を参照）。

　1549 年には、ブラジルにおけるイエズス会士（マヌエル・ダ・ノブレガ、ホセ・デ・アンチエタら）による宣教が開始された。その後、宣教はペルー、メキシコを経て、フロリダとカリフォルニアに到達する。イエズス会の世界宣教の特徴として、適応主義と呼ばれる基本方針、つまり、宣教地の文化や言語を学び、現地の宗教的文化的状況に適応した宣教方針が挙げられる。こうした方針は大きな成果をもたらす一方で、さまざまな軋轢(あつれき)をも生むことになった。たとえば、インディオを保護しようとするイエズス会員はスペインとポルトガルの奴隷商人およびそこから利権を得る政府高官に目障りであったため、のちにポルトガルによるイエズス会への迫害が開始される。また、

149

第 4 部　近現代

ヨーロッパ諸国が絶対王政のもとでナショナリズムを強めるにつれて、列強にとって国境を越えて自由に活動し教皇への忠誠を誓うイエズス会は邪魔な存在となり、1773 年に、クレメンス 14 世（位 1769-74）によりイエズス会は解散されることになった（1814 年にピウス 7 世〔位 1800-23〕によって復興）。

ポルトガル・スペインの世界戦略＝世界分割　ポルトガル王国は 13 世紀までにレコンキスタ（イスラームからイベリア半島を奪還する運動）をほぼ完了した。15 世紀にはヨーロッパ各国に先駆けて海外進出を行い、アフリカ西岸からインド洋を経て、東アジアへと通商圏を拡大（海洋帝国）する。しかし、1492 年にコロンブス（スペインが派遣）がアメリカ大陸に到達した直後からポルトガルとスペインの対立が表面化した。1493 年に教皇子午線（教皇境界線）が設定され、その東をポルトガル、西をスペインが領有することが認められたが、1494 年のトルデシリャス条約で分界線が西経 46 度 37 分に変更される（18 世紀には無効化）。それは、スペインが南北アメリカ大陸の大部分を、ポルトガルがブラジルを領有する根拠となった。

　ポルトガルとスペインの国王は植民地における福音宣教と教会管理とを教

トルデシリャス条約分界線

皇から委託され（教会保護権。布教保護権とも言う）、イエズス会をはじめとした西欧の諸修道会（ドミニコ会、フランシスコ会など）が世界各地で宣教を開始するのに必要な援助を与えた。こうして植民地経営と宣教とは緊密に関係づけられることになる。カトリックの世界宣教と列強の世界戦略の一体化は、後のプロテスタント教会の世界宣教にも受け継がれる。

2 ウェストファリア体制と国民国家

三十年戦争後のヨーロッパ秩序　三十年戦争（1618-48）は、カトリックとプロテスタントの対立による最大かつ最後の宗教戦争と言われる。それは、ドイツの国民国家としての統一を不可能にすることによってドイツの後進性を確定したにとどまらず、西欧全体の政治的状況を一変させることになった。近代世界のはじまりをここに見ることも可能である。三十年戦争の背後には複雑な国際関係が存在していたが、大枠としては、「フランス王国（ブルボン家）とネーデルランド連邦共和国の連合」対「スペイン・オーストリアの両ハプスブルク家」との覇権をめぐる戦いと解することができる。その結果、三十年戦争の講和条約であるウェストファリア条約が示すように、神聖ローマ帝国とハプスブルク家というヨーロッパの広域勢力はその影響力を大幅に低下させ（帝国内の領邦に主権と外交権が認められた＝帝国解体）、それに対して、ネーデルランドとスイスはハプスブルク家の支配からの独立が承認され、カルヴァン派も容認された。こうして、ヨーロッパ秩序は、皇帝や教皇といった超国家的な権力によって維持されるのではなく、対等な主権を有する諸国民国家の競合関係によって規定されることになる。これが、ウェストファリア条約体制と呼ばれ現在に至る近代的世界秩序のはじまりであり、キリスト教会もこの体制によって規定されることになる。

絶対王政から国民国家へ　次節で述べるように、近代ヨーロッパを構成する国家（国民国家）とキリスト教の教派分布とは必ずしも重なり合うものではなく、そもそも国民国家を基礎単位とするヨーロッパ秩序は一挙に形成されたわけでもない。国民国家形成は絶対王政という第1段階から市民革命・

ナポレオン戦争を経た第2段階へと進展するが、この展開過程こそが、近代的なヨーロッパ世界の形成過程だったのである。この過程がもっとも劇的に進行したのはフランスであった。フランスはブルボン家の絶対王政（君主制）がフランス革命・ナポレオン帝国を経て共和制へと移行する中で、イギリスとともに、西欧の諸国家に先駆けて国民国家体制を確立した。しかしこの間の政治体制の変動にもかかわらず、フランスのキリスト教は、カトリックを中心としたものであり続け、現在に至っている。

　宗教改革（特に改革派）の進展によって、フランスにおいてもカトリックとプロテスタントの対立が激しくなり、1562年に、ユグノー戦争と呼ばれる宗教戦争（休戦もはさんで1598年まで）に発展した。この内乱は、アンリ4世（位 1594-1610）が王位についてカトリック教会に復帰することによって終結したが、その際に出されたナントの勅令はユグノー（新教徒）の信教の自由を認めるものであり、フランスの統一は保たれた。その後、ブルボン家の絶対王政は強化され、ルイ14世（位 1643-1715）のときに最盛期を迎えたが、彼はガリカニズム（教皇の絶対権に対抗して、フランスのカトリック教会をフランス王権のもとに置こうとする立場）に基づく宗教政策を実施し、ナントの勅令を廃止した（1685）。しかしこのブルボン家の絶対王政もフランス革命（1789）によって終わりを告げ、革命政府はフランスの世俗化を推進しようとした。しかし国民の大多数がカトリックの復興を望むことが明らかになり、1801年にナポレオン（位 1804-15）は教皇ピウス7世（位 1800-23）と政教協約を締結した。その結果、カトリックは国家の宗教ではないものの、国民の多数の宗教であり続けている。

　こうして国民国家の段階に至った西欧近代においては、現実のキリスト教の動向はカトリックとプロテスタントという教派的な対立関係よりも、むしろ宗教と世俗社会との対立関係によって規定される傾向をしだいに強めることになった。

3　西欧各国のキリスト教

ヨーロッパ諸地域のキリスト教　宗教改革と続く宗教戦争によって混乱に

第 1 章　大航海時代と世界宣教――近代キリスト教の前提（〜 17 世紀）

陥った西欧の宗教地図（諸教派の地理的分布）もしだいに安定化に向かうことになった。三十年戦争が終結する頃にはおおまかに次のような形で定着し、現在に至っている。

　北欧、ドイツ：ルター派
　オランダ、スイス：改革派
　イギリス：イギリス（イングランド）国教会
　イタリア、フランス、スペイン、ポルトガル、ドイツ南部、ポーランド
　　：カトリック

正統主義と敬虔主義　カトリック教会が刷新を進めつつあった頃、プロテスタント諸教派――中心的な位置を占めるルター派と改革派など――は、相互に教義論争を行い、聖職者養成のためにそれぞれ独自の神学思想の体系化を図った。これは、神学の体系化という点から新スコラ主義とも評せられるが、この思想形成がなされた 17 世紀を中心とした時代は、各教派の思想基盤が構築されたという意味で正統主義時代とも言われる。各教派の立場は、信条・信仰告白文書として表明された。

　正統主義は、各教派の立場を明確に反映したものではあるが、いずれも宗教改革の伝統を共有しており、聖書原理（形式原理）と信仰義認（内容原理）においては合致している。たとえば、聖書が客観的に神の言葉自体であるという認識は、聖書が無条件に真理であり無謬（むびゅう）であること、そして霊感説に帰結することになる。こうした認識を共有した上で、ルター派と改革派の相違は、宗教改革者以来の争点であった聖餐論において典型的に現れており、それは教義全般から教会制度にまでおよんでいる。ルター派正統主義は、『一致信条書』を土台とし、ヨーハン・ゲルハルトの『ロキ・コンムーネス・テオロギキ（「神学総覧」）』などに集大成され、改革派正統主義の神学的傾向は地域的に多様であるが、予定説において特徴的であり、アルミニウス主義の論争を引き起こし、契約神学（コクツェーユスら）を生み出した。

　以上の正統主義はいわば信仰の知性主義あるいは客観主義（教理を個人の主観的理解に先行する客観的な存在と捉え、信仰を教義の知性的理解と規定する）に向かう傾向を有しており、17 世紀後半には敬虔主義からの批判を受ける

153

ことになる。敬虔主義は、正統主義が確立する中で、プロテスタント教会（狭義にはドイツのルター派）内部から生まれた信仰刷新運動であり、宗教改革の伝統が客観主義に傾く中で、ルターの精神的遺産の更新と深化をめざし、個人の体験（内面性）において啓示される真理と信仰の道徳的実践を強調した。シュペーナーからはじまったこの覚醒運動は、北ドイツに広まり、フランケによって拡大された（ハレ派）。その影響を受けたツィンツェンドルフは「モラヴィア兄弟団」（ヘルンフート兄弟団）を結成し、ヴュルテンベルクでは、ベンゲルやエッティンガーに指導された市民と農民層を基盤に穏健な大衆的敬虔主義（ヴュルテンベルク派）が展開し、敬虔主義運動は改革派にも波及した。

　宗教改革的伝統の多様性の中で特筆すべきは、再洗礼派——神秘主義的スピリチュアリズムと重なる——の存在である（第3部）。再洗礼派自体は多様な流れによって構成されているが、自覚的な信仰を強調し幼児洗礼を否定する点で一致しており、世俗から離れた信仰生活を追求する平和主義と無抵抗の集団形成（兄弟団）を基調にしている。自覚的な信仰の強調は宗教改革の正当な遺産と言えるものであるが、それが幼児洗礼否定となって表明されるとき、再洗礼派はほかの諸教派から徹底的に排除され、西欧各地からロシアそして新大陸アメリカへ、さらには世界各地へと自由を求める旅を続けることになった。

カトリック教会の多様性　西欧のプロテスタント・キリスト教が内部に教派の多元性を抱え込んでいるように、カトリックにもさまざまな多様性が存在している。たとえば、ベネディクト修道会（6世紀）を基点に、13世紀にはドミニコ会やフランシスコ会などの托鉢修道会が成立し、宗教改革期にはイエズス会が出現することによって形成された修道制における多様性である。その他にも、17世紀以降のフランスで展開する教皇至上主義（ウルトラモンタニズム）とガリア主義（ガリカニズム）の対立を挙げることができる。しかも、修道制の多様性とガリカニズムとは、ルイ14世の宗教政策、つまり、パスカルとの関わりでも知られるポール・ロワイヤル修道院（ヤンセン主義。138ページ参照）を取り巻く状況——神の恩恵と自由意志をめぐるイエズス

第1章　大航海時代と世界宣教——近代キリスト教の前提（〜17世紀）

会との論争——において結び付くことになった。すなわち、ガリカニズムを推進したルイ14世は、自らの正統性を疑われないために、神の恩恵と人間の自由意志との関係をめぐってイエズス会と対立していたポール・ロワイヤル修道院を解散させた。しかし、ポール・ロワイヤル修道院が実はルイ14世のガリカニズムを支持していたのである。ここに、フランス王権の錯綜した立場と、カトリック教会内部における複雑な対立状況を見て取ることができる。

4　新大陸のキリスト教

南北アメリカのキリスト教の動向　アメリカのキリスト教は、コロンブスのアメリカ大陸到達以降、まずカトリック教会として出発した。先に見たように、ブラジルはポルトガル領となったが、スペインは、コロンブス以降、ピサロやコルテスらを派遣して、その勢力範囲を着実に拡大していった。カトリック教会のラテンアメリカでの宣教活動は、ポルトガル、スペインの植民地征服と一体化して推進されたが、しかし銀を収奪し文明を破壊しインディオを奴隷とした征服者たち（コンキスタドレス）と、カトリックの宣教師たちとの間に緊張関係が存在したことも否定できない。たとえば、インディオの奴隷化に反対したドミニコ会士バルトロメ・デ・ラス・カサスは、スペイン支配の不当性を訴え続けた（『インディアスの破壊についての簡潔な報告』など）。

　海洋帝国として繁栄したポルトガルとスペインの覇権も、16世紀後半にはしだいに衰退に向かい、覇権は次の国家へと移動することになる。それを決定づけたのが、1588年のイングランドによるスペイン無敵艦隊アルマダへの勝利であり、覇権は、オランダ、フランス、そしてイングランドへ移る。17世紀に入り、イングランドはアメリカへの本格的な進出を試みるが、もはや以前のスペインのように黄金郷を夢見て王室の資金を当てにするといったものではなかった。それは、国王からの特許状と市民からの共同出資に基づき、土地を開墾し、居住地を建設するという事業である。

155

第4部　近現代

イングランド植民地のキリスト教　イングランドの植民地経営は、事業請け負い会社によって行われた。ジェームズ1世から最初の特許状を獲得したのは、「プリマス会社」と「ロンドン会社」（のちに「ヴァージニア会社」）であり、入植者たちは、ジェームズタウンを建設した（ヴァージニア植民地）。しかし、ジェームズタウンの経営は困難を極め、24年には王領となった。

　メイフラワー号に乗ったピューリタン入植者（ピルグリム＝ファーザーズ）の登場は、この頃の出来事である（1620）。ピルグリム＝ファーザーズは、キリスト教信仰の自由を求めた分離派のグループであり、上陸に先立って船上でほかの植民者たちと政治的な市民共同体を樹立することを契約した（メイフラワー契約）。彼らはプリマスに定住し、ニューイングランド植民地の基礎を作った。18世紀前半までにイングランドの植民地は13を数えるまでになったが、メイフラワー号はアメリカがめざす信教の自由の象徴となった。

　もちろん、北アメリカに植民地を建設したのはイングランドだけではなく、ニューアムステルダム（のちのニューヨーク）を建設したオランダ、あるいはフランスも領土拡張を試みた。しかしフレンチ＝インディアン戦争（1756-63）においてイギリスがフランスに勝利した結果、イギリスの植民地帝国が確立されることになった。

第2章　近代市民社会の成立とキリスト教（18世紀）

1　啓蒙主義と革命・独立

　近代以降の西欧キリスト教は、近代市民社会の秩序の中で存在してきたが、それは、キリスト教にとっていわば両義的な存在——親和性を有すると共に対立的な——と言える。本節ではまず、近代市民社会とキリスト教との積極的な関わりを中心に考察を進めることにしよう。

156

第2章　近代市民社会の成立とキリスト教（18世紀）

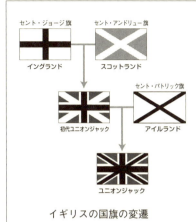

イギリスの国旗の変遷

コラム——イングランドとイギリス
イギリスの正式な国名は「グレートブリテンおよび北アイルランド連合王国」。イングランドとウェールズ、スコットランド（18世紀に併合）、アイルランド（19世紀に併合）の4つの王国から構成されている。第4部では便宜上第2章以降イギリスと表記する。

啓蒙主義と合理的神学　キリスト教は近代市民社会の中心思想と言える啓蒙主義としばしば敵対しつつも、近代の初期の段階から近代思想との積極的な関係構築を試みてきた。その代表は、イギリスを起点とした理神論（自由思想家が主張した合理的宗教論）であり、先駆者であるエドワード・ハーバート（チャーベリー卿、1581/83-1648）は、すべての宗教に共通する5つの真理（神の実在性、神礼拝の義務、神崇拝の美徳性、罪の悔い改めによる礼拝の倫理性、彼岸と此岸における神の賞罰）を示し、伝統的なキリスト教を近代合理性に適応するものへ改変することを試みた。理神論の伝統は、ロック（キリスト教の合理性）やトーランド（啓示や預言、超自然的奇跡の否定）、クラーク（神の摂理を物質的秩序に限定）に受け継がれ、その影響はフランス啓蒙主義（ヴォルテール、ルソー）やドイツ啓蒙主義（レッシング、カント）におよんだ。18世紀中頃から19世紀にかけてのドイツ・プロテスタント神学を規定したネオロギー（新しい教説）は、近代合理主義の思想潮流が神学に対しておよぼした影響の典型例と言える。この動向は国民国家の国境を超え、教派の相違を超えた広がりを示している。

アメリカ独立以前のキリスト教　北アメリカにおけるイギリスの植民地経営

新しい教説＝啓蒙主義的な神学潮流であり、伝統的神学の合理的・歴史的批判を行った。

は、特許状の存在が示すように本国の政治状況に左右されるなど、多くの問題を抱えていた。メイフラワー号で信教の自由を求めてやってきたピューリタンからはじまったプリマス植民地も、1691年にはマサチューセッツ港湾植民地に吸収されることになる。

　イギリスの13植民地の中で北部に位置する、プリマス植民地を含む植民地群（ニューイングランド）は、「公定教会制」という独特の社会制度をもっていた。行政組織（市民政府）は教会内の論争・紛争に公職の立場から干渉することはなく、聖職者（牧師）が政治的な公職に就くことはない。しかし、市民政府は人間の罪に起因する異端や犯罪から公共の秩序を守り、神との契約を履行しキリスト教を擁護する義務を負っている。つまり、政府と教会は協力して神の法に従わねばならず、市民社会（タウン）に属する人々は教会員でなくとも教会財政を維持する役割を担っていると考えられた。市民は公定教会以外の宗教を選択する自由を有していないのである。こうした公定教会制に対しては、信教の自由の立場（ロジャー・ウィリアムズら）から批判がなされたが、ニューイングランドで尊重されたのは、信仰の自由を求めてイギリスから入植した自分たちの信仰なのであり、クェーカーなどのほかの教派や無神論者の権利ではなかったことに留意しなければならない。

　ピューリタン的背景と共に、アメリカのキリスト教史を特徴付けるものとして、繰り返された信仰復興運動を挙げることができる。独立以前のものとしては、1730年代から70年代にかけての信仰復興運動（第1次大覚醒）が重要である。これは、18世紀に近代合理主義に抗して進展した西欧社会における宗教リバイバル――敬虔主義、メソジストを含む――の一環として位置づけられるものであるが、植民地各地の教会はリバイバル集会を開催し、多くの者を回心体験へと導いた。この大覚醒の指導者として、ジョナサン・エドワーズとジョージ・ホィットフィールドが挙げられる。エドワーズはノーサンプトン教会での説教を通して多くの人々の信仰を覚醒させた説教者であると同時に、自然哲学から倫理学や歴史哲学までを論じた思想家（神学者）あり教育者でもあった。それに対して、ホィットフィールドは説教者として各地を巡回した人物で、身振り手振りを交え声を張り上げるその説教スタイルはほかの説教者にも受け継がれた。リバイバル運動については、アメ

第2章　近代市民社会の成立とキリスト教（18世紀）

リカ独立への影響などさまざまに論じられているが、それがアメリカの宗教性に大きく作用し、「アメリカ人」意識の一端を担うことになったと言える。

以上に対して、アメリカ独立の指導者となった人々（ワシントン、ジェファソンら）はアメリカのキリスト教の別の面を表している。それは、先に見た理神論にさかのぼる啓蒙主義的な合理的宗教性である——しばしばフリーメイソンとの関わりが指摘されるのはこの文脈である。もちろん、狭義の理神論をここに指摘することは困難ではあるが、たとえばロックの抵抗権思想や寛容論はアメリカ合衆国憲法の背景をなしており、独立の指導者たちが伝統的な公定教会制を超えて、権利としての信教の自由を肯定することを可能にした。

フランス革命のフランスにおける影響　フランス革命は、近代ヨーロッパの政治的思想的運動である啓蒙主義の帰結と言えるものであり、近代の民主主義的国民国家の展開において重要な位置を占めている。しかし、その合理主義は伝統的なキリスト教への批判を伴うものであり、フランスの中心的な教派であったカトリック教会にとっては、宗教改革以降の最大の脅威となった。フランスにおけるカトリック的基盤は持続することになるが、1789年に議会は教会財産の没収、国有化をおこない、司教司祭の実質的な公務員化を断行した。この動向への対応をめぐり教会は分裂状況となり、それは1801年にナポレオンとピウス7世との政教協約の締結まで続いた。その後、ブルボン王家の復活により旧体制の再現がめざされたものの、王政復古の失敗（1830年、7月革命）などの紆余曲折を経て、フランスは世俗主義の共和制国家を基調として現在に至っている。

2　信教の自由と政教分離

イギリス国教会・聖公会　第3部で論じられたように、イギリスの宗教改革は、ヘンリー8世の国王至上法（1534年）からトップダウンで開始され、メアリー女王のカトリック復帰の企てがあったものの、エドワード6世からエリザベス1世へと進展し、イギリス国教会が確立された。その後、絶対

159

王政・不寛容な国教会と共和制・ピューリタンの対立（17世紀）と王政復古を経て、名誉革命によって、穏健な立憲君主制と寛容な国教会、そして政教分離の成立に至る。

　こうした経緯において成立したイギリス国教会は、よりカトリックに近い流れ（ハイ・チャーチ）とよりピューリタンに近い流れ（ロー・チャーチ）、そして近代的なリベラリズムに近い流れなどの多様な立場を内包するものであり、これらの多様性を包括し偏らない点（＝ヴィア・メディア）にイギリス国教会の最大の特徴を見ることができる。17世紀から18世紀に至るイギリス神学はこのヴィア・メディアをめぐりそれを保持する努力であったと言える。王政復古期に活躍し「カロライン・ディヴァインズ」と呼ばれる神学者たち（ランスロット・アンドルーズ、ジョージ・ハーバート、ジョン・ダンなど）は、伝統的なカトリック神学を再生させ、古代教会との連続性を確保する形で――本来の意味でのカトリック性（普遍性）――ヴィア・メディアを実現しようとした。それに対して、17世紀のケンブリッジ・プラトニストと呼ばれたグループは、近代自然科学の急速な発展に対して、神の創造行為のなかに人間理性の根拠を確保し、カトリシズムとプロテスタンティズム、あるいは理性と信仰の対立構造を克服する手がかりをプラトン主義に求めた。この伝統は理神論者エドワード・ハーバートにさかのぼるが、ラルフ・カドワースはその代表である。

立憲君主制と民主主義　フランス革命に注目する場合、近代とキリスト教とは対立的であると思われるかもしれない。しかし、それは一面的な印象に過ぎない。近代的な制度や価値は、キリスト教的伝統と想像以上に緊密な関わりにあるのである。イギリスの政治哲学者リンゼイ（1879-1952）によれば、近代の議会制民主主義の母体となったのはピューリタンの教会会議の経験であった（リンゼイ・テーゼ）。これは、「ルターの万人祭司論（全信徒祭司論）→平等な人権→同意に基づく政治＝民主主義→普通選挙権」という一連の流れによって表現できる。リンゼイは、パトニー討論（1647年10月28、29日、11月1日に、ニュー・モデル軍の総司令部が置かれていたロンドン南西部のパトニーで開催された軍総評議会での討論の総称）の速記議事録を分析することに

第 2 章　近代市民社会の成立とキリスト教（18 世紀）

よって、そこに近代民主主義の 3 つの原理を見出している。同意の原理（レヴェラーズの代表のレインバラ大佐の発言から）：民主主義は主権者としての国民の同意に基づいており、それは、普通選挙権を要求する。討論の原理（クロムウェルの発言から）：同意は討論の結果到達されるものであって、決して討論の前提ではない。これは、「神の意志」の発見をめざす、教会会議の経験に基づく。民主主義は意見の多様性から出発し合意をめざす。集いの意識：代表者である政治家が、国民の代表としての責任を自覚しつつ、議会という討論の場に集うとき、討論は民主主義の名にふさわしいものとなる。

　こうして培われた民主主義の精神は、名誉革命（1688 年）を経て、議会を尊重する穏健な王政としての立憲君主制に結実することになる。

宗教的寛容、容認論から人権論へ　イギリスの共和制はクロムウェルの死によって終了し、チャールズ 2 世が王位につき、王政に戻ることになった。これは絶対王政と不寛容な国教会制の復活を意味し、ピューリタンを弾圧するために、クラレンドン法典と審査法が制定された（詳細については、第 3 部第 6 章を参照）。

　クラレンドン法典には、自治体法（自治体の役職につこうとする者に、国王への忠誠と国教会のサクラメントを受けることを強制する）と礼拝統一法（聖職者に、共通祈禱書への同意を強制）、秘密集会法（国教会の定めによらない宗教会議を禁止）、5 マイル法（国王への忠誠誓約を拒否し、違法に集会で説教した聖職者を自治市から 5 マイル以遠に追放）が含まれ、審査法は、非国教徒の公職追放を定めた。こうした絶対王政・国教会体制の中で、寛容を主張し、近代的な信教の自由の確立に寄与したのが、ロック（『寛容についての試論』『寛容についての手紙』）であった。

　ロックは 1660 年の王政復古においては独立派に反対して、教会の儀式に対して政府は秩序の維持を理由に干渉しても良いと主張した。しかしクラレンドン法典によって非国教徒への迫害が制度化すると、ロックは考えを改めて「寛容」の必要を説くようになる。名誉革命後、次第にクラレンドン法典は廃止され、ピューリタンの信教の自由が認められるようになる。宗教的寛容法（1689）では、国教会体制を堅持しつつも非国教徒への寛容政策が示さ

161

れている。こうした宗教的寛容の流れは、しだいに拡張され、クェーカー救済法（1696）、カトリック救済法（1778）、カトリック解放法（1829）、ユダヤ人無資格撤廃法（1858）として実現されていく。ここで注目すべき点は、宗教的寛容＝信教の自由は、信仰の異なる人々を容認するという議論にとどまらず、人権としての信教の自由の承認へと展開することになったことである。これは、宗教改革以降の教派的多元性による危機（内乱による市民社会解体）を克服し、市民社会の公共的秩序を形成するという長い努力の成果だったのである。ロックの寛容論はこのプロセスの中に位置しており、その影響は海を越えアメリカにもたらされることになる。

3　近代自然科学と新しい世界観

ガリレオ裁判は何だったのか　ガリレオ裁判（1633年に第2回裁判の有罪判決）は、自然科学とキリスト教との対立の代表的事例として論じられることが多いのではないだろうか。しかし、現代人がイメージするような科学と宗教の対立図式は、実は1880年代頃に成立したものであって、それをそれ以前の、たとえばガリレオ裁判に読み込むのはかなり無理がある。実際、近年のガリレオ研究によって、対立図式の典型例という見方は大きく修正されてしまった。では、ガリレオ裁判とは何であったのか、どうしてカトリック教会はガリレオに対して有罪の判決を出すことになったのかが、改めて問題となる。

この問題を解く上で、確認すべきポイントは以下のものである。

1、これまでガリレオ裁判は、天動説という世界観的枠組みで行われてきた伝統的な聖書解釈に対してコペルニクスの地動説が反するのかどうかという問題と結びつけられてきた。しかし従来カトリック教会は、聖書に関して解釈の多様性を認める柔軟な態度をとることが可能だったのであり、コペルニクス説が天体の予測をより容易かつより正確にするために有用な数学的な仮説であると考えられる限り、その研究自体が禁止されたわけではない（1616年の第1回裁判はこの解釈の範囲にあったと考えられる）。
2、ガリレオは、コペルニクスやケプラー同様に、キリスト教信仰を自覚的

に保持しており、教会の教えを否定するという意図も意識も認められない。
3、第1回裁判と第2回裁判との間にガリレオを取り巻く教皇庁内の政治状況に変動があり、この間に証拠の捏造が行われた疑惑がある。ガリレオはこうした状況の変化にもかかわらず、裁判に対してあまりにも楽観的であった。
4、創世記などの聖書解釈と地動説などの新科学の知見とが必ずしも対立しないと考えることができた点については、同時代のプロテスタント世界の事例、たとえば、カルヴァン『創世記注解』から明らかである。カルヴァンは伝統的な「適応の原理」(神が人間の知的状況に自らを適応させる) に基づいて、創世記の物語と天文学者の数学的見解との合致を承認することができた。

ガリレオ

　以上から総合的に判断すれば、ガリレオ裁判を「科学と宗教」対立の事例とする解釈には無理があることが明らかであろう。むしろポイントは、カトリック教会 (天動説を含む伝統的な聖書解釈に依拠する) とプロテスタント教会 (信仰義認論をはじめ聖書の新解釈に依拠する) がガリレオ裁判の時代的背景であったことにある——ガリレオ裁判は三十年戦争とまさに同時期である。聖書のプロテスタント的新解釈に対して、伝統的な聖書解釈を防衛するというカトリック教会が置かれた状況は、聖書の新解釈に道を開く地動説に対して寛容な態度をとることを困難にしたのではないだろうか。

ニュートン主義と自然神学　以上のガリレオ裁判についての議論は、キリスト教と自然科学との積極的な関係づけという点からさらに補強することができる。それは、社会学者マートン (1910-2003) による「キリスト教 (特にプロテスタント・ピューリタニズム) は近代科学の形成に積極的かつ実質的な寄与をおこなった。王立協会の初期のメンバーの多くがピューリタンの信仰の持ち主であった」とのテーゼ (マートン・テーゼ) が提起した問題であ

り、多くの論争を経て現在に至っている。この関連で注目すべきは、近年のニュートン研究の進展である。従来ニュートンは、啓蒙主義的な実証的科学の偉大なる巨人、近代自然科学のパラダイムの完成者と考えられてきた。もちろん、ニュートンの自然科学者、数学者としての偉大さはその通りであるが、近年のニュートン研究はニュートンがこうした従来の枠組みに収まらない、さらに偉大な思想家であったこと、とりわけ、ニュートンは歴史神学と聖書解釈に生涯取り組んだ神学者であったことを明らかにした――これに加えて錬金術に傾倒した魔術者であり、経済人であり政治家。こうした観点から見ると、主著『プリンキピア』(1687) は古典力学の画期的な古典であるにとどまらない。その総注には独特の神学思想（万物を支配するパントクラトールの存在）が見出される。この『プリンキピア』の神学は新科学の知見に基づいた無神論論駁を主張するものと読むことが可能であり、これはベントリー、デラム、クラークといったニュートンの弟子たちによって明確に表明されることになる（ボイル講義）。

　ニュートン主義の自然神学は、デザイン神学と呼ばれる神の存在論証、つまり、最新科学（新科学）が発見した世界における見事な秩序・法則に、その秩序（デザイン）が偶然ではないという論点を加えて、デザイナーとしての神の存在を推論するものであるが、17世紀から18世紀にかけてのイギリスの政治的動向の中に位置づけることができる。すでに見たように、17世紀の激動の政治・宗教動向が「穏健な王政と寛容な国教会制度」と「王政を否定する共和主義と神を否定する無神論」という2つの陣営を軸に展開していたことを考えるならば、ニュートンとニュートン主義者は、最新科学によって、無神論的思想傾向を含む論敵たちを合理的に論駁することをめざしていたことがわかる。ニュートンの近代科学は、穏健な王政と国教会体制を擁護するという機能を果たしていたのである（イデオロギーとしての科学）。

4　近代社会への批判・懐疑

　以上のように、キリスト教は近代市民社会としばしば対立しただけではなく、むしろ、近代民主主義や近代科学に依拠した市民社会を積極的に支える

第 2 章　近代市民社会の成立とキリスト教（18 世紀）

ものだったのである——ここに資本主義の精神の成立に関わる『プロテスタンティズムの倫理と資本主義の精神』におけるウェーバー・テーゼを加えることができる。この点から、キリスト教は近代の母体また源泉だったと言うことができる。しかし、この見方もキリスト教と近代の両義的関係の一面に過ぎない。18 世紀の近代市民社会の確立期にすでにキリスト教は明確な近代批判を生み出しつつあったのである。ここでは、プロテスタントの動向に簡単に触れておきたい。

　18 世紀後半になると、ニュートン主義に見られる啓蒙主義的キリスト教（近代社会を正当化しそれに適応するキリスト教）に対し、イギリス国教会の内部から批判がなされるようになる。それは、ニュートンの弟子たち（クラークやホィストンら）がアレイオス主義（詳細については、32、33 ページを参照）の異端であるとの告発を含んでおり、同時代の敬虔主義とも連携する思想動向と言えるが、それには、ホイッグ党に対するトーリー党、また中央に対する地方などさまざまな政治的対立要因が絡んでいる。

　その中で特に注目すべきは、ニュートン主義的キリスト教や広教会主義（リベラルな国教主義）に対する新しい宗教運動（信仰復興運動）としてのメソジストの登場である。この運動を指導したウェスレー兄弟の兄ジョンが設立したメソジスト会（1739）は、その後、世界各地に広がっていく。メソジストという呼び名は、決められたとおりに信仰生活を几帳面に守る（共に集まり、聖餐式を執り行い、祈り、歌う）という運動のスタイルに対して付けられたものであり、個人の回心や霊的刷新を強調すると共に、メソジストは高い社会的関心を有しており、労働者学校や社会福祉に積極的に関与している。こうしたキリスト教信仰のあり方は、のちに見るように、近代社会がさまざまな社会的歪みを生み出したことへの批判的対応と解することが可能であり、そこに近代合理主義への懐疑的姿勢を確認することができる。

第 4 部　近現代

第 3 章　市民社会の変容・歪みとキリスト教（19 世紀）

1　近代的知と近代聖書学

　近代の知的世界は、啓蒙主義の科学理念を基盤に、キリスト教思想をも巻き込みつつ展開した。ここでは、近代の知的世界の基本を自然主義と歴史主義という 2 点において説明し、それに基づいて、19 世紀に確立した近代聖書学について考えてみたい。

近代的知のモデルとしての自然主義　ニュートン科学を基盤として 18 世紀に成立した実証主義的科学（現代人の科学のイメージ）は、19 世紀には物理学や天文学を超えて、近代的な知一般のモデルとして機能するようになる。それは自然主義、つまりすべての自然現象を自然の内部で（自然の因果性において）説明し理解できるとする認識論的立場と特徴付けることができるものであり、キリスト教神学とも無関係ではない。聖書にも見られる超自然的実在や奇跡は自然主義と対立するものとされ、その結果は超自然・奇跡の排除あるいは合理化を生じることにもなった。これはのちに見る進化論論争の知的背景にほかならない。

歴史主義とキリスト教の相対性　近代的知のもう一つの特徴として、歴史主義を挙げることができる。近代の歴史概念は多義的であり、ときには混乱した議論の原因となってきたが、基本的には次のようにまとめることができる。すなわち、人間が経験する現象の一切が歴史的であり、その歴史的現象の説明と理解は、歴史的連関の内部でおこなわれうるし、おこなわなければならない、と。キリスト教にとって歴史主義がもたらしたのは、キリスト教を歴史的現象として理解し研究するという態度であり、それは突き詰めて考えると、キリスト教の教義、道徳、価値観の相対性の認識（歴史相対主義）

へとしばしば帰結することになった。したがってキリスト教は歴史的連関の中で成立発展してきた歴史的宗教であり、その真理や価値はその歴史的範囲（ヨーロッパ世界）内に限定されたものであり、決して普遍的なものではないという議論である。古代から中世にかけてのキリスト教が自然法に基づいた普遍性の議論を展開できたのと比べれば、近代の知的状況はキリスト教の真理と普遍性を自明視することを困難にした。

近代聖書学とその諸前提　ルネサンス期にはじまった人文主義の文献学が宗教改革の聖書主義と連関することによって、近代を通して聖書の学問的研究が進展したが、19世紀には、近代的学問としての近代聖書学が成立することになった（ドイツを中心に）。近代聖書学は、法学、言語学、哲学、神学、地質学、生物学などの諸学問とともに、歴史主義あるいは近代歴史学と強く結び付いており、その点で、近代聖書学は、近代世界（近代的な日常性）へのキリスト教の適応という歴史的動向の中に位置するものと言えよう。

　19世紀の近代聖書学の成果については、旧約聖書についての資料仮説、古代地中海世界の宗教史の文脈におけるキリスト教の位置づけ、イエス伝研究など、さまざまなテーマが挙げられる。こうした聖書学的研究は、トレルチまたパネンベルクが指摘するように、歴史主義（歴史の出来事は歴史的因果性の内部で説明する。超歴史的な事柄は持ち込まない）に依拠しており、そこから帰結するのは、近代聖書学における過去の出来事を歴史家（＝研究者）の「現在」という視点から解釈するという方法論的態度であった。

2　欧米キリスト教と信仰覚醒

19世紀欧米のキリスト教の特徴的な動向を思想的な側面から見ておこう。

ドイツ・プロテスタント神学の諸潮流　フランス革命とナポレオン戦争後の時代状況は、ドイツに国家的また教会的な統一（国民国家形成）への努力を要求することになる。プロイセンにおけるルター派と改革派との合同教会の成立（1817）はその成果であり、国民的統一の機運は、ウィルヘルム1

世（位 1861-88）のもとにおけるドイツ帝国成立へと結実する（1871）。この間、ドイツの著しい工業化に伴い社会的矛盾が激化し、慈善事業と一体化した「内国伝道」が進められた。

　こうした背景のもと、19 世紀のドイツ・プロテスタント神学は、宗教改革以降の正統主義、敬虔主義、啓蒙主義といった思想的遺産の上で多様な展開を示すことになる。大まかに整理すれば、正統主義の神学思想を堅持する保守的傾向の教会の神学（ネアンダー、トールック、ミュラー）と、近代的知の状況に適応することをめざし、特に歴史批評を受容することによって伝統の学問的批判的再考をめざす神学（近代聖書学や近代歴史学の方法を積極的に受容し、カントやヘーゲルの哲学思想を前提とする。シュトラウス、バウアー、バウル）とを両極として、これらの両極の中間に立つ調停神学（エアランゲン学派のフランクとホフマン、あるいはリヒャルト・ローテやマルティン・ケーラー）にまとめることができる。また保守的傾向の教会の神学（積極的神学あるいは復古的神学）に対して、伝統に対する自由な学問的批判を行う神学はしばしば自由主義神学と称されるが、これはキリスト教的伝統の弁証を試みる点では、調停神学的な性格も有している。この自由主義神学の起点に置かれるのが、シュライアマハーであり、その系譜にはリッチュル学派（ヘルマン、ハルナック）、宗教史学派（ヴレーデ、ヴァイス、トレルチ）など、19 世紀後半から 20 世紀に至るドイツの学問的神学をリードした神学者が含まれている。

イギリス・オックスフォード運動の意義　神学における自由主義の台頭は、ドイツばかりでなく、イギリスにおいても、同様であった。これは、イギリスにおける政治的状況（人民憲章を掲げたチャーチスト運動に始まり、選挙法改正や労働組合法などが次々に施行され、初等教育が公的整備されるといった自由主義的な諸改革へと進展することになる）に呼応したものであり、広教会派の影響拡大となって現れることになった。こうした自由主義的な動向に危機感をもち、高教会派（「ハイ・チャーチ」160 ページ参照）の立場からの教会改革と信仰刷新を求める運動が 1830 年代にオックスフォード大学からはじまった。オックスフォード運動は、ジョン・ヘンリ・ニューマンら、オックス

第3章 市民社会の変容・歪みとキリスト教（19世紀）

フォード大学若手教員を中心とし、『時局雑誌』というトラクトを使って、プロテスタントの極端な個人主義とカトリックの教皇絶対主義の両者に対する「ヴィア・メディア」を主張した。世俗化が進展する中で教会と信仰の再確立を唱えた点で、オックスフォード運動は注目すべきものと言える。

キャンプミーティングのようす
（ニューベドフォード捕鯨博物館）

19世紀アメリカとキリスト教の動き　社会の近代化・世俗化に対してキリスト教の復興をめざす動きは、18世紀の大覚醒の伝統を有するアメリカでも、独立宣言（1776）から南北戦争（1861-65）にかけて、第2次大覚醒として展開した。1803年の「ルイジアナ購入」などによってアメリカ国土が大きく拡大し、これに伴って産業振興と社会階層分化が進展し、生活様式は急激に変化した。こうした社会変動が引き起こした不安が信仰復興運動の背景をなしていたのである。巡回説教者が開催するキャンプミーティングは人々の信仰を覚醒させ、その結果、メソジストとバプテストの両教派は著しく教勢を拡大した。こうした信仰復興運動は、聖書協会、日曜学校連合、禁酒同盟の諸団体の誕生を促し、アメリカン・ボード（海外伝道協会理事会）などによって海外伝道が強力に推進されることになった。

　こうした信仰刷新の動向といわば対照的に、キリスト教の内外では、合理的な思想形成がおこなわれた。たとえば、ハーバード大学を拠点にしたユニテリアン派（三位一体論を否定し、神の単一人格を主張。イエス・キリストの神性や贖罪の否定、神の現存という聖霊理解）は、信仰復興運動に対抗するものとして活動し、ボストンの牧師チャニングはその代表的な人物である。また、エマソンはユニテリアンとも距離を置きつつ、内省や直感を重んじる超絶主義を発展させた。

　また、19世紀のアメリカのキリスト教について特筆すべきは、キリスト教内部に新しい教派が誕生し、さらには新しい宗教が生まれ、世界各地に広

がっていくことになったことである。1830年にジョセフ・スミスによって創立された「モルモン教」（末日聖徒イエス・キリスト教会）、1863年に教派として確立した「セブンスデー・アドベンチスト」、メリー・ベーカー・エディを創始者とする「クリスチャン・サイエンス」（1879創立）、1881年に文書伝道（「ものみの塔聖書冊子協会」）を開始した「エホバの証人」など、キリスト再臨や千年王国論を基調にしつつ多様な宗教運動が成立した。このような19世紀後半の状況は、その後のアメリカ・キリスト教の特徴的展開の基盤となった。たとえば、1880年代以降一般にも知られるようになった進化論論争（「科学と宗教」の対立）は、アメリカではヨーロッパと異なる展開を示す。すなわち、自由主義神学に対抗してアメリカで展開した20世紀のキリスト教原理主義とそれと密接に関わる創造論者（聖書の創造論こそが真の科学である）による反進化論運動であるが、これは19世紀後半のアメリカ的キリスト教を背景にしているのである。

なお、こうした反近代的な動き（欧米の近代化＝世俗化への反動）は、プロテスタントだけでなく、カトリック教会においても確認できる。カトリック教会は、ナポレオン戦争後に体制の立て直しを進め、1814年にイエズス会を復興させ、近代の問題への対応を模索した。しかし、その方針は定まらず、1869年に招集された第1バチカン公会議（ピウス9世〔位1846-78〕）では教皇の不可謬性が確立し、カトリック教会はその後も、近代社会の動向には懐疑的で消極的な姿勢を保持した。

3　社会問題とキリスト教社会主義

イギリス：キリスト教社会主義　産業革命と資本主義の進展は、19世紀の大英帝国の世界的地位を不動のものとし、イギリスは「世界の工場」として空前の繁栄を謳歌(おうか)することになる。しかし同時に、ロンドンなどの都市やその周辺で働く労働者の労働環境の劣悪化など——第2次囲い込み（18世紀から19世紀はじめ）により土地を失った農民は都市の工場労働者となる——さまざまな社会矛盾が発生した。1802年の工場法では、若年労働者の労働時間を12時間に制限したが（制限されても12時間！）、33年の一般工場法で

第 3 章　市民社会の変容・歪みとキリスト教（19 世紀）

も、9 歳から 13 歳について、9 時間労働に改善されたにとどまった——ちなみに、1 日 8 時間、週 48 時間の労働時間への制限を明記した ILO 第 1 号条約の成立は、1919 年である。こうした状況に対して、イギリス国教会内部から、キリスト教信仰（隣人愛と神の前の平等）に基づく社会主義思想が生まれた。それはキリスト教社会主義として知られる運動であり、ジョン・ラドロウ、フレデリク・モーリス、チャールズ・キングスリイらは労働者協会を組織し、労働者の相互扶助の組織化（各種の組合運動）や労働者教育（隣保館、セツルメント事業、労働者大学）の推進などの活動を展開した。キリスト教社会主義の運動は、アメリカ、そして日本にも波及し、その理想は 20 世紀にウィリアム・テンプル（カンタベリー大主教）らに引き継がれる。また、キリスト教社会主義と同様に、キリスト教信仰に基づく社会的実践として、救世軍を挙げることができる。救世軍は、メソジスト派の牧師ウィリアム・ブースによって 1865 年に創設された東ロンドン伝道会（ロンドンの東側地域の貧しい人々への伝道を行う）が、1878 年、その組織化の必要から軍隊的組織形態を採用し、救世軍と改称されたものである。当初から、積極的な路傍伝道、文書伝道を行うとともに、貧しい人々の社会的救済活動を積極的に行った。

アメリカ：社会正義と社会的福音　19 世紀の社会正義をめざすキリスト教的動向として忘れてならないのは、奴隷解放運動である。奴隷解放をめざすキリスト教の動きは、1807 年にはイギリスにおいて、ウィリアム・ウィルバーフォースらの努力による奴隷制度廃止法案の可決として実を結んだが、独立後のアメリカでは、奴隷制に対する南北の対立が各々の教派をも分裂させつつ南北戦争（1861-65）へと至った。北軍の勝利によって、アメリカ合衆国は再統一され、1865 年には、連邦憲法の修正によって奴隷制は廃止された——有名なリンカーンの奴隷解放宣言は 1863 年——。

　しかし、アメリカの社会問題は奴隷制だけではない。急速な重工業の進展は、ヨーロッパ列強と同様に、さまざまな社会矛盾（労働問題や貧困問題）をもたらした。19 世紀後半には、社会矛盾に対する「社会的キリスト教」あるいは「社会的福音」が展開された。これらの運動では、社会改良によ

171

る人間の不完全性の克服をめざし（のちに楽観的と批判されるが）、神の世界、あるいは歴史における内在性や隣人に対する自由な奉仕としてキリスト教的愛が強調された。社会的福音の代表としてはラウシェンブッシュらが挙げられる。

4　アフリカ・アジアのキリスト教

植民地主義とキリスト教　19世紀の欧米社会における近代化は、欧米内部では信仰覚醒や社会矛盾を生み出したが、それは、大航海時代から続く列強による植民地支配の一層の進展をももたらした。しかもその矛盾は植民地をめぐる国民国家相互の対立を激化させ、再び欧米内部の矛盾となって列強間の対立を非和解的なものとした（世界大戦へ）。他方、キリスト教はというと、19世紀には、カトリック教会だけでなく、プロテスタント諸教派もそれぞれの世界宣教を展開したが、このキリスト教宣教は植民地主義と単純に同一視できないとしても、両者は緊密に連動していたのである。本節では、キリスト教の世界宣教における、中世末・近世（15世紀から17世紀）と近代（19世紀）の2つの波について、アジアとアフリカの歴史を概観したい。

アジア（特に東アジア）のキリスト教　東アジアのキリスト教は、7世紀の景教に遡ることができるが、現在中国で活動しているキリスト教としては、16世紀後半のイエズス会（マテオ・リッチら）の宣教にはじまるカトリック教会と19世紀にはじまるプロテスタント諸教派が挙げられる――ロシア正教会は17世紀。16世紀のイエズス会の中国宣教は、東アジア全体（中国、朝鮮半島、日本）に対するキリスト教伝播の第1の波に属している。

　すでに論じたように、イエズス会の宣教は、適応主義の宣教方針に従って進められ、中国の文化的伝統（儒教を含む）に寛容であり、中国にヨーロッパ文化（学問や技術）を積極的に伝達した。その結果、中国宣教は大きな成果を上げることができたが、スペイン・ドミニコ会士がイエズス会（ポルトガル国王の布教保護）の宣教方針をローマの宗教裁判所に訴え（いわゆる典礼論争）、教皇インノケンティウス10世（位1644-55）が宗教裁判所の決定を

第3章　市民社会の変容・歪みとキリスト教（19世紀）

承認したことによって、一挙に後退することになる。それに対して康熙帝（位 1661-1722）はイエズス会以外の布教を禁止し、続く雍正帝（位 1722-35）はキリスト教を全面禁止するに至る（1724）。その後、19世紀に至るまで中国でキリスト教は禁教時代に入ることになった。

　東アジア全体からキリスト教が一時撤退した18世紀を経て、19世紀にプロテスタント・キリスト教を含めた中国伝道が再開された。第2の波である。ロンドン宣教会の宣教師ロバート・モリソンが広州に到着したのは、1807年であり、モリソンはミルンの協力も得て、聖書の中国語訳を完成させた。19世紀の中国は、清朝の最盛期が過ぎ、その弱体化が顕著になった時期であり、中国は西欧列強との対決を経て開国を余儀なくされていく。清国は1840年から2年間続いたイギリスとのアヘン戦争に敗北し、香港島はイギリスに割譲され、広州などの5つの港も開港させられるなどの不平等条約（南京条約）を結ばされた。さらに1856年のアロー号事件（第2次アヘン戦争）と天津条約によって不平等状態は著しく強化され、外国人の交通・通商の自由と共に、キリスト教の布教の自由も承認されることになった。この間、カトリック教会の布教も再度活発化した。洪秀全の太平天国の乱（1851-64）は最終的には鎮圧されたものの、列強による植民地化の危機に対抗する民衆のエネルギーと清朝の無力さを顕わにした。その後、外国人宣教師による伝道は海岸部から内地へと進められ（ハドソン・テーラーの中国奥地宣教団）、諸教派はそれぞれ伝道を進めるとともに、聖書翻訳、教育、出版などを協力しておこない、西洋近代文明を中国にもたらした。こうしたキリスト教宣教はしだいに自立教会を生み出していき、20世紀の本色化運動（一般に土着化運動と呼ばれる）につながっていくことになる。教育制度などの普及によって社会の近代化に一定程度貢献するとともに、欧米列強の中国支配と一体化するという、アジアにおけるキリスト教の2つの顔をここに確認することができる。

アフリカのキリスト教　サハラ以北、特に地中海沿岸のアフリカにおけるキリスト教の歴史は古く、キリスト教の最初期にまでさかのぼる（第1部参照）。この地域は後にイスラームの勢力圏に編入されたが、エジプトのコプト教会

やエチオピア教会などは現在までその伝統を保持している。このサハラ以北に対して、サハラ以南におけるキリスト教は、大航海時代のポルトガルの宣教からはじまった(第1の波)。一時はコンゴなどにおいて宣教はかなりの成果を見るが、東アフリカ宣教はイスラームとの抗争によって不調に終わり、西アフリカ宣教は、ポルトガルとスペインによる奴隷貿易の基地になったことにより停滞する。これは、キリスト教宣教と奴隷貿易とはしばしば結びあって進展したものの、両者が根本的には矛盾していることを意味している。実際、先に見た19世紀イギリスにおける奴隷貿易廃止とアメリカにおける奴隷制廃止を受けて、19世紀のアフリカ宣教は本格的に進展することになったのである(第2の波)。こうして、20世紀に爆発的に展開するキリスト教宣教の土台は徐々に形成されていった。

第4章　2つの世界大戦とキリスト教 (20世紀前半)

20世紀前半は、19世紀に進展した西欧世界の内外の矛盾が、2つの世界大戦として爆発することになった。同時に、西欧近代に対抗する運動として、全体主義と共産主義が大きく成長したのも、この時代であった。こうした激動の中で、キリスト教もさまざまな理論的また実践的な展開を試みることになる。

1　第1次世界大戦と全体主義

ユダヤ人問題　19世紀的な近代世界——近代キリスト教もまた——は、19世紀末には行き詰まりがはっきりと感じられるようになった。ここではその実例としてユダヤ人問題を取り上げたい。16世紀から開始された西欧における特別地区へのユダヤ人隔離政策は、1555年にパウルス4世(位1555-59)の教皇勅書からはじまり、プロテスタント諸国へ広がっていった。しか

第4章　2つの世界大戦とキリスト教（20世紀前半）

し、近代的な国民国家において宗教的寛容論が普及するにつれ、ユダヤ人に対しても市民権付与が論じられるようになり、ユダヤ社会においてもユダヤ啓蒙主義（ハスカラー。モーゼス・メンデルスゾーンを発端とする）がユダヤ教の近代的改革を志向するようになる。フランス革命とナポレオン戦争を契機に、ユダヤ人解放はフランスからヨーロッパ諸国へ広がり、19世紀後半には、各国でユダヤ人も市民としての基本的人権を享受することになった（フランスは1790年と91年、イギリスが1858年、ドイツが1871年など）。これ以降、ユダヤ人は国民国家における市民権を獲得すると同時に、国家への絶対忠誠を求められるようになる。西欧諸国ではほぼユダヤ人問題は解決したかに見えた。

　しかし、反セム主義（ユダヤ人はセム人種でありヨーロッパ人とは人種が異なるとしてユダヤ人を差別対象とする）という概念が、ユダヤ人の法的同化がほぼ完了した直後、ヴィルヘルム・マルの造語として1879年に出現し、1894年にはユダヤ人同化がもっとも進んでいたフランスで、ドレフュス事件が起こった。これは近代国家の市民としての同化によるユダヤ人問題の解決の試みが挫折したことを意味している。反セム主義はナチズムの人種政策によるユダヤ人虐殺（ショアー）へとつながることになり、近代的キリスト教的な民族理解が人種問題において決定的な限界を有していたことが顕わになった。

　こうした状況下で、ユダヤ人の中からは、アメリカへ移住する者（1880年代から第2次世界大戦までのアメリカ・ユダヤ社会建設の第2期には、東欧から多くのユダヤ人がアメリカに移住した）、あるいはヘルツルが1896年から提唱したイスラエル国家建設（政治的シオニズム）へ夢を託す者などが現れた。このヘルツルの構想は、1948年のイスラエル建国において実現を見ることになるが、この間、イギリスはパレスチナのアラブ人にオスマン帝国からの独立を約束する（1915年のフセイン・マクマホン協定）と同時に、ユダヤ人のパレスチナ復帰を支持する姿勢を示しながら（1917年のバルフォア宣言）、第1次世界大戦後にパレスチナをイギリスの委任統治領とした。こうしてパレスチナは大国の思惑に翻弄(ほんろう)されることになる。これは、長い欧米列強の植民地政策の帰結と解することができるであろう。

ドレフュス事件＝ユダヤ系の軍人ドレフュスのスパイ容疑事件。真犯人をかばい反セム主義をあおる軍部と、それを批判する知識人の間で国民を2分する政治問題となった。

第4部　近現代

弁証法神学運動と神学刷新　第1次世界大戦は、列強の利害が衝突し「ヨーロッパの火薬庫」と呼ばれたバルカン半島においてオーストリア皇太子夫妻が暗殺（1914）されたことをきっかけに開始され、ドイツ・オーストリアなどの同盟国とフランス・ロシア・イギリス・日本など協商国（連合国）に分かれた世界規模の総力戦として展開した。世界大戦終結前の1917年にロシア革命が起こり、戦後に向けた政治的変動ははじまっていたが、特にドイツは、1918年に皇帝と諸君主が退位して共和国になり（ドイツ革命）、連合国に降伏した。第1次世界大戦として噴出した19世紀的近代の政治秩序のこの行き詰まりは、20世紀の学問世界においてもいたるところで顕在化することになる。

　第1次世界大戦後に出版され、爆発的に読まれた、シュペングラー『西洋の没落』（1918）は、この時代の雰囲気を体現したものと言える。自然科学における相対性理論と量子力学、歴史学に基づく人文社会学に対する戦後世代の批判（学問の革命）、フッサールの現象学の影響の浸透発展による新しい哲学運動（新カント学派からの離脱）などが並行して発生し、欧米の思想世界は大きな変動（創造的混沌）を体験しつつあった。

　キリスト教神学も例外ではない。シュヴァイツァーの『イエス伝研究史』（1906）は19世紀の近代聖書学を否定的に総括するものであり、聖書学は新しい方法論（様式史）の探求に向かうことになる。しかし、こうした転換をもっとも劇的に示したのは、カール・バルト（『ロマ書』1919）らが第1次世界大戦後からワイマール時代にかけて推進した弁証法神学運動であった。バルトらは神の主権・自己啓示とその下における人間の危機を掲げて、19世紀の自由主義、文化主義、歴史主義とそれに依拠した近代神学を痛烈に批判した。バルトのほか、トゥルナイゼン、ゴーガルテン、ブルンナー、ブルトマンら、次の時代を背負う若手の神学者が集い、その周辺にはティリッヒが存在し、アメリカのニーバー兄弟も基本的な問題意識を共有していた。1930年代に入ると、これら弁証法神学運動の担い手たちはそれぞれが独自の方向へと進むことになり、バルトは、ナチズムを支持する「ドイツ的キリスト者」に対峙してドイツ教会闘争を指導する道を選択した。この神学運動はその後の半世紀にわたるキリスト教神学を大きく規定するものとなった。

アーリア人条項＝1933年にナチス政権によって制定された「職業官吏再建法」では、非アーリア人（ユダヤ人）などを公務員から追放することが定められた。

第4章　2つの世界大戦とキリスト教（20世紀前半）

全体主義の登場とドイツ教会闘争　20世紀の思想動向として注目すべき特質は、個人主義や自由主義を基盤にした近代への批判に見出すことができるが、弁証法神学もこの動向を共有していた。しかし、この20世紀の特徴をもっとも強く体現していたのは、第1次世界大戦で敗戦国になったドイツと、近代化に遅れたイタリアそして日本などにおいて登場した全体主義である。これらの国では、イギリスやフランスに追いつくためにも近代を乗り越え、国家を強力に統合する民族理念への要求が高まり、それは全体主義となって現れた。典型的には、ナチズムに見られるように、国家を有機体的全体である民族の統一的組織体として創造することをめざし、近代自由主義・個人主義に対して、全体に対する個の服従と犠牲精神の高揚という新しい倫理の形成を高調した。それは一種の理想主義あるいは政治的ロマン主義とも言えるが、その基礎にあるのは近代の実証主義や科学主義に対抗する「生命」の哲学であった。それは「血」「地」という自然的共同性としての人種に焦点を当てており——これはユダヤ人排斥に至る——他の諸価値はこの人種という最高価値に従属させられることになる。

ボンヘッファー

　このようなナチスの世界観は、キリスト教に対して大きな問題をつきつけた。1933年に政権を掌握したナチスは、ドイツ的キリスト者運動を利用して、教会統制を進めた。アーリア人条項を教会に適用してユダヤ系牧師を追放するに至って、牧師緊急同盟が組織され（ニーメラーら）、バルメン宣言（1934）が発せられた。告白教会によるドイツ教会闘争の開始である。告白教会はナチス政権に抵抗を続けた国内組織の1つであるが、その指導者であるニーメラーが強制収容所に入れられ、バルトがスイスに追われ、そしてボンヘッファーがフロッセンビュルク収容所で処刑される（1945）などの運命をたどった。

　第1次世界大戦によっても解消できなかった列強の対立構造は、さらに

バルメン宣言＝1934年5月にドイツのバルメンで行われた第1回信仰告白会議で採択された宣言。ナチズムに迎合する「ドイツ的キリスト者」に対する批判を表明した。

大規模かつ深刻なしかたでその矛盾を噴出させた。第 2 次世界大戦の勃発である（1939）。ナチズムへの抵抗は、占領されたオランダ、北欧などでも続けられた。バチカンでは、教皇ピウス 11 世（位 1922-39）が反セム主義を批判したが、続くピウス 12 世（位 1939-58）はユダヤ人虐殺を知りつつも沈黙を守ったと言われる。フランスでは、カトリック教会はナチス政権と対立して弾圧され、戦争末期には殉教者が出た。

2　第 2 次世界大戦と冷戦体制

冷戦体制下の教会　1945 年、第 2 次世界大戦は連合国の勝利によって終結した。ただちに、アメリカ、イギリス、ソビエト、中国によってまとめられた国際連合憲章草案がサンフランシスコ会議（連合国 50 か国が参加）で採択され、国際連合が発足した（1945 年 10 月）。加盟国すべてが参加する総会と、安全保障理事会（アメリカ、イギリス、フランス、ソビエト、中国の 5 大国が拒否権を有する）とによって構成された国際連合が、戦後秩序を平和的に維持するものとして登場した。またこれらを補足し具体化するものとして、国際通貨基金（IMF）、国際復興開発銀行（IBRD。後の世界銀行）が設置され、ドルが基軸通貨とされた。しかし、この国際連合による平和維持という構図は、米ソ冷戦の開始によって機能不全に陥ることになった。1947 年に、アメリカは、ソビエトの封じ込め政策（トルーマン＝ドクトリン）を宣言し、戦後ヨーロッパの経済的困窮が共産党の拡大要因であるとの理由からヨーロッパ経済復興援助計画（マーシャル＝プラン）を発表した。この冷戦体制は、1948 年に結成された北大西洋条約機構（NATO）とワルシャワ条約機構とが、にらみ合うしかたで固定化された。これから半世紀間の世界は、この対立構図の中で動くことになり、その中で世界のキリスト教会は、東西冷戦体制の中で態度決定を求められることになる。

　1950 年代以降のアメリカは、ベトナム戦争をめぐりキリスト教会も 2 分され、多くの論争を経験した。当初は共産主義の封じ込めあるいは防衛戦争という目的について戦争を容認する論にも大きな説得力があったが、その後、北爆が実施（1965 以降）され、戦争の悲惨さが明らかになり、多くの戦死者

第4章 2つの世界大戦とキリスト教（20世紀前半）

が出るようになると多くの教会が反戦の立場を鮮明にするようになる。たとえば、黒人解放運動のキング牧師がベトナム反戦運動に加わるようになるのはこの時期である。ローマ帝国によるキリスト教公認と国教化以来、戦争との関わりは繰り返し問題となってきた。正戦論はキリスト教の古典的で現代的な問題である。しかし第2次世界大戦後、核兵器という無差別大量破壊兵器が登場し人類の滅亡という悪夢に現実性を与えることによって、キリスト教の戦争論は新たな段階に至った。教皇ヨハネス23世（位1958-63）が、回勅『地上の平和』（1963）において、キリスト教と普遍的ヒューマニズムの立場から、戦争の正当性を批判し、核兵器と軍備の全廃を訴えたのは、こうした動向の中に位置する。

科学技術文明への楽観論　1958年に、哲学者ハンナ・アーレントは『人間の条件』を次のように書きはじめている。「1957年、人間が作った地球生まれのある物体が宇宙めがけて打ち上げられた」。人工衛星打ち上げは、その重要性から言えば、人工的な核分裂にも劣らぬ大事件であり、近代科学技術の驚異的な進展こそが、現代における「人間の条件」を規定する問いなのである。21世紀を生きる私たちは、人工衛星と原子力に遺伝子工学を加えることができるかもしれない。

しかし、科学技術が人間の条件の問い直しを求めることについては、長い間議論されることが少なく、キリスト教界でも、科学技術に対しては肯定的で楽観的な立場が支配的であった。核兵器に否定的な立場の神学者は確かに少なくなかったが、それにもかかわらず、原子力発電は原子力の平和利用であるとして多くが肯定的な立場をとっていた。この状況に変化が見られるようになるのは1986年のチェルノブイリ原発事故以降のことである。

神の死の神学・世俗都市の神学　第2次世界大戦後のアメリカは、戦後世界の政治的経済的な覇権国として繁栄を謳歌（おうか）することになり、それは神学思想にも反映することになる。1960年代になると、神の超越性を強調する弁証法神学世代の神学者が神学思想の一線から退き、キリスト教神学にも新しい動きが見られるようになる。その動向の1つとして挙げられるのは、神の

179

超越性に対して内在性を、また世俗性の積極的意義を唱える世俗化の神学であり、また、神の自己否定・不在（＝死）を神学として思索し抜くことを要求するラディカル神学である。前者としては、ハーヴィ・コックスの世俗都市の神学が、後者には、トマス・アルタイザーとウィリアム・ハミルトンの神の死の神学が挙げられる。これらの背後に存在したのは、ボンヘッファー『獄中書簡集』に展開された「成人した世界」「非宗教的に生きる」というメッセージを、現代の世俗性の肯定論として捉え、宗教なき時代としての現代にこそキリスト教の新しい可能性を見るという見解であった。神の受肉とは超越者がその痕跡を完全に喪失するほどに世界に内在化したこと、つまり文字通り人間となったこと（＝神の死）を意味しており、この神の死は現代の世俗世界で完成しようとしている、つまり、現代は黙示的時代であるとの議論である。

このように1960年代の世俗性の肯定論は世俗時代におけるラディカルな神学と言うべきものを生み出したが、それは科学技術の飛躍的進歩を基盤とした現代文明とそれを謳歌する第2次世界大戦後のアメリカ的状況とを反映していたのである。

3　アフリカ・アジアの民族自決・独立

植民地主義を超えて　2つの世界大戦を経て、欧米列強による世界秩序は根本的な再編を迫られることになる。すでに述べた、国際連合と冷戦体制という矛盾した2つのシステムの併存という事態である。しかし同時に着実に進展しつつあったのは、アジア、アフリカにおける近代的な民族主義の高まりである。戦後アジアでは、それまで植民地として抑圧されていた国が欧米列強から次々と独立を勝ち取っていき、それは、アフリカに及ぶことになる。フィリピン（1946）、インドとパキスタン（1947）、インドネシア（1949）、モロッコとチュニジア（1956）、ガーナ（1957）、1960年「アフリカの年」（カメルーン、コンゴ、ナイジェリアなど17の独立国家）、アルジェリア（1962）等である。

もちろん、独立は大きな前進であったが、新しい諸国家は、自立経済の育

第 4 章　2 つの世界大戦とキリスト教（20 世紀前半）

成や国内の統一などについて多くの問題を抱えており、独裁国家や覇権国の傀儡(かいらい)国家になることが多く、そこから脱するのは容易ではなかった。こうした中で、キリスト教会には植民地支配との一体化とは異なる役割、つまり新しい国家形成に対してそれぞれの状況に応じた役割が課せられたのである。

第 3 世界の神学の展開　ここではアジア（特に東アジア）と対比しつつ、主にアフリカ（特にサハラ以南）のキリスト教とその思想的動向について紹介したい。20 世紀はアフリカのキリスト教が急成長した世紀であり、1900 年頃には 1 千万人ほどであったキリスト教徒は、100 年の間に 4 億人に迫るまでになった。これは、1900 年頃に 2 千万人ほどであったアジアのキリスト教人口が、同じ 100 年間で 3 億にとどいていないことと比較して、いかに急成長であるかわかるであろう。アフリカの宗教は、イスラームとキリスト教がほぼ 2 分する状況にある。

　1920 年代当時を振り返ると、アジアにおけるのと同様に、アフリカのキリスト教宣教は、西欧の宣教師による学校や病院の設立が地域の近代化に貢献したことと結び付いて進められた。しかしアジアと比較してアフリカのキリスト教において目立つのは、宣教師によるミッション系教会から独立したいわゆる独立教会の存在である。白人支配から離れて、純粋にアフリカ人の教会を設立しようとする動きは、キリスト教の発展が早かったナイジェリアと南アフリカでまず進展し、続いて、アフリカ各地に急速に広がった。当初、ミッション系教会が施設建設に関心を持っていたのに対して、独立教会では祈禱や治癒などのアフリカ人の伝統文化や生活に密着した活動に関心が払われた。1970 年代以降、つまりアフリカ諸国家の独立以降、ミッション系教会でもアフリカ人を中心とした運営へと徐々に移行し、その点で独立教会との差は現在存在しない。また、宣教師が持ち込んだ教派的伝統は依然として保持されているが、教派間の協力も幅広く存在し、それは欧米のエキュメニズムとは異なると言われる。

　アフリカのキリスト教は、インテリ層や実業界に浸透することによってアフリカの経済や政治、文化に大きな影響力を持つとともに、しばしば独裁的になる国家に対して民衆が自由に活動する空間を提供する役割を果たした。

181

第 4 部　近現代

こうした中で、アフリカのキリスト教とその思想は、アジアの場合と同様に、2 つの神学的課題を有することになる。1 つは解放の神学であり、もう 1 つは土着化神学である。

アフリカの解放の神学　まず、解放の神学であるが、20 世紀のアジアとアフリカの共通課題は、欧米列強の植民地主義とそれに続く独裁政権を乗り越え、近代的な国民国家を形成することであった。この課題に対応するために、独立後のアフリカ・キリスト教では、1960 年代に展開しはじめたラテンアメリカの解放の神学が参照された。アフリカの多くの国では、独立は果たされたものの、政治的経済的権力は少数のエリートが掌握し、庶民は生活全般にわたって相変わらず貧困状態に置かれていた。著しい不平等社会である。また、白人支配は、南アフリカでは人種隔離政策として存続し続けていた。こうした状況は、アフリカにおけるマルクス主義の進展を引き起こしたが、解放の神学（黒い神学）は、教会が正義と平和そして自由への関心を効果的に示すべきであり、利害の衝突に際しては、弱者の側に立つべきであることを主張した。たとえば、南アフリカのバイエルス・ノーデは、教会は貧困、不正、不平等そして抑圧の多種多様な構造を効果的に変える力こそ持たないが、それを前にしては、どんな犠牲を強いられようと、もはや黙ったままではいられない人々を代表しつつ、「人間に従うよりは、神に従うべきである」と述べた。南アフリカのアパルトヘイト終焉以降（1994、ネルソン・マンデラ大統領による憲法制定）、黒人神学はその存在意義をますます大きくしつつある。

土着化神学　アジアにおいて、たとえば韓国では、民衆神学が 1970 年代から 80 年代の民主化闘争を担う解放の神学として登場した。しかし、この神学動向と並行して展開されたのが、韓国メソジスト神学大学の神学者たち（尹聖範、柳東植、邊鮮煥ら）によって主導された土着化神学であり、韓国伝統の宗教思想（儒教、シャーマニズム、仏教など）との対話が試みられた。同様に土着化神学と言うべき動向はアフリカにおいても存在しており、おそらく、その広がりと深まりは、アジア・キリスト教に対するアフリカの独自性と言いうるであろう。発端は、西欧キリスト教の文化帝国主義に対するアフ

リカ・キリスト教の文化闘争（植民地時代を通じて規範的であったヨーロッパ文化にアフリカの文化的価値を対抗させる）である。独立以前からの独立教会における祈禱と治癒の重視は、この土着化神学の基盤となるものであったが、独立後は、人名などをアフリカの伝統的な名称に戻すことや、場合によっては、一夫多妻制の再評価という形をとることもあった。特に目立つのは、礼拝や集会における、歌と踊りと打楽器の存在である。カトリック教会において第2バチカン公会議で認められるようになった各国語による礼拝は、祭儀のアフリカ化を後押しした。そして、さらにアフリカのキリスト教を特徴づけているのが、いわばアフリカ的霊性の発現とも言える、祈禱などによる信仰治療の実践である。この理由としては、アフリカでは——東アジアと比べても——民衆の多くが近代医学の恩恵を受けることができないという状況下で伝統的な霊的治療に頼らざるを得なかったことが挙げられるが、こうした治癒行為は独立教会の力の源泉の1つとなっている。南部アフリカ聖霊教会などの活動は、アジアとも異なるアフリカ・キリスト教の特徴として指摘できるだろう。

第5章　グローバル・多元化とキリスト教（20世紀後半）

　21世紀への展開という点から、注目すべき20世紀のキリスト教の動向と思想展開について、いくつかのポイントを取り上げ、近現代キリスト教の歴史を締めくくりたい。

1　エキュメニカル運動の進展

エキュメニカル運動　19世紀はプロテスタント諸教派による世界宣教が本格的に進展した世紀であったが、その宣教方針への反省は、20世紀のキリスト教世界の新しい潮流であるエキュメニカル運動を生み出すことになる。

エキュメニズムとは、分裂した世界のキリスト教の一致と協力をめざす運動であり、教会再一致運動、世界教会運動と訳される。それを準備したものとして、世界各地における宣教師の相互協力の経験、あるいは YMCA や YWCA などの超教派的運動の進展が挙げられるが、エキュメニカル運動の具体的な出発点として位置づけられるのは、1910年のエディンバラ世界宣教会議である。エディンバラ会議では継続委員会が設置され、1921年には常設的な世界宣教会議となった。宣教会議には当初から世界の宣教地域のキリスト者が参加しており、やがて活動の中心は欧米宣教師から現地のキリスト教指導者へと移っていった。その後、世界宣教会議は回を重ねつつ発展し、ローマ・カトリック教会や東方正教会との教派間対話も着実に進展しつつある。こうした動向を推進する上で重要な位置を占めているのは、1948年発足の世界教会協議会（WCC）である。当初はプロテスタント諸教派が中心だった WCC に 1961 年のニューデリー総会においてロシア正教会が正式に加盟した。また 1968 年のウプサラ総会以降、ローマ・カトリック教会の神学者も正式メンバーとして参加している。1997年のルーテル世界連盟とローマ・カトリック教会との「義認の教理に関する」合意成立（共同宣言は 1999）も、エキュメニカル運動の成果である。

　このようなエキュメニカル運動がヨーロッパで生まれた背景にあるのは、1930年代に、ヨーロッパの諸教会が全体主義という共通の敵対者の脅威に曝（さら）され、教派を超えた協力と一致が求められたという歴史的経験である。その後も、平和、貧困、環境危機など、世界的な課題の共有がエキュメニカル運動を支え続けている。

新しい宣教神学　世界宣教会議、WCC によって推進されたエキュメニカル運動は、19世紀までの宣教論の最大の欠陥、つまり、政治的進出（植民地主義）と一体化した宣教のあり方への反省に基づいている。それはアジアやアフリカの宣教地での、欧米の宣教師から現地人キリスト者への宣教主体の転換、欧米の母体教会に依存した教会形成から現地教会の自立への転換を意味する。こうした転換は、1920年代の反キリスト教運動に直面した中国教会が提唱した三自（自治、自養、自伝）――これに民族主義を結びつけ

第5章　グローバル・多元化とキリスト教（20世紀後半）

れば三自愛国——というスローガンが示すとおりであり、これは欧米の宣教師たちが共有するものとなる。たとえば、インドで宣教し、インドのキリスト教・アシュラムを世界に伝えたスタンレー・ジョーンズは、イエスに立ち戻ることによって、宣教は神の国の建設を目的としたものであり、教会はその手段に過ぎないことを主張した。これは、キリスト教宣教とは、教会中心の業（教派・教会中心主義）ではなく、神が主体であって（＝「神の宣教」Missio Dei）、教会はそれに参与するという新しい宣教論へつながることになる。

宗教間対話の広がり　エキュメニカル運動が諸教派の一致をめざすとともに神の宣教へ参与するものであるという理解は、教派間対話を超えて、宗教間対話へと大きく踏み出すきっかけとなった。こうした動向は、1970年代以降の宗教的多元性をめぐる「宗教の神学」の試みへとつながり、WCCなどによる宗教間対話以外にもさまざまな実践が進められつつある。宗教間対話についての理解は、キリスト教界においてさまざまであるが、次のような宗教の神学の考えは、しだいに共有されつつあるように思われる。すなわち、「神の宣教（＝人類の救済をめざす神の歴史的行為）が進められる世界には、キリスト教以外のさまざまな諸宗教が存在し、それぞれの歴史と伝統に立って、貧困や環境危機と戦い、平和と正義を追求している。キリスト教が世界の平和と正義を真剣に考えようとするならば、異教＝劣った存在・迷信といった図式を乗り越えて、諸宗教を共同の目的に仕えるパートナー、対話相手として理解することがキリスト教には求められる」、と。

2　第2バチカン公会議

第2バチカン公会議　1958年に教皇に即位したヨハネス23世（位1958-63）は、カトリック教会の近代化、現代社会への適応をめざし、1962年に第2バチカン公会議を開催した。この教皇の死後、後継の教皇パウルス6世（位1963-78）はその続行を指示し、65年まで継続された。公会議では、コンガール、リュバック、ラーナーらが復権し、ハンス・キュンクやヨーゼフ・

第4部　近現代

ラッツィンガーらが活躍し、カトリック以外の諸教会からも代表者がオブザーバーとして参加した。会議の成果は、典礼憲章（典礼での各国語の使用を認めるなど、トリエント公会議以降の典礼の枠組みを刷新する）、教会憲章（諸国民の光であるキリストの救い、開かれた「神の民」などの考えを提示し、現代社会に対する教会の適応と刷新を明確化した）、啓示憲章（啓示を神の語りかけとして救済史的にとらえ、聖書を信仰生活の源泉として規定した）、現代世界憲章（人間の神学的考察を踏まえ、現代世界における緊急課題を、結婚と家庭、文化、社会、経済、政治、平和と戦争・軍備、国際共同体などに即して具体的に論じた）と、9つの教令（ここにエキュメニズム、修道生活、宣教などが含まれる）、3つの宣言（キリスト教教育、キリスト教以外の諸宗教、信教の自由に関する）によって、公にされた。

　このように、第2バチカン公会議はきわめて広範な射程を持ち、カトリック教会の全面的な刷新をめざすものであった。その特徴は、開かれた対話的なカトリック教会（現代世界に対して。他の諸教会に対して。他の諸宗教に対して）と現代を生きる信仰生活の刷新（典礼と聖書理解について。信徒の役割に関して。諸地域の教会と文化の独自性とその尊重について）とまとめることができる。もちろん、この公会議の掲げた目標は、簡単に実現するものではなく、紆余曲折や後退を繰り返しつつ、現在も実現の途上にあると言わねばならない。しかし、キリスト教最大の教派であるカトリック教会の刷新の動きは、現代のキリスト教と現代世界にとって大きな意義を有することは疑いない。

ローマ・カトリック教会と近代　ここで、カトリック教会と近代との関係をまとめておきたい。第4部でこれまで説明してきたように、宗教改革において新たに生まれたプロテスタント諸教派はその度合いはさまざまであるものの、近代世界の形成に対してきわめて重要な役割を果たしてきた。プロテスタント諸教派が浸透した国家は親近代的であり、近代市民社会の世俗性が引き起こした諸問題にまず直面することになった。それに対して、カトリック教会は独自の近代化を試みてきたとはいえ、基本的には反近代の傾向が強かったと言わねばならない。カトリック教会が浸透した国家の多くにおいて（革命を経たフランスを例外として）、近代化が停滞したことはそれを明確に示

第5章　グローバル・多元化とキリスト教（20世紀後半）

している。19世紀にこの路線を確認したのが第1バチカン公会議（1869-70）であった。たとえば、これは学問的領域で確認することができる。現在、聖書を学問的に論じる上で、近代聖書学は不可欠のものであり、プロテスタント諸教派においてはもちろん、カトリック教会においても、聖書学は共有された学問領域と認められ、活発に聖書研究がおこなわれている。しかし、この状況は第2バチカン公会議以降に可能になったものであり、長い間、近代聖書学はプロテスタント的学問という性格を帯びていたのである。「聖書の真理の証言をめぐるカトリックとプロテスタントとの釈義における共同の努力は、今日1人の釈義家が味わうことができる、最も印象深く素晴らしいエキュメニカルな体験の1つである」（シュトゥールマッハー）と言われるとおりである。またガリレオの復権は第2バチカン公会議からさらに後の1992年のことである。これらは、第2バチカン公会議の意義の一端を示すものと言える。

ラテンアメリカと解放の神学　ラテンアメリカ諸国の独立は、19世紀にそれぞれの地域のナショナリズムと結び付く形で、次々に実現していった。ポルトガルの広大な植民地の大部分がブラジルとして独立したのは、本国がナポレオン軍に侵略された後の1822年であり、1891年には共和制（教会と政治の分離）に移行した。スペイン語圏でもナポレオン戦争を背景に独立の気運が高まり、同時期に独立した（メキシコは1821年、チリは1810年、アルゼンチンは1816年など）。これらの諸国における知識階級は、教会の干渉を排除する傾向が強く、ラテンアメリカの教会は、政治権力の干渉に耐え、組織を防衛するのに苦労する。その後、第2次世界大戦後の冷戦下において、ラテンアメリカには、アメリカの支持を受けた軍事独裁政権が次々に出現し、クーデターが繰り返された。カトリック教会は、一方で軍事政権と富裕層に結び付くことで秩序を保つことを選択したが、他方で、人権抑圧、貧富格差の拡大、社会的不正義が蔓延し、民衆そして司祭の間には、マルクス主義の影響が浸透することになった。こうした状況下で、第2バチカン公会議におけるカトリック教会刷新の動向を受け、1960年代後半以降、カトリック神学者・司祭（グティエレス、ボフ、ソブリノら）によって「解放の神学」の運

動が展開しはじめた。これは、基礎的共同体を基盤に、民衆を政治的経済的搾取から解放することをめざした神学運動であり、手法としてはマルクス主義の社会分析の方法が使用された。解放の神学は第2バチカン公会議の路線を具体化するものと解することもできるが、ベネディクト16世（位2005-13）となったラッツィンガー枢機卿らに見られるように、バチカン当局からしばしば危険視された。しかし、アルゼンチン出身の教皇フランシスコ（位2013-）は解放の神学に共感的である。

3　冷戦後の世界とキリスト教

世俗化から宗教回帰へ　20世紀の近代化された市民社会においては、政教分離の原則が浸透し、文化・社会と宗教との間の断絶がさまざまな領域で拡大することになる。伝統的な諸宗教は停滞・衰退いずれその役割を終えるだろうとの世俗化論は、1960年代の現代宗教学を特徴づける議論として登場し、進行しつつあった欧米先進国（そして日本）における若者の伝統宗教離れは、それを支持するかに見えた。確かに先進国の伝統宗教が、社会の近代化の中で多くの課題を突きつけられてきたことは否定できないとしても、世界の宗教動向は世俗化論者が予想したほど単純には進まなかった。1990年代の冷戦終了後、世界的な規模で、むしろ宗教回帰と呼ばれる動向が顕著になりつつある。世俗化は宗教を無力にするだけではなく、反対の作用も及ぼすものともなったのである。しかし、同時に確認されるのは、この宗教回帰には宗教の多元化が伴っていることである。グローバル化は文化の単一化を推進するだけなく、同時に多元化も促進するのであり、少なくとも宗教文化は多元化しつつ「宗教回帰」現象として活性化していると考えるべきだろう（ウルリッヒ・ベック『〈私〉だけの神——平和と暴力のはざまにある宗教』岩波書店）。

宗教対立の時代を超えて　1990年代以降、冷戦下の世界情勢を規定していたイデオロギー対立は終了し、対立は、民族や宗教へ移ったと言われる。宗教的多元性は宗教間の暴力的な対立を促進するかに見え、キリスト教も世界

の各地（中東、アフリカ、そして欧米で）でそれぞれの地域の紛争に巻き込まれている。こうした状況の中で、宗教間の対立を乗り越える試みも活発化しつつある。すでに述べたように20世紀の世界宣教会議を基盤にしたエキュメニカル運動やカトリック教会の第2バチカン公会議の対話路線が、教派間対話を超えて宗教間対話を促進しつつある。宗教間対話の実践と並行して、キリスト教神学においては、宗教間対話を推進する神学的試みである「宗教の神学」によって、宗教的多元的状況下のキリスト教のあり方——排他主義（救いと真理への道はキリスト教以外には存在しない）、包括主義（多様な救いと真理への道はすべてキリスト教に帰着する）、多元主義（救いと真理の道はキリスト教以外にも多様に存在する）という類型論が有名であり、政治学、社会学、文化人類学などに並行した議論が確認できる——をテーマ化した議論が展開しつつある。宗教間対話や宗教間の相互寛容論は、現在のキリスト教思想の主要テーマとして位置づけることができる。イデオロギー対立のもとで押さえ込まれてきた宗教的多元性の問題は、現在、諸宗教が共同で対処すべき課題と認められているのである。

生命の神学：環境と生命　現代世界で諸宗教が共有する問題は、対立・暴力・戦争・テロといったものだけではない。現代世界を生きる諸宗教は、科学技術の急速な発達、特に生命科学の発達がもたらした急速な変化を体験しつつある。先端医療や遺伝子工学は、伝統的な宗教が想像もしなかった新しい、しかも深刻な問題を引き起こした。これは、1960年代頃から生命倫理として問題化したものであり、当初は脳死と臓器移植、より最近は、iPS細胞やクローン技術が引き起こすと予想される倫理的宗教的問題である。人間として生きるということが、大きな問いの前に立たされており、キリスト教はそれにいかに答えるかが問われているのである。また、生命をめぐる問題状況は、1960年代以降、環境危機として深刻化し、キリスト教もその問題を直視するように迫られている。環境危機は、地球規模で進展するグローバルな問題であり、キリスト教だけで対処することは困難であり、キリスト教は、世俗の非宗教的な諸思想やほかの諸宗教といかにして協力体制を構築できるかが問われている。宗教間対話において取り組むべきテーマはここにも

第 4 部　近現代

見出されるのであって、現代のキリスト教思想の中心的でしかもきわめて困難な課題の 1 つとして、「生命の神学」を位置づけることができるであろう。

おわりに――キリスト教の未来へ（21 世紀）

　これまでの第 4 部での考察を踏まえて、私たちは現在進展しつつある 21 世紀のキリスト教についてどのような展望を描くことができるだろうか。近代以降、キリスト教は文字通り世界の隅々まで広がった世界宗教となった。20 億人を超える信徒を擁する世界最大の宗教、それがキリスト教の現在の姿である。しかし、キリスト教会は内部では多くの教派に分かれ、また外部にはイスラームをはじめ多くの宗教や世俗社会が存在する。この宗教的多元性の中でいかなる道を選択するのか――対立から共生まで――が問われている。また、すなわち近代市民社会が生み出した遺産、近代科学技術、資本主義経済、民主主義的な政治体制などをどのように継承するかも問題である。
　20 世紀に展開したエキュメニズムや宗教的対話の努力は、21 世紀もさらに継続されねばならないであろう。おそらく、近未来のキリスト教世界はその様相を大きく変えているものと思われる。キリスト教世界の中心は、欧米から明確にアジア（特に中国やインドなど）へ、そしてアフリカへと移ることになるであろう。21 世紀はキリスト教にとってアフリカの世紀となるかもしれない。さらには、21 世紀の後半には、世界の宗教人口において、イスラームとキリスト教は逆転すると思われる。こうした状況下で、平和と環境の問題は問われねばならないのであり、ここに 21 世紀のキリスト教の未来が託されているのである。

第5部 日　本

落合建仁

第 5 部　日本

はじめに

　今日、日本におけるキリスト教信者の数の割合は、文化庁編『宗教年鑑令和 4 年版』の「我が国の信者数（令和 3 年 12 月 31 日現在）」によると僅か「1.1％」という数字に留まっている。一方で、日本においてキリスト教が与えた影響は多方面におよび、約 1％という数字に留まらないものがある。たとえば、全宗教系学校中、キリスト教系学校の比率は 3 分の 2 を占め（橘木俊詔『宗教と学校』河出書房新社）、キリスト教学校教育同盟に加盟している大学の在籍者数は、日本の大学在籍者数の約 7．6％を占めると言われる（大西晴樹『キリスト教学校教育史話』教文館）。また、聖書の頒布数もほぼ毎年 10 万部を超えている（『2016 年度　日本聖書協会年報』日本聖書協会）。その他、クリスマスや近年ではイースターなど――その元来の意味が理解されているかどうかは別として――日本に定着している諸文化にキリスト教の影響が大きいものがあることは確かである。

　現在、このような興味深い展開を見せている日本におけるキリスト教であるが、それでは、果たしてこれまで、日本においてキリスト教はどのような歴史をたどってきたのであろうか。この第 5 部「日本」編では、キリスト教がどのように日本へ伝わり、展開して今日に至ったかを、主として社会との関わりの中で概観していきたい。

　叙述にあたっては時代や主題ごとに章・節を分けているが、日本における

本文における史資料の引用において、原則、変体仮名は普通仮名に、漢字の旧字体は新字体に改めた。年代表示は西暦を原則とし、読者の便宜を図るめ適宜元号を使用した（ただし、1946 年以降は西暦のみを使用した）。聖書の引用は『聖書 新共同訳』（日本聖書協会）に準拠している。

第 1 章　キリシタンの時代

キリスト教の歴史を便宜上あえて大きく分けるとするならば、第 1 期と第 2 期の 2 つに分けることができる。第 1 期とは、16 世紀の半ばにローマ・カトリック教会の修道会であるイエズス会の宣教師によって福音がもたらされてから、いわゆる鎖国政策によって禁教に至るまでのキリシタンの時代（またはキリシタンの世紀）と呼ばれる期間である。そして第 2 期とは、第 1 期との間（キリシタンの潜伏期間）を挟み、19 世紀半ばの開国以降、プロテスタントの宣教師によってキリスト教の伝道が再開されてから今日に至るまでの期間を指す。よって、本叙述においては、第 1 章「キリシタンの時代」が第 1 期に、第 2 章「開国以後のキリスト教」が第 2 期にあたる。

第 1 章　キリシタンの時代

1　キリスト教の伝来

キリスト教伝来の背景　日本へはじめてキリスト教を伝えた人物は、フランシスコ・ザビエルである。1542（天文 11）年または 43（同 12）年頃とされるポルトガル人の種子島到着以来、日本とヨーロッパの交流は開始されていたが、ザビエル一行 8 人による 1549 年 8 月 15 日（旧暦天文 18 年 7 月 22 日）の鹿児島到着が、日本におけるローマ・カトリック教会の宣教の第一歩となった。

　ザビエルはフランスとスペインの国境にあったナヴァラ王国の生まれで、イグナティウス・デ・ロヨラをはじめ 7 人いたイエズス会の創立者の 1 人であり、同会の司祭であった。イエズス会の宣教精神は、同会の会憲にも表れているように、イエスの宣教命令「全世界に行って、すべての造られたものに福音を宣べ伝えなさい」（マルコ 16 章 15 節）に由来するものであった。ヨーロッパでは宗教改革によってプロテスタントの勢力が増し、カトリック

は権威の回復をめざしたが、イエズス会の創設（1534）とトリエント公会議の開催（1545-63）は対抗宗教改革の表れであった。そのような、カトリックの失地回復を期待されたイエズス会にあってザビエルは、ポルトガル国王ジョアン3世の要請を受け（1539）、インド、東南アジアへの宣教へと赴くこととなったのである。

また、時は大航海時代（15-17世紀前半）でもあり、スペイン・ポルトガルのイベリア両国は、トルデシリャス条約（1494）などによって大西洋上を縦に引

フランシスコ・ザビエル

かれた1本の線を境に、それぞれ地球を西向きと東向きにまわって海外へ進出していた。そして両国はキリスト教（カトリック）国であり、ローマ教皇は両国王に布教（教会）保護権を与えていた。布教保護権とは、その支配地域において両国王が布教の推進とその経済的援助を負うことを義務づけるが、他方、その支配地域での宣教師や司教などの人物選択に関する権利を与えたものである。カトリック・キリスト教が日本へと至る経緯には、これら時代状況の背景があった。

ザビエルの活動　インドと東南アジアで宣教活動に従事していたザビエルが日本へやってきた契機は、マラッカ（現在のマレーシアの港湾都市）で日本人アンジロウと出会ったことである（1547）。ザビエルは、すでに貿易商人から日本宣教が有望であることを聞いていたが、アンジロウを通じて、日本人が「もっとも知識欲の旺盛な民族である」（ザビエルの1548年1月20日付、ローマのイエズス会員宛書簡〔河野純徳訳〕）と分かり、日本宣教を決意したのであった（アンジロウはその後、日本人キリスト者第1号となる）。

鹿児島に上陸したザビエルは、1年間ほどその地で宣教活動に従事する。人々への宣教手法は、たとえば、日本語に翻訳された教理書の、さらにロー

第1章　キリシタンの時代

マ字綴りで書かれたものをザビエルが読み、続いてアンジロウが説明する形だったようである。

　その後ザビエルは、天皇や将軍から宣教の許可を得るため京都へ向かうが、すでに天皇・将軍の権威はなく、応仁の乱後の都は荒れ果てており目的を達することができなかった（1551）。また、比叡山で学僧と対話することもかなわなかった。彼は京都をすぐに去って山口へ移動、天皇へ献上するつもりであった贈り物などを周防領主の大内義隆に贈り、宣教活動の許可を得る（1551）。なお、山口では目の不自由な琵琶法師がロレンソという洗礼名を与えられ信者となり、その後彼は同宿(どうじゅく)（教会で奉仕する者）となって人々にキリスト教を分かりやすく伝えた（のちに日本人最初のイエズス会修道士〔イルマン〕となる）。

　ザビエルが説いた福音は当初、天竺（インド）の教えと見なされたこともあったが、のちにキリシタンと呼ばれるようになる。キリシタンとは、ポルトガル語の Christão を日本語流に発音したもので、ザビエルの渡来以降、明治初期に至るまでのカトリック・キリスト教およびキリスト教徒を意味する歴史的呼称である。吉利支丹や切支丹、貴理師端などの当て字があるが、江戸幕府第5代将軍の徳川綱吉以後、その諱(いみな)「吉」を避けて切支丹が一般化した（邪宗としての印象を与えるために「鬼」「死」などの漢字の当て字が行われる場合もあった）。

　ザビエルは、キリスト教の神を当初「大日」（真言密教の教主、大日如来に由来）という訳語を当てて使用したが、途中でそれが誤りであると気づいて原語の「デウス」（ラテン語で「神」の意）に変更するなど、その宣教活動は試行錯誤と困難の連続であった。彼は日本で2年3か月間にわたる宣教に従事し、信者約700人が与えられたのち、中国宣教へと赴き、志半ばに倒れる（1552）。日本滞在の期間は必ずしも長くはなかったが、日本宣教の先駆者として、教会用語の原語使用や現地文化への適応の方針を後進に示すなど、その働きは多大であったと言えよう（岸野久「ザビエルの日本開教」）。

宣教の進展と停滞　ザビエルが去ったのち、日本布教の責任を継いだのがトルレスである。彼はザビエルの宣教方針、すなわち日本への適応主義（現地

195

の文化に適応させながら宣教すること)、封建領主からの宣教許可取得、ポルトガル商船の積極的利用、京都での宣教着手等を継承した(五野井隆史『日本キリスト教史』吉川弘文館)。そのトルレスと知己であった貿易商ルイス・デ・アルメイダは、私財を投じて育児院を開設(1555)、その後イエズス会に加わって病院をも開設(1557)、自ら外科を担当して西洋医学を伝えた。また、彼の献財によってイエズス会は南蛮貿易へ投資し、その収益によって宣教活動の拡充を可能とした。

　ガスパール・ヴィレラは、将軍足利義輝(位 1546-68)の許可を得て念願の京都での宣教を開始した(1560)。義輝が松永久秀らによって暗殺され(1565)、さらに将軍暗殺の混乱の中、正親町天皇(位 1557-86)の綸旨によって宣教師たちが京都から追放された時もあったものの(最初の宣教師追放令)、1568(永禄 11)年、足利義昭(位 1568-73)を奉じて京都に入った織田信長が、軍事的抵抗さえ起こした仏教集団に対抗すべくキリスト教を保護したため、ルイス・フロイスらのもと宣教活動はさらに進展した(フロイスは、イエズス会の日本布教史を叙述した『日本史』の執筆者としても知られている)。その結果、大村純忠(1563 受洗)や高山右近(1564 受洗)、大友宗麟(1578 受洗)、有馬晴信(1580 受洗)などキリシタン大名が現れた。また、貧しく身寄りのない者の遺体は野原や河原に放置・遺棄されるのが一般的な時代に、貧富の差なく、できる限り丁重に葬儀をしたキリシタンの姿勢は特筆に値しよう(森脇優紀「キリシタン時代におけるキリスト教葬儀の導入と日本的展開」)。

　しかし、宣教活動が進展する中、イエズス会内では不協和音が生じつつあった。それは、彼らの日本人観の相違から生じたもので、たとえば 1570 年から第 3 代日本布教長であったフランシス・カブラルは、「私は日本人ほど傲慢で、貪欲、不安定で偽装的な国民は見たことがない」(松田毅一訳)と評し、宣教師たちに日本語を習わせず、また日本人にはラテン語やポルトガル語を習わせなかった。他方、人々から「ウルガンサマ」と慕われ、京都に南蛮寺と称された 3 階建ての聖堂を建てた都地方長オルガンティーノは、「日本人は全世界でもっとも賢明な国民に属しており、彼等は喜んで理性に従うので、我等一同よりはるかに優っている」(松田訳)と高く評価していた。このような日本人観の相違に由来する宣教方針の不一致は、宣教活動に混乱

を来した。

ヴァリニャーノの改革と天正遣欧使節　そうした時、イエズス会総長の代理として巡察師アレッサンドロ・ヴァリニャーノが来日（1579）、彼は日本人に短所のあることを認めつつも、オルガンティーノの立場を支持して改革案を提示した。すなわち、日本の布教区を都・豊後・下（西九州）の3つに分け日本人聖職者養成のためにセミナリヨ（初等学校）やコレジオ（高等教育機関）を開設するなどした。

　また、1582（天正10）年、ヴァリニャーノは離日する際、教皇に謁見させるため4人の少年を使節としてローマに送った。いわゆる天正遣欧使節（または天正遣欧少年使節）である。使節は各地で大歓迎を受け、教皇グレゴリウス13世（位1572-85）に謁見し（1585）、1590（天正18）年、8年5か月の長旅を経て可動式活版印刷機を携えて無事帰国した。

　印刷機は加津佐（島原半島の南端）へ運ばれ、いわゆるキリシタン版として、『サントスの御作業の内抜書』（内容はいわゆる聖人伝）や『どちりなきりしたん』（書名は〈キリスト教の教義〉を意味する当時のポルトガル語 Doctrina Christão に由来）などが刊行されたことは、日欧文化交流の結実の1つとして意義深い。

2　禁教と迫害

伴天連追放令　本能寺の変（1582）ののち、豊臣秀吉は織田信長の政策を継承し、キリシタンの宣教活動についても認める姿勢をとった。しかし、1587（天正15）年に秀吉は突如、伴天連追放令を発した（天正15年6月18日付の「覚」と19日付の「定」が存在する）。定では、日本は神国でありキリシタン国から邪法が授けられることは好ましくないこと、宣教師たちの20日以内の国外追放を命じた内容等を含み、覚は、領主による強制改宗を禁じた（領地に住む個人の信仰については自由）内容等を含むものであった。秀吉が追放令を発した背景として、キリシタン大名が教会に所領を寄進し、大名や武将らの入信と教会の団結力とが全国統一の妨げとなること、宣教師たち

第5部　日本

天正遣欧使節の少年たち（上段左右、下段左右）

コラム——天正遣欧使節

　ヴァリニャーノの企画になるもので、その目的は、日本における宣教の成果を伝えて援助を願い求めること、そして、帰国した使節らにキリスト教世界について同胞に語らせることにあった。大友宗麟の名代として伊東マンショ、有馬晴信と大村純忠の名代として千々石ミゲルが正使として選ばれ、その副使として原マルチノと中浦ジュリアンが選ばれた。彼らは出発時、13歳前後であった。

　天正遣欧使節は日本という国を代表とした公的使節ではないものの、イングランドがカトリック陣営から離脱した後という政治的背景も重なり、使節は日を追って各地で大歓迎を受けた。ただ、彼らが帰国した時は、後述するようにキリスト教に対する日本の情勢は変わりつつあり、4人はその後、伊東は病死、千々石は棄教、原はマカオへ追放され、中浦は逆さ吊りの拷問を受けて殉教する生涯をたどることとなった。（参考文献：松田毅一『天正遣欧使節』講談社）

第1章　キリシタンの時代

が国を奪い植民地化することについて疑念を抱いたこと等が挙げられる。

　ただ、追放令に、イエズス会士の仲介が必須である南蛮貿易そのものに対する制約がなかったため、教会堂が破壊されるなどしたものの、その政策は徹底されなかった。多くの宣教師たちは20日以内の日本退去は不可能であるとして時期を遅らせ、定期的交代を偽装してキリシタン領主の各領地に潜伏、表立った活動は控えつつ宣教を継続した。秀吉も宣教師たちをそれ以上追及することをしなかった。追放令が記すところは宣教師の追放であり、厳密な意味での禁教そのものではないが、それはキリシタンに対する初の国家的規制となったのであった。

サン・フェリペ号事件　1593（文禄2）年、マニラ総督の使節としてフランシスコ会士ペドロ・バウティスタが日本へ遣わされたのを契機に、その後、同会士らによる宣教活動がなされはじめた。それは、1585年以来、日本宣教が教皇グレゴリウス13世によってイエズス会に限定され、先述したように同会が表立った宣教活動を自粛していた最中のことであり、イエズス会士らは事態を憂慮しはじめた。

　そのような時に、サン・フェリペ号事件が起こる。1596（慶長元）年、暴風雨のため土佐の浦戸にスペイン船サン・フェリペ号が漂着、積荷を没収されたことに船員が抗議したが、その発言内容を伝え聞いた秀吉は、スペインが日本征服を企てていると疑い、激怒したのであった。1597年2月（慶長元年12月）に、フランシスコ会の宣教師6人、日本人イエズス会士3人を含む26人が長崎の西坂で磔刑に処された（二十六聖人殉教事件）。このような「為政者の迫害による多数のキリシタンの殉教は初めてのこと」（浅見雅一『概説　キリシタン史』慶應義塾大学出版会）であった。

　なお、1600（慶長5）年にイエズス会以外の諸修道会に対してもポルトガル領経由での日本渡航が教皇クレメンス8世（位1592-1605）によって認められ、1602（慶長7）年、ドミニコ会士やアウグスチノ会士も宣教のために来日した（1608年になって日本宣教に関する一切の制限は撤廃される）。またフランシスコ会士の活動も進展し、東北地方の宣教の結果の1つとして、奥州仙台の伊達政宗によって、1613（慶長18）年、支倉六右衛門長経（通称常

長）と同会士ルイス・ソテーロが、メキシコ貿易の開始と同会による司教区設置を図って、スペインに派遣された出来事を挙げることができる（慶長遣欧使節）。

徳川幕府のキリシタン政策　政権は秀吉から徳川家康（位 1603-05）に移行、家康はキリシタンの信仰については当初黙認する態度をとっていたが、家康の側近本多正純の家臣でキリシタンでもあった岡本大八と、キリシタン大名有馬晴信との間に生じた贈収賄事件である岡本大八事件（1612）を契機にキリシタンの弾圧を開始する。禁教令は、1612（慶長 17）年に直轄領、旗本および有馬領に向けて発せられ、1614 年 2 月（慶長 18 年 12 月）には全国におよぶものとして伴天連追放之文（金地院崇伝が起草）が全国に発せられた。秀吉の時と違って、徹底した禁教政策を家康が採ることができた背景として、カトリック国のポルトガル・スペインに代わって、プロテスタント国のオランダ・イギリスとの間で、宣教活動を切り離した形での貿易活動ができる見込みが立ったことが挙げられる。

　禁教令ののち、高山右近をはじめ多くの信徒が宣教師らと共に、マニラとマカオへ追放されるなど、以後 2 世紀半に渡る迫害が続くこととなる。特に、1644（正保元）年に最後の司祭である小西マンショが処刑されるまでが、最も激しい迫害と殉教の時期となる。

迫害下のキリシタン　キリシタンの殉教事件として代表的なものに、1619（元和 5）年京都の大殉教（52 人）、1622（元和 8）年長崎西坂の元和の大殉教（55 人）、1623（元和 9）年江戸の大殉教がある。

　1600 年代のはじめ、日本の総人口は約 2000 万人と推定され、同時期のキリシタンの数は約 40 万人、そして 1614 年の大追放の時には約 50 万人と報告されているが、殉教者の数は、少なく見積もって千数百人、記録に残らない者の数を含むと 4 万人にも上りうるという（研究者によって見解は異なる）。また、拷問により、クリストファン・フェレイラのように、棄教して日本人名（沢野忠庵）を与えられた宣教師もおり、これは遠藤周作の小説『沈黙』（1966）のモデルとなった。

第 1 章　キリシタンの時代

　1637（寛永14）年には島原天草一揆（島原の乱）が生じ、翌年幕府によって鎮圧された。幕府は、キリシタンの反乱という一揆の側面を強調し、1639（寛永16）年にポルトガル商船の来航を禁止した。それ以降、日本は中国、オランダ以外の国との国交を断ち、いわゆる鎖国体制が確立した。また幕府は、キリシタン禁制の徹底化を進めるため宗門改を行い、訴人褒賞制（キリシタンを密告すれば賞金を与える制度）、五人組（キリシタン摘発を連帯責任として義務付けた）、絵踏・御影（キリスト像やマリア像等が使われた踏絵）、寺請制度（キリシタンでないことを檀那寺に証明させた制度）等を通してキリシタンの取締りを強化した。そうして生じた、キリシタンは邪教であるというイメージは、やがて怪しげなものは何でも「切支丹」的なものとする観念を生み出すに至った（大橋幸泰『潜伏キリシタン――江戸時代の禁教政策と民衆』講談社）。また、家と寺院が結びつく檀家（寺檀）制度は、明治維新

コラム――島原天草一揆

　1637（寛永14）年、藩主からの過酷な年貢取立てが続いたため、天草四郎を首領とした総勢2万人以上の島原・天草の農民がキリシタンの教えを前面に出して一揆を起こし、1638年1月（寛永14年12月）、原城跡に立て籠もった（ただし、キリシタンでない人たちも相当数含まれた混成集団であった）。

　しかし、幕府軍による兵糧攻めを受けて疲弊し、約12万の幕府軍の総攻撃によってついに城は陥落（1638年4月12日〔寛永15年2月28日〕）、寝返った絵師山田右衛門作を除く女性や子どもを含むほとんど全員が殺されたという（なお、無抵抗ではないため、一揆の犠牲者はカトリック教会からは殉教者とは認められていない）。

　今日、山田の証言は一揆側の籠城の様子を知る貴重な史料となっているほか、1992年から行われた原城跡の発掘調査では大量の人骨が出土しており、出来事の凄惨さを今に伝えている。

　　　　（参考文献：大橋幸泰『検証　島原天草一揆』吉川弘文館）

後、法制的には廃止されるが（1871）、その風習は今日に至るまで続いている。

このような状況下にあって新たに潜入を試みた宣教師らはいたものの、ほとんどが捕らえられ処刑された。1708（宝永5）年に潜入したイタリア人宣教師シドッチもまた捕らえられたが、儒学者・政治家の新井白石によって尋問され、その内容は『西洋紀聞』（1715頃）等に記されている。

潜伏キリシタン　17世紀以降、このような激しい迫害があってもなお、各地に潜伏、密かに信仰を継承し続けた人々がいた。それが潜伏キリシタンである。

司牧者が国内にいなくなったのちも、潜伏キリシタンの信仰を可能としたものの1つにコンフラリヤ（信心会。組または講を意味するポルトガル語）がある。これは、信徒による牧会、宣教、信仰の維持を目的とした信徒組織である。また、マリア観音や納戸神を礼拝するなどして、彼らは信仰を何代にもわたって維持していった。しかし、密かに信仰を守りつつも、禁教下にあって度々潜伏キリシタンの存在が発覚し、弾圧される事件「崩れ」が全国

コラム――音吉

1832（天保3）年、尾張国知多郡小野浦から尾張藩の江戸回米を積んで出港した宝順丸は遠州灘で遭難、14か月の漂流の後、北米のフラッタリー岬に漂着した。生存者は、乗組員14人のうち、岩松（松吉）、久吉、音吉（乙吉）の3人（三吉とも）だけであった。

その後、ハドソン湾会社の船に救出され、後にロンドンからマカオの商務庁へ送られる。マカオでイギリス商務庁通訳官ギュツラフの保護を受ける間に、彼らは聖書の邦訳を助けることになる。1837（天保8）年、モリソン号で日本に送還されることとなったが、浦賀・鹿児島の双方で砲撃を受け（モリソン号事件）、帰国はかなわず、3人とも異国で生涯を終えた。三浦綾子の小説『海嶺』（1981）はこの出来事を基としていて、後に映画化もされた（1983）。

各地で生じた。

第2章　開国以後のキリスト教

1　宣教師の来日と教会の誕生

プロテスタント宣教師の来日　1853（嘉永6）年にアメリカのマシュー・ペリーが来航、1854（安政元）年に日米和親条約が締結された。これにイギリス、ロシア、オランダが続き、日本は200年間以上の鎖国政策を終え、開国の時を迎えた。続いて1858（安政5）年に日米修好通商条約が調印され、翌年発効した。その第8条によって、居留地内における外国人の信仰の自由や礼拝堂の設置については認められることになり、1859（安政6）年に続々と各教派の宣教師が来日した。すなわち、5月2日にアメリカ聖公会のリギンズ、6月末に同じくウィリアムズが長崎に到着したのを皮切りに、10月18日に米国長老教会のヘボン、11月1日に米国オランダ改革派教会のS. R. ブラウンとシモンズが神奈川に、11月7日に同教会のフルベッキが長崎に着いた。

しかし、日本人のキリスト教信仰はなお禁じられていたため、彼らは伝道の手掛りを得るべく医療活動や教育活動、聖書の翻訳などに従事することとなった。初期に来日した宣教師たちの中で、最も有名なのはヘボンであろう。彼は医療宣教師として神奈川の成仏寺に住み込みながら医療活動に従事、また日本語を研究して和英辞書『和英語林集成』(1867) を編纂、その見出しの表記法はヘボ

ヘボン

ン式ローマ字として普及した。ヘボンの人生は困難の連続であったが、彼の忍耐が神への信頼に基づいたものであったことは、彼の次のような愛誦聖句からわかる――「わたしの愛する兄弟たち、こういうわけですから、動かされないようにしっかり立ち、主の業(わざ)に常に励みなさい。主に結ばれているならば自分たちの苦労が決して無駄にならないことを、あなたがたは知っているはずです」(Ⅰコリント15章58節)。

開国以前のプロテスタント伝道の先駆　なお、これは日本の開国に伴う最初のプロテスタント宣教師の来日であったが、日本へのプロテスタント伝道の先駆として、ギュツラフとベッテルハイムの活躍があった。

　ドイツ生まれのギュツラフは、中国プロテスタント伝道の開拓者モリソンとの出会いを契機に、アジア伝道を志した。ロンドン宣教会の宣教師としてタイや中国で伝道し、1832(天保3)年に琉球王国の那覇に寄港。当時の琉球は実質的に薩摩藩の支配下にあり、キリスト教の禁教下でもあったが、約1週間の滞在中、人々に漢訳聖書の配布を試みた。その後マカオで、音吉ら尾張漂流民の保護を託され、日本語を学び、最初のプロテスタントの日本語訳聖書『約翰福音之伝』(ヨハネ)(ヨハネによる福音書)と『約翰上中下書』(ヨハネの手紙1～3)をシンガポールで出版した(1837)。特に、『約翰福音之伝』の冒頭(ヨハネ1章1節)は「ハジマリニ　カシコイモノゴザル」の書き出しで有名である(現在の新共同訳では「初めに言(ことば)があった」)。

　そして、そのギュツラフ訳聖書を携えて、1846(弘化3)年から琉球で約8年間伝道したのが、ユダヤ系ハンガリー人でイギリス海軍琉球伝道会宣教師のベッテルハイムである。彼は、禁教下、護国寺で監視されながら新約聖書の一部を琉球語に翻訳したほか、医療事業に従事、数人の受洗者が出た。

　いずれにせよ、これら宣教師たちの背景には、18世紀以降、欧米のプロテスタント教会において、信仰復興運動に伴って高まりつつあった、海外、特にアジア・アフリカ伝道への情熱があった。

ローマ・カトリック教会の宣教再開　一方、ローマ・カトリック教会による日本宣教の担い手は、かつてのイエズス会などに代わって、パリ外国宣

第2章 開国以後のキリスト教

教会が受け継いだ。同宣教会は、1844（天保15）年以降フォルカードらを、1855（安政2）年にジラールを琉球へ派遣し、彼らは日本語の習得を進めつつ日本の開国を待った。1858（安政5）年の日仏修好通商条約締結後、ジラールは来るべき日本人への宣教の機会に備えて、在日外国人の礼拝所として天主堂を横浜（1862）に、次いでプティジャンを派遣して長崎（1865）に建てさせた。

長崎の天主堂はフランス寺と呼ばれ、多くの日本人が見物に訪れたが、1865（元治2）年3月17日、驚くべき出来事が起こる。それは、浦上からやってきた潜伏キリシタン15人が、同教会司祭のプティジャンに向かって、「ここにいる私たちは皆、あなたと同じ心です」、「サンクタ　マリア　ゴゾオ　ワ　ドコ」（サンタ・マリアの御像はどこ？）（中島昭子・小川早百合・清水有子訳）と信仰を告白したことである。いわゆる信徒発見、またはキリシタンの復活と呼ばれる出来事である。

その後、彼らは信仰の指導を司祭から受けはじめるが、程なくして信徒の葬儀を、当時定められていたように仏教僧侶による立ち会いなしに行う浦上自葬事件（1867）と呼ばれる出来事を引き起こす。この問題は、やがて1867（慶応3）年に始まる浦上四番崩れ、大村崩れ、翌年の五島崩れを誘発した。特に、浦上四番崩れでは全村民3400余名が逮捕、流罪とされた。

ハリストス正教会の日本伝道　ハリストス正教会の場合、1859（安政6）年、箱館に設置されたロシア領事館に赴任した領事が、司祭マーホフを伴ったことによって伝道がはじめられた。その後、箱館のロシア領事館付司祭としてニコライが1861（文久元）年来日、彼は解禁を待つ間に日本文化を研究した。

日本人として、日本で最初に正教会の信者となったのは沢辺琢磨である（ただし、日本人としての最初は、ロシア帝国内で1710年に受洗した伝兵衛）。彼は箱館神明社の神官、排外思想を持った攘夷論者であり、ニコライを斬ろうとしたが、その人柄にうたれ、1868（慶応4）年4月に酒井篤礼らと一緒に深夜密かに受洗した。1872（明5）年春、ニコライはキリスト教の解禁を予想して上京、伝道と共にロシア語を教えたりし、9月には神田駿河台に伝道の本拠を構えた（ニコライ堂〔正式名称は東京復活大聖堂〕は1891年に同地に

建設された)。

　なお、その後の正教会は、旧東北諸藩の士族の間をはじめ全国へ浸透していき、日露戦争時（1904–05）には敵国ロシアの宗教と見なされて伝道活動が停滞したことはあったものの、ニコライが国内に踏みとどまったこともあり、信徒数はその後も増え続けていった。しかし、1917（大 6）年にロシア革命が勃発し、本国ロシアから日本の正教会への資金援助が途絶え、その後の伝道活動は後退を余儀なくされた。

日本最初のプロテスタント教会の誕生　さて、禁教下にあって、1865（慶応元）年 11 月 5 日、元鍼医で幕府老中の紹介を経て、ブラウンとバラ（1861 年来日）の日本語教師となっていた矢野元隆が、バラから受洗した。彼は、バラの指示によって漢訳の福音書を邦訳しているうちにキリスト教の理解が進み、のちに重い肺患を病み、病床で洗礼を受けたのであった（1 か月後に死去）。矢野は日本人として国内最初のプロテスタント信者となった。

　矢野の場合、彼は日本語教師の立場で宣教師と接したが、開港場の居留地に入った宣教師たちのもとには、英語を学ぶ目的で日本人青年たち（特に武士の子弟たち）が集ってきていた。表面上は英語教授であったその伝道は宣教師たちによって担われたが、彼らが万国福音同盟会（1846 年にロンドンで結成されたプロテスタントの「キリスト教徒諸個人を主体としたキリスト教的協力・一致を目指す」自発的結社型の運動体である〔棚村重行の論による〕）の推奨していた新年初週祈禱会を催していたのを見て、1872（明 5）年、日本人青年も旧暦の新年にこれを真似たいと願った。そこでバラは祈禱会をはじめるにあたって、黒板に旧約聖書の言葉「ついに、我々の上に／霊が高い天から注がれる。荒れ野は園となり／園は森と見なされる」（イザヤ書 32 章 15 節）を記し、ペンテコステの出来事（使徒 2 章 1 節以下）について説いた。すると皆が非常に熱心に祈りはじめ、興奮冷めやらず、夏までそのような学びと祈禱の会が続けられた。

　そうして 1872（明 5）年 3 月 10 日に、日本人青年 9 人がバラから受洗、すでに受洗していた 2 人を加え、バラを仮牧師として立て、日本人による最初のプロテスタント教会である日本基督公会（横浜公会とも言い、今日の横

> **コラム――日本基督公会**
>
> 　1872（明5）年、日本人による最初のプロテスタント教会である日本基督公会が設立された際、教会の規則も同時に作成された。規則は「公会定規」や「公会規則」等を経て「公会条例」へと発展していくが、その第2条例において自己の教会を次のように規定している。「我輩ノ公会ハ宗ニ属セズ唯主耶蘇基督ノ名ニ依テ建ル所ナレバ単ニ聖書ヲ標準トシ……」。つまり、いずれの教派にも属さない無教派主義を標榜しており、その自主独立性や聖書主義などの諸特徴は、研究者からは総合して「公会主義」と呼ばれる場合がある。1874（明7）年、この「公会条例」を基礎として京浜の改革・長老派系教会と阪神のアメリカンボード（1810年にアメリカで設立された外国伝道組織。会衆派が主体）系教会の4教会が合同する運動が生じた。しかし、新しい合同教会の政体について合意を得られなかったことなどを理由に教会合同は実現しなかった。その後、1877（明10）年に日本基督一致教会（後の日本基督教会〔1890年名称変更〕）、1878（明11）年に日本基督伝道会社（後の日本組合基督教会〔1886年設立〕）といった教派的教会が成立していくことになるが、エキュメニズムの影響もあってそれ以後もさまざまな教会合同の可能性が模索され続けていくこととなる。

浜海岸教会。なお、公会とは当時の言葉で教会を意味した）が成立する。ちなみに、最初の教会員11人の中には仏教側から潜入した諜者が2人おり、諜者が書いた報告は今日、当時の教会の様子を知る貴重な史料となっている。

2　明治期におけるキリスト教の展開

キリシタン禁制高札の撤去　1867（慶応3）年、徳川慶喜（位1866-67）から大政奉還がなされ、王政復古により明治政府が成立した。政府は、キリシタ

ンについては、五榜の立札を全国に掲示し（五榜の掲示）、江戸時代の禁教政策を継承した。そうした中、先述した浦上四番崩れをはじめ、キリシタンの多数を逮捕、流罪とする事件が発生し、西洋諸国から反発を受け大きな外交問題となる。

1871（明4）年から73（明6）年にかけて、政府に重用されていたフルベッキの提案もあり、不平等条約の改正と欧米諸国の視察のため、岩倉具視ら欧米使節団が派遣された。しかし、一行は行く先々でキリシタン迫害についての非難を浴び、条約改正のためにはキリスト教の禁教を取りやめる必要のあることを政府に報告した。そして、これが大きな引き金の一つとなり、1873（明6）年2月24日、江戸時代の初期から掲げられてきたキリシタン禁制の高札（切支丹高札）が撤去され、2世紀半にわたるキリスト教禁教政策はついに終わりを告げた。

もっとも、この高札の撤去は厳密には禁制そのものの解除ではなく、一般に熟知されているから禁制を高札で掲げることを止めた、というものであり、公認されたというよりも「黙許」（鈴木範久『信教自由の事件史――日本のキリスト教をめぐって』オリエンス宗教研究所）であった。いわば法的根拠のない黙認状態であり、その後、1884（明17）年の葬儀の自由、1889（明22）年の大日本帝国憲法（明治憲法）第28条の制限付信教の自由（後述）という段階を経て、キリスト教が関係官庁に届け出義務を持つ宗教行政の対象としてようやく公認されるのは、内務省令第41号が通達された1899（明32）年のことである（大江満「幕末在日宣教師の禁教令撤廃運動」）。ちなみに、キリスト教において日曜日は安息日にあたるが、日本が日曜休日制に切り替えたのは1876（明9）年のことであった。

カクレキリシタン　高札の撤去により、流罪となっていた浦上信徒は、3400余人中664人の犠牲者を出す過酷な「旅」を終え、郷里へ戻ることができるようになった（配流中の辛酸のほどを語ったものを「旅の話」と呼ぶ）。

ローマ・カトリック教会に復帰した潜伏キリシタンを復活キリシタンと呼ぶが、一方で、潜伏キリシタン時代に保たれた信仰と習慣を維持し続けた人々をカクレキリシタンと呼ぶ（呼称についてであるが、「離れキリシタン」と

呼ぶ場合があるほか、潜伏キリシタンとカクレキリシタンの全体を通じて「隠れキリシタン」と呼ぶ場合もあり、研究者によってさまざまである）。

彼らの祈り「オラショ」（ラテン語のOratio「祈り」に由来）は不思議な言葉で歌われるが、元をたどると約300年前に宣教師たちから教えられたラテン語のグレゴリオ聖歌である。祖先が守ってきた教えを潜伏下にあっても継承し続け、節回しが日本化されたものが残ったのであった。

しかしまた、彼らの間で伝承された教えの中には、イエスが十字架にかかったのは人類の罪の赦しのためではなく、イエス自身が犯した罪を赦してもらうための修業だった、ということになっているなど（『天地始之事』）、元来のキリスト教の伝統的な教えからは変化したものがある。それは、キリスト教信仰が、祖先崇拝や潜伏下のカモフラージュのための神仏信仰と習合した影響とも言われている。

3 バンドの成立　キリシタン禁制の高札撤去と前後して、日本の各地で、キリスト教を信じる青年たちのグループが生じた。特に、横浜と熊本、札幌の3つのバンド（band＝一団）が有名であり、その後の日本のプロテスタント・キリスト教において重要な役割を果たしていくことになる。

1つ目の横浜バンドは、先述した、ブラウンやバラに導かれた信徒が主となって居留地に設立した日本基督公会（1872）と、そこから輩出した伝道者たちのグループを指す。主要メンバーとして、この教会で受洗した井深梶之助や植村正久、本多庸一らがいる。のちに、日本基督公会は日本基督一致教会（1877）、日本基督教会（1890）へと発展、日本における長老主義教会の形成と神学思想の形成を主導していった。

2つ目は熊本バンドである。元アメリカ陸軍大尉で、熊本洋学校教師であったジェーンズの感化を受け、1876（明9）年、花岡山で奉教趣意書に署名してキリスト教信仰を表明し（花岡山の盟約）、その後、新島襄の設立した同志社で学んだグループである。小﨑弘道や海老名弾正、宮川経輝らがいる。同志社は、新島襄が国外脱出して米国で学び、アメリカンボードから資金援助を得て1875（明8）年に設立したキリスト教主義学校である。熊本バンドは、新島やデーヴィスらアメリカンボード派遣の宣教師の指導を受けた

第5部 日本

日本におけるキリスト教発祥の主な地域

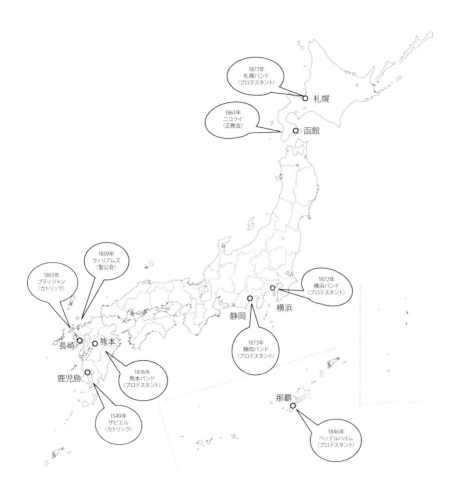

(鬼形惠子『キリスト教への扉』日本キリスト教団出版局、38ページより)

ことから、のちの日本組合基督教会の主要メンバーとして、日本における会衆主義教会を形成していった。

　3つ目は札幌バンドである。農学者で札幌農学校の初代教頭クラークの感化を受けて、キリスト教信仰を表明した札幌農学校の学生たちのグループである。1877（明10）年3月5日、クラークによって起草されたイエスを信ずる者の契約に1期生全員が署名した。彼は学生たちに"Boys、be ambitious"（青年よ、大志を抱け）の言葉を残して帰国したが、続く2期生の多くも同契約に署名、その中に内村鑑三や新渡戸稲造、宮部金吾らがいた。内村は後述するように、無教会主義キリスト教の基礎を築く。

　なお、上記の3バンド以外に、静岡バンドや弘前バンドと呼ばれるメソヂスト派教会に関係の深い諸グループがある。日本におけるメソヂスト派教会としては、1873（明6）年よりアメリカ・メソヂスト監督教会が東北地方や関東地方で、カナダ・メソヂスト教会が中部地方で伝道を行い、1886（明19）年よりアメリカ・南メソヂスト監督教会が西日本で伝道を展開し、これらは後に日本メソヂスト教会を組織する（1907）。ほかにも時代は少し下るが、松江バンドと呼ばれる1891（明24）〜1902（明35）年に松江で伝道したバックストンに指導を受けた、いわゆる純福音を唱えて伝道したグループなどもある。

福音の伝播・受容と、キリスト教の社会・文化への影響　各バンドの主要なメンバーの名前を挙げたが、彼らにはある共通点が見られる。それは、明治期のジャーナリスト山路愛山が指摘したことで有名であるが、その多くが士族出身者たち、それも明治維新により社会的・経済的地位を失った佐幕派（旧幕府側）の士族出身者たちであった点である（『現代日本教会史論』1906）。なぜならば、彼らは、薩長を中心とした明治政府で活躍する道が閉ざされたため宣教師から洋学を学ぶことを志すようになり、そこで次第に宣教師の感化を受け、精神的側面から日本で活躍することをめざしたからである。たとえば、熊本バンドの奉教趣意書などはキリスト教信仰の表明というよりも、キリスト教による報国という意識の側面の方が強い。

　ところで、福音そのものの伝播・受容と共に、キリスト教は日本の社会の

第 5 部　日本

多方面に影響を与えた。特に影響力の大きかったのは、教育、慈善・社会事業、社会運動の三方面と言われる。たとえば、教育に関して言えば、学制が 1872（明 5）年に発布され、義務教育が普及するようになったその前後から、いわゆるミッション・スクールを設立していった（なお、ミッション・スクールとは元来、伝道を目的に外国の伝道団体が人的・財的に経営するものを言う。今日では、広義の意味として、キリスト教学校一般に対して使われる場合が多い）。外国語教育に特色を発揮し、全人教育と共に欧米文化の移入に貢献した。特に、女子教育に開拓的役割を演じた。女子に教育は不要であるとの意見もあった中、官公立の女子中等教育が充実していない時期に先鞭をつけたほか、キリスト教に基盤を置く欧米の新しい人間観や社会観を若い女性に培った意義は大きいと言われる。

　文化におけるキリスト教の貢献・影響としてはキリスト教文学が見逃せない。太宰治が小説「HUMAN LOST」（1937）の中で、「聖書一巻によりて、

幕末～明治中期までの教勢

	プロテスタント信徒総数	総人口に対する信徒の比率	プロテスタント教会数	在日プロテスタント宣教師数
1859（安政 6）年	0	—	0	6
1865（慶応元）年	1	—	0	7
1866（慶応 2）年	4	—	0	7
1868（明治元）年	7	—	0	8
1869（明治 2）年	11	—	0	13
1872（明治 5）年	22	0.000063	1	28
1876（明治 9）年	596	—	16	87
1877（明治 10）年	836	0.0022	—	99
1879（明治 12）年	1617	—	64	117
1881（明治 14）年	2114	0.0057	83	134
1882（明治 15）年	5092	—	93	138
1885（明治 18）年	9536	0.025	169	—
1888（明治 21）年	23026	0.061	249	—

以上は、大内三郎「後篇　日本プロテスタント史」（海老沢有道・大内三郎『日本キリスト教史』日本基督教団出版局、1970年所収）、加藤邦雄「日本におけるプロテスタント教会教勢の一研究」（日本基督教団宣教研究所編『プロテスタント百年史研究』日本基督教団出版部、1961年所収）、G.F. フルベッキ（五十嵐喜和訳）『日本プロテスタント伝道史——明治初期諸教派の歩み（下）』（日本基督教会歴史編纂委員会、1985年）を参照。

第 2 章　開国以後のキリスト教

明治期前期に創立された主なキリスト教学校

Ⓟはプロテスタント、Ⓒはカトリックを表す。なお、プロテスタントについては内海留幸「日本プロテスタント・キリスト教150年略史(1859〜1959)」、日本基督教団日本伝道150年記念行事準備委員会編『キリストこそ我が救い——日本伝道150年の歩み』(日本キリスト教団出版局、2009年)を、カトリックについては国学院大学日本文化研究所編、井上順孝監修『宗教教育資料集』(すずき出版、1993年)所収の「年表」(井上順孝担当)を参照した。

年	事項	年	事項
1870(明治3)年	ⓅA6番女学校設立(後に原女学校、女子学院)／Ⓟフェリス・セミナリー開校、ヘボン療養所に開始された教育活動が源流(フェリス女学院)	1882(明治15)年	Ⓟ遺愛女学校開校
		1884(明治17)年	Ⓟウヰルミナ年女学校開校(大阪女学院)／Ⓟ三一小学校、三一神学校開校(桃山学院)／Ⓟ東洋英和女学校創立／Ⓟ頌栄学校開校(頌栄女子学院)／Ⓒ信愛女学校設立(大阪信愛女学院短期大学)
1871(明治4)年	Ⓟ亜米利加婦人教授所開設(横浜共立学園)		
1872(明治5)年	Ⓟ東奥義塾創立		
1874(明治7)年	Ⓟ立教学校開校／ⓅB6番女学校設立(後に新栄女学校、女子学院)／Ⓟ女子小学校創設(青山学院)	1885(明治18)年	Ⓟ英和女学校創立(福岡女学院)／Ⓟ金沢女学校開校(北陸学院)
1875(明治8)年	Ⓟ照暗女学校開校(平安女学院)／Ⓟ神戸ホーム開校(神戸女学院)／Ⓟ同志社英学校開校(同志社)	1886(明治19)年	Ⓟ仙台神学校創立(東北学院)／Ⓟ来徳女学校開校(弘前学院)／Ⓟ松山女学校開校(松山東雲学園)／Ⓟ宮城女学校創立(宮城学院)／Ⓟ英和女学校開校(捜真女学校)／Ⓟ広島女学会開校(広島女学院)／Ⓟ宮城英学校創立(東華学校)／Ⓟ山陽英和女学校開校(山陽学園)／Ⓟ私立岡山女学校設立(清心女子高等学校)／Ⓒ私立聖保祿女学校開校(函館白百合学園高等学校)
1876(明治9)年	Ⓟ札幌農学校開校(S. W. クラーク教頭)／Ⓟ桜井女学校開校(女子学院)		
1877(明治10)年	Ⓟ同志社分校女紅場開設(同志社女学校)／Ⓟ立教女学校開校／Ⓟ東京一致神学校開校(明治学院、1863年開設のヘボン塾、1873年開設のブラウン塾も源流)		
		1887(明治20)年	Ⓟスミス塾開塾(後にスミス女学校、北星学園)／Ⓟ熊本女学会創立(熊本フェイス学院高等学校)／Ⓟ愛知英語学校開校(名古屋学院)／Ⓟスターヂス・セミナリー開校(後に梅香崎女学校、梅光学院)／Ⓟスチール・アカデミー開校(東山学院)／Ⓟ普連土女学校開校／Ⓟ北越学館創立／Ⓟ静岡英和女学校創立
1878(明治11)年	Ⓟ梅花女学校開校／Ⓟ耕教学舎開校(青山学院)		
1879(明治12)年	Ⓟ永生女学校開校(プール女学院)／Ⓟ美会神学校開校(青山学院)／Ⓟ活水女学校創立		
1880(明治13)年	Ⓟブリテン女学校開校(横浜英和学院)／Ⓟ神戸女子伝道学校開校(聖和大学。現在は関西学院大学と合併)／Ⓒ築地語学校設立(雙葉高等学校)		
		1888(明治21)年	Ⓟ香蘭女学校創立／Ⓒ暁星学校設立(暁星高等学校)
1881(明治14)年	Ⓟ加伯利英和学校開校(鎮西学院)／Ⓒシャルトル聖パウロ修道女会、小学校設立(1884年に女子仏学校)(白百合女子大学)	1889(明治22)年	Ⓟ山梨英和女学校創立／Ⓟ女子専門冀望館創立(金城学院)／Ⓟ関西学院設立

213

日本の文学史は、かつてなき程の鮮明さをもって、はっきりと二分されている」(『太宰治全集 2』筑摩書房)と述べたように、近代詩史上最初の個人詩集「十二の石塚」(1885) を作った湯浅吉郎(半月)をはじめ、北村透谷、透谷の友人島崎藤村、徳富蘇峰(名は猪一郎)など、その影響は計り知れない。

3　キリスト教と対外関係の展開

大日本帝国憲法の制定　1889 (明 22) 年 2 月 11 日、大日本帝国憲法(明治憲法)が公布され、その第 28 条で「日本臣民ハ安寧秩序ヲ妨ケス及臣民タルノ義務ニ背カサル限ニ於テ信教ノ自由ヲ有ス」と定められた。キリスト教界の大勢は、今までの黙認状態からついに法的に信教の自由が認められたとして、これを歓迎した。1899 (明 32) 年 7 月 27 日には内務省令第 41 号の施行もあり、キリスト教はこの時期、日本において公認された宗教となったと言えよう (208 ページ参照)。

　しかし、天皇の神聖不可侵性を前提にした信教の自由とは、天皇の臣民である国民がその義務に背かない限り、という条件付きであったという点は重要である。翌 1890 (明 23) 年 10 月 30 日には教育勅語が発布され、天皇を中心とした道徳の根源と教育の基本理念が示された。これらはつまり、キリスト教にとって、天皇を中心とした国家(国体)との関係が、将来不可避の課題となることを意味していた。

不敬事件と〈教育と宗教の衝突〉　そうして生じたのが、内村鑑三不敬事件である。これは、1891 (明 24) 年 1 月 9 日に、第一高等中学校で行われた教育勅語奉読式において同校教員であった内村鑑三が、宸署(天皇の署名)のある教育勅語への礼拝的低頭(最敬礼)をためらったとして、生徒や教員、さらにジャーナリズムなどから、彼の行動が天皇に対する不敬行為として攻撃された事件である。内村は間もなくインフルエンザにかかり、同僚の木村駿吉に代拝してもらったものの、騒ぎは収まらなかった。その後、東京帝国大学の哲学科教授井上哲次郎は、キリスト教は日本の伝統的習俗や教育勅語の精神に合わないものであると攻撃、教育界や仏教界をも巻き込むいわゆる

第 2 章　開国以後のキリスト教

内村鑑三

〈教育と宗教の衝突〉論争へと発展、キリスト教界側は植村正久や柏木義円らが反論した。

また、1899（明 32）年 8 月 3 日には宗教教育を禁じる法令である文部省訓令第 12 号が出された。宗教教育を継続する場合は各種学校と見なされ、上級学校への進学や徴兵猶予といった文部省指定校の特典を剝奪されるその内容は、キリスト教学校に衝撃を与えた。しかし、多くのキリスト教学校はキリスト教教育を守るためにさまざまな方法で切り抜け、2 年後に訓令第 12 号は事実上撤回された。いずれにせよこれらの出来事から、キリスト教が国体に反するものと国民一般から見なされたり、以後、国の政策に苦慮することが相次いでいくようになる。

内村鑑三と無教会主義　不敬事件の渦中に置かれた内村鑑三であるが、彼は無教会主義を唱えて無教会キリスト教の基礎を築いた人物としてよく知られている。内村が札幌バンドの一翼を担ったのは先述の通りであるが、農学校卒業後の彼は 2 年間官吏として働き、また離婚の経験を経て渡米している。そこで彼は精神遅滞児施設の看護人として献身的な働きに没頭するものの、罪の意識を克服することができなかった。そうした時、アマースト大学に入学（1885）、総長シーリーに出会って次の言葉を聞く。「君は君の衷をのみ見るから可ない。君は君の外を見なければいけない。何故己を省みる事を止めて十字架の上に君の罪を贖ひ給ひしイエスを仰ぎ瞻ないのか。君の為す所は、小児が植木を鉢に植えて其成長を確めんと欲して毎日其根を抜いて見ると同然である。何故之を神と日光とに委ね奉り、安心して君の成長を待たぬのか」（「クリスマス夜話＝私の信仰の先生」、『内村鑑三全集 29』所収、岩波書店）。この時、内村は十字架による罪の赦しの確信を与えられたのであった。

帰国後、内村は第一高等中学校の教員となるが、不敬事件によって依願解嘱となる（1891）。その後、『基督信徒の慰』や『余は如何にして基督信徒となりし乎』等を刊行、1897（明 30）年には『万朝報』記者となり、日露

戦争には非戦論を唱え、足尾鉱毒反対運動に携わるなど、文筆・評論活動を通して社会活動に取り組む。そして、1900（明33）年に雑誌『聖書之研究』を創刊し、聖書研究と文書伝道を通じて活動する、無教会主義のキリスト教を唱えることになる。イエス（Jesus）と日本（Japan）を「愛する二個のJ」と記したのも有名である（前掲『内村鑑三全集 29』）。

　無教会主義は、聖書と、キリストの贖罪という恩恵による救済の信仰のみを中心とし、西洋キリスト教の所産としての教会制度・教職制度・礼典（洗礼・聖餐等）類をすべて不可欠なものとしないのが特徴で、「世界のキリスト教史における日本のキリスト教の寄与を挙げるとするならば、なによりも内村鑑三の唱えた無教会主義キリスト教になろう」とさえ言われる（鈴木範久『日本キリスト教史――年表で読む』教文館）。

キリスト論論争　ここまで、キリスト教と国家との間の出来事、いわば対外的な関係を述べてきたが、同時に、キリスト教界の内側でも諸問題が生じてきた。その一つが神学問題であり、具体的にはプロテスタント教会における新神学問題と、植村・海老名のキリスト論論争と呼ばれるものがそれに該当する。

　前者の新神学問題とは、海外からリベラルな聖書解釈（自由主義神学）が伝えられ、日本のキリスト教界に動揺を与えた出来事である。後者のキリスト論論争（福音主義論争とも言う）は1901（明34）年から翌年にかけて生じたもので、植村正久（日本基督教会牧師）と海老名弾正（日本組合基督教会牧師）の間で交わされた論争である。それは、キリスト教信仰の中心的事柄をめぐっての問題、すなわちキリストを神として信じるのか（植村の主張）、それとも師であるキリストの信仰にならうのか（海老名の主張）という問題であった。この問題はそののち、福音同盟会第12回大会（1902）の決議によって、植村の主張にそった信仰理解がキリスト教界において一応公的に認められる形となった。

　新神学に影響を受けた者に組合教会の教職者、特に熊本バンドの出身者という共通点が見られるのは、自由なキリスト教理解を有していたジェーンズからの影響をすでに多分に受けていたからであった。いずれにせよ、これら

第 2 章　開国以後のキリスト教

の出来事は、日本におけるキリスト教理解がより洗練されていくために、通らなければならなかった一過程であったと言えよう。

キリスト教による慈善・社会事業　さて、今一度私たちの視線をキリスト教界内の出来事から社会へ向けてみたい。キリスト教が日本へ大きな影響を与えた分野の1つに慈善・社会事業の分野があることは先述した通りである。来日宣教師が、同事業に携わった例として、たとえば、ベリーによる監獄改良運動の端緒となった働き、バチェラーによるアイヌ施療室、リデルによるハンセン病患者救済と熊本回春病院の開設等がある。

　その後、日本人キリスト者の中でもこのような事業に携わる者が現れてくるようになる。原胤昭（たねあき）による監獄改良と免囚保護事業、留岡幸助による非行少年の感化救済（巣鴨「家庭学校」の設立）、石井十次による岡山孤児院、石井亮一（りょういち）による発達障害児教育等である。また救世軍（プロテスタントの一派）は、著書『平民の福音』でも有名な山室軍平を指導者として、廃娼運動や生活困窮者支援の慈善鍋（社会鍋）等、伝道と慈善・社会事業を一体化して進めた。

　彼らに共通して見られる点は、資本主義の発展に伴って生じてきた多くの社会問題を無視することができず、「隣人愛」を実践したことであろう。すなわち、イエスが語った「『心を尽くし、精神を尽くし、思いを尽くして、あなたの神である主を愛しなさい。』これが最も重要な第一の掟である。第二も、これと同じように重要である。『隣人を自分のように愛しなさい。』」（マタイ 22 章 37–39 節）という言葉や、善いサマリア人のたとえ（ルカ 10 章 25–37 節）に応えようとした姿である。

4　戦争とキリスト教

三教会同　日本のキリスト教史中、明治期最後の重要な出来事として、1912（明 45）年 2 月 25 日に開かれた三教会同が挙げられる。これは、社会主義・無政府主義の勃興や経済的不況による社会不安の対策のために、政府が神道・仏教・キリスト教の三教に呼びかけて開催した会同である。「吾等

は各々其の教義を発揮し皇運を扶翼し国民道徳の振興を図らんことを期す」等を決議した。公の会においてキリスト教が国家からついに神道・仏教と対等に扱われたとして、多くのキリスト者は喜んだ。

しかし、政府主導の宗教政策に擦り寄っていくキリスト教界のこのような体質は、のちのち国家の宗教統制に抵抗することが困難になっていくばかりか、キリスト教の本質を見失った形で国家に自ら迎合して行くような、取り返しのつかない行為を招いていくことになる。

大正期　同年7月30日から大正時代が始まった。この時期は、いわゆる大正デモクラシーと表されるように各方面で自由主義的・民主主義的風潮が起こり、民本主義で知られる吉野作造もキリスト者であった。またこの頃、信徒の社会層は都市の知識層に集中する傾向が顕著となり、時代の教養主義・文化主義を反映、波多野精一の『基督教の起源』(1908) は日本におけるキリスト教の学的研究の礎となった。

その他に、この時期の特色として、プロテスタント各教派間での協力活動が挙げられる。1910（明43）年にスコットランドの首都エディンバラで開催された世界宣教会議による影響から、全国協同伝道 (1914-17) が行われ、日本のプロテスタントの教会数は 1910（明43）年の 568 から 1920（大9）年には 1505 へと増加した。この全国協同伝道は、明治期の二十世紀大挙伝道 (1901-03)、賀川豊彦が全国展開した昭和期の神の国運動（1930 開始）と共に、「日本のプロテスタント教会が力を結集した大規模な協力伝道として特筆すべきもの」とされる（中村敏『日本キリスト教宣教史――ザビエル以前から今日まで』いのちのことば社）。

ここで賀川豊彦の名を挙げたが、彼の名は世界的にもよく知られている。1909（明42）年、賀川は神戸新川のスラムに住んで伝道と奉仕に励み、その時の経験に基づいた自伝的小説『死線を越えて』(1920) はベストセラーになる。労働運動、消費組合運動、農民運動など、社会運動や事業に貢献した。賀川の言動には時代的制約によるさまざまな限界があるものの、今日の目から見て、彼の真価は「イエスの模倣」としての愛の実践の姿にあると言われる。

コラム——聖書の日本語翻訳の歩み

　カトリックとプロテスタントの共同翻訳である『聖書 新共同訳』が誕生するに至るまでには、聖書のさまざまな日本語翻訳の取り組みがあった。キリシタン時代においては、四福音書の全訳が試みられたが火災で失われ（1563）、また、1613（慶長18）年頃に京都で新約聖書が刊行されたという記録はあるものの現存していない。

　ギュツラフが翻訳したもの（204ページ参照）は、現存する国外における最初の邦訳聖書であった。現存する国内における最古の邦訳聖書はゴーブル訳『摩太福音書』（1871）で、口語訳新約聖書の最初の完訳はN.ブラウン訳『志無也久世無志与』（1879）である。

　聖書翻訳はその後、個人訳から委員会訳の時代へと移行する。ヘボンら宣教師と日本人の協力によって、文語体で新約聖書が1880（明13）年、旧約聖書が1887（明20）年に完訳され、二つをあわせた『旧新約全書』は〈明治元訳〉聖書と呼ばれる。中国では神を指す言葉を「上帝」または「神」とするかで激しい論争があったが、日本の同聖書では「神」が採用された。その後、新約の方は1917（大6）年に改訳され（大正改訳）、大正改訳の新約と、明治元訳の旧約を一つにあわせた聖書は〈文語訳〉聖書として知られている。

　戦後、日本聖書協会によって『口語聖書』（新約1954、旧約1955。通称〈口語訳〉聖書）が刊行されたほか、福音派においては新改訳聖書刊行会によって『聖書 新改訳』（新約1965、旧約1970）が刊行された。最近の動向としては、新日本聖書刊行会から『聖書 新改訳2017』が2017年に、聖書協会から『聖書 聖書協会共同訳』が2018年に刊行されたことが特筆される。その他にも個人訳など、現在、日本語翻訳聖書には数多の種類がある。

（参考文献：海老澤有道『日本の聖書』講談社、鈴木範久『聖書の日本語』岩波書店）

第 5 部　日本

軍国主義下　1931（昭 6）年の満州事変以降、国家による宗教に対する干渉はますます強くなっていく。1932（昭 7）年には、上智大学予科の学生数人が靖国神社参拝を拒否する上智大学事件が起きる。配属将校を引き揚げると軍部から威嚇される中、ローマ教皇使節と東京大司教が神社参拝の性格について説明を求めたところ、文部省から、神社参拝は「教育上の理由に基づくもので、此の場合に学生・生徒・児童の団体が要求せられる敬礼は愛国心と忠誠とを現はすものに外ならない」との回答を受ける。以後、カトリック教会は、神社参拝はカトリックの教えに矛盾しないと信徒たちを指導せざるをえなくなる。

　この神社参拝強要の問題は日本のキリスト教界だけにとどまらなかった。朝鮮のキリスト教会に対しても、今度は日本のキリスト教会が神社参拝を強要するに至るからである。朝鮮のキリスト教系学校では 1930 年代に入ってからは総督府によって神社参拝の強い要請が行われはじめ、1938（昭 13）年 9 月 10 日には、日本の官憲が大勢監視する中、ついに朝鮮の長老教会は総会で神社参拝を決議せざるをえなくなるのであるが、その直前（6 月）、日本基督教会の大会議長は朝鮮各地を訪問して神社参拝を説得したのであった。

　ちなみに、日本のキリスト教と朝鮮との関わりであるが、朝鮮人への伝道としては、日韓併合（1910）以後、特に日本組合基督教会が日本人への同化をめざす伝道に力を注いだ。伝道は大いに進展したものの、総督府などからの援助が打ち切られた途端に衰退した。日本の教会は朝鮮のほかにも、南洋を含むアジア各地で伝道を行ったが、植民地支配の影響とは無縁ではなかった。しかし、このような限界がありつつも、たとえば、朝鮮人の信頼を得ることのできた伝道者として、乗松雅休や織田楢次といった名が挙げられる。

教団の成立と戦争協力　1939（昭 14）年、宗教団体の統制を目的とした宗教団体法が成立し、翌 40（昭 15）年施行された。この影響によってキリスト教会は再編を迫られ、特に多数の教派に分かれていたプロテスタント教会の場合は 1 つにまとまる必要が生じた。その結果、カトリック教会はバチカンとの関係が制限された形で日本天主公教教団（1941 年 5 月）が、プロテスタント教会は三十余派が合同して日本基督教団（1941 年 6 月）が成立した。

第 2 章　開国以後のキリスト教

教会合同は、日本基督公会条例を中心に据えて進めた四公会合同運動の中止（1875）、一致・組合両教会の合同運動の挫折（1890）等、日本のプロテスタント教会が明治期以来抱え続けてきた課題の 1 つであったが、思いもよらない形で実現したことになる。

　1942（昭 17）年 10 月に日本基督教団は、「日本基督教団戦時布教方針」を発表した。その「趣旨」には、日本基督教団が「正ニ天業ヲ翼賛シ国家非常時局ヲ克復センガ為ニ天父ノ召命ヲ蒙リタルモノト謂ハザルベカラズ」と述べ（「天業」とは天皇の国を治める業、「天父」は聖書の神を意味する）、続く「綱領」には「一、国体ノ本義ニ徹シ大東亜戦争ノ目的完遂ニ邁進スベシ」などとあり、戦争遂行へ協力を表明するものであった。また、アジアの諸教会に向けて「日本基督教団より大東亜共栄圏に在る基督教徒に送る書翰」も作成している（1944）。

弾圧と抵抗　戦時下において幾つもの宗教弾圧があったが、キリスト教界に関わるものとしてホーリネス弾圧がある。1942（昭 17）年 6 月 26 日に、ホーリネス系の教職者が治安維持法違反の嫌疑で一斉検挙された（翌年の第 2 次検挙をあわせ検挙者数は 132 人）。1943（昭 18）年 4 月 7 日には 275 教会が閉鎖・解散を命じられ、獄中または保釈出所中に数名が死亡している。弾圧された理由は、再臨（イエス・キリストが再び天からやってくること）の強調と千年王国の教義が、天皇の統治権を否定し国体変革を企てる危険思想であるととらえられたからと考えられる。

　次に、当時の国家の行き方に対する、戦時下におけるキリスト者の数少ない抵抗の例として矢内原忠雄の場合を挙げたい。矢内原は内村鑑三門下の無教会キリスト教の一人で、東京帝国大学の教授であった。日中戦争の最中の講演「神の国」（1937 年 10 月 1 日）で、彼は国家の政策を批判、戦う双方に対して速やかに戦いを止めるよう語りかけた後こう続けた。「今日は、虚偽（いつはり）の世に於て、我々のかくも愛したる日本の国の理想、或は理想を失つたる日本の葬りの席であります。……どうぞ皆さん、若し私の申したことが御解りになつたならば、日本の理想を生かす為めに、一先づ此の国を葬つて下さい」と（『矢内原忠雄全集 第十八巻』岩波書店）。その後、矢内原は退官を余

儀なくされた。ちなみに、東京帝国大学法学部長の時に終戦工作に携わった南原繁（1889–1974）もまた、矢内原と同じく無教会キリスト教の流れにあったことは興味深い。

戦後のキリスト教　1945（昭 20）年、戦争が終結。翌年、天皇の人間宣言がなされ、11 月 3 日には日本国憲法が公布された。「信教の自由は、何人に対してもこれを保障する」から始まる憲法第 20 条によって、制限のない信教の自由がここに確立された。

　戦後間もなくの国内は物資不足であったが、アメリカなどから教会を介して様々な援助物資が届けられた（ララ物資など）。また、日本占領にあたった連合国軍総司令部（GHQ）は、キリスト教の伝道を全面的に支援し、多くの宣教師も来日した。アメリカによってもたらされた民主主義や文化の影響もあり、いわゆるキリスト教ブームと呼ばれる風潮も起きたが、長くは続かなかった。

コラム――戦後の福音派教会

　宗教団体法の廃止に伴い、日本基督教団に留まる必然性がなくなったプロテスタント諸教派教会は、母体の海外ミッション（宣教団体）との関係を回復するなどして次々と教団を離脱した（本文参照）。その中でも福音派の場合、戦後における形成過程から見ると次の 3 つに分類することができる（中村敏の分類による）。すなわち、①日本基督教団から離脱し、本来の自分たちの群れを再建した教団、②戦前にルーツを持ちつつも戦後新たな理念のもとに設立された教団、③戦後来日した宣教団によって設立された教団、以上の 3 つである。①については日本同盟基督教団や日本アッセンブリーズ・オブ・ゴッド教団、日本ホーリネス教団等が、②についてはイムマヌエル綜合伝道団等が、③についてはペンテコステ派の諸教団等があり、総じて戦後の福音派は大きな発展を遂げている。

第2章　開国以後のキリスト教

　キリスト教をはじめ諸宗教を統制した宗教団体法は、1945（昭和20）年10月に廃止された。これに伴い、日本基督教団に合同していた諸教派の一部（ルター派やバプテスト派、改革・長老派の一部、救世軍、福音派諸教会等）は離脱していったが、一方で、この教会合同に「くすしき摂理」（日本基督教団「教憲」より）を見出して留まった教会も多く（三大教派であった日本基督教会、日本メソヂスト教会、日本組合基督教会が主に留まった）、同教団は今日でも日本最大のプロテスタント教会となっている。日本基督教団は1954年に日本基督教団信仰告白を制定して教会としての組織を整え、1967年には、日本のキリスト教会でははじめて戦争責任の告白（「第二次世界大戦下における日本基督教団の責任についての告白」）を総会議長鈴木正久の名で公表し、諸教派に影響を与えた。それは、「日本の宗教界ではじめて、侵略戦争に協力した責任を主体的に自己批判した」ものと評価される（村上重良『日本宗教事典』講談社）。

　戦後のプロテスタント教会は、「日本キリスト教協議会（NCC）に所属する主流派と、日本福音同盟（JEA）に所属する福音派に二分されたことが特徴」と言われる（山口陽一「日本プロテスタント宣教一五〇年——ベッテルハイム以来一六三年の視点から」）。日本キリスト教協議会とは1948年に成立した、日本基督教団をはじめとした教派や諸団体が加盟する連絡協議会であり（福音派に対してエキュメニカル派と呼ばれる場合もある）、日本福音同盟は1968年に成立した、日本の福音派を代表する機関である（ただし、同盟への加入の有無がそのまま福音派か否かの基準になるわけではない。また、福音派という用語は文脈によっても意味が変わってくることに注意が必要）。

　カトリック教会は、第2バチカン公会議（1962–65）に伴い、日本でも典礼の改革やエキュメニカル運動（世界教会一致運動）が進められた。カトリックとプロテスタントが共同で翻訳し、1987年に日本聖書協会から発行された『聖書　新共同訳』は、その重要な成果の一つと言えよう。今日、NCC系や福音派、カトリック教会、その他諸教会は、各々の歩みを進めつつ、時機に応じてさまざまなレベルで一致・協力関係を築いている。

おわりに

　以上、日本においてキリスト教がどのように展開してきたかを概観した。キリスト教が社会との関わりの中で、さまざまな展開や停滞、迎合と困難を経験してきたことがわかる。

　日本の文化に対して、キリスト教の影響力はその後もとどまることがないことは、たとえば、結婚式の挙式スタイルにおいて今日、キリスト教信仰に必ずしも基づかない「キリスト教式（教会式）」が55．5％も占めていることからもわかる（ゼクシィ結婚トレンド調査2014　調べ）。しかし、「日本人は、生まれた時は神道信者で、結婚する時はキリスト教徒、死ぬ時は仏教徒である」という言葉に代表されるように、キリスト教受容は多くの場合、西洋文化の一記号としての、表層的受容に留まり続けているのが実態であろう。

　一方のキリスト教界内においてであるが、こちらも多くの点でチャレンジを受けている。わかりやすいところでは、日本社会の高齢化と同様、信徒の高齢化や信徒（教会員）数の減少などがそれである。数の上ではさらに小さくなりつつある日本におけるキリスト教であるが、キリスト教、特に教会の在り方や、教会が発信することのできる固有のメッセージは、なおも重要なものがあると思われる。たとえば、今日、さまざまな次元における共同体意識の希薄化と崩壊、それに伴う諸問題が指摘されるが、キリシタン時代に見られたコンフラリヤなど、教会における成員相互の扶助という在り方は新しい共同体構築の一つの鍵となりうるはずである。なぜならば、そこで伝えられるのは福音の本質としての〈神の愛〉だからである。

　　　より具体的な例で言えば、今日、社会問題とされるものの一つに孤立無業者（Solitary Non-Employed Persons: SNEP（スネップ））の現実があるが、その解決には、専門家によれば社会制度の問題以上に、自分自身が精神的孤立から抜け出す契機として、「誰か」によって大切にされている・愛されている存在なのだと知ることが重要であると指摘される（藤原宏美・関水徹平『独身・無職者の

おわりに

リアル』扶桑社)。「わたしの目にあなたは価高く、貴(とうと)く／わたしはあなたを愛し」ている(イザヤ書43章4節)——キリスト教がこれまで人々に伝え、またこれから伝えようとする聖書の神は、このような愛の神である。

キリスト教はその長い歴史の中で教会といった共同体を形成し、固有のメッセージを語ってきた。と同時に、キリスト教会とこの世界におけるさまざまな諸課題——迫害と抑圧、分裂と和解、寛容と不寛容、マイノリティとマジョリティ、個と共同体——とも向かい合ってきた。世界にはなおも、人間の罪(神の戒めに背き、神の権能を侵して自ら神のようになろうとすること、あるいは神と無関係に生き、自分を中心にして神と他者とを顧みない生き方)に由来すると言わざるを得ない多くの悲惨な現実がある。しかし神は、その愛のゆえに独り子イエスをこの世界に遣わし、十字架の死によって人間の罪の赦しのための身代わりとし、そしてイエスの復活を通して新しい命に生きる道を示された——キリスト教には、日本、そして世界における個人と諸共同体に対して、神の愛とイエスの赦しという光を示す大きな働きがある。この光を掲げつつ、(聖書の歴史観によれば)イエス再臨の終末の時(使徒1章1節等)まで、キリスト教の歴史は続いていく。

	1948	1954	1958	1962	1968
信徒合計	324,298	451,851	559,104	683,900	732,420
教職者合計	6,789	7,837	6,524	14,244	14,581
総数	331,087	459,688	565,628	698,144	747,001
人口比(%)	0.423	0.528	0.622	0.740	0.760

	1970	1974	1978	1982	1986
信徒合計	801,089	837,229	854,718	907,565	937,338
教職者合計	17,744	16,417	18,072	18,234	16,894
総数	818,833	853,646	872,790	925,799	954,232
人口比(%)	0.799	0.782	0.764	0.785	0.788

	1988	1992	1996	2000	2004
信徒合計	989,223	1,021,150	1,063,653	1,083,362	1,120,593
教職者合計	19,431	19,887	19,510	11,344	11,751
総数	1,008,654	1,041,037	1,083,163	1,094,706	1,132,344
人口比(%)	0.825	0.840	0.874	0.860	0.887

	2006	2010	2014	2017	2019
信徒合計	1,117,195	1,095,604	1,040,799	1,026,824	998,796
教職者合計	11,623	12,497	11,667	10,714	10,875
総数	1,128,818	1,108,101	1,052,466	1,037,538	1,009,671
人口比(%)	0.885	0.868	0.827	0.817	0.799

キリスト教年鑑編集委員会編『キリスト教年鑑2019年版』キリスト新聞社、41ページ参考

ニカイア・コンスタンティノポリス信条
（ニカイア信条）

私たちは、ただひとりの神、すべてを支配される父、
　天と地と見えるものと見えないもののすべての造り主を信じます。
またただひとりの主イエス・キリストを信じます。
　主は神のみ子、御ひとり子であって、
　世々に先立って父から生まれ、光からの光、
　まことの神からのまことの神、
　造られたのでなくて生まれ、
　父と同質であって、
　すべてのものは主によって造られました。
　主は人間である私たちのため、私たちの救いのために、
　天からくだり、
　聖霊によりおとめマリアによって受肉し、人となり、
　私たちのためにポンティオ・ピラトのもとで十字架につけられ、
　苦しみを受け、葬られ、聖書にあるとおり三日目に復活し、
　天にのぼられました。
　そして父の右に座しておられます。
　また生きている者と死んだ者をさばくために、栄光のうちに再び来られます。
　そのみ国は終わることがありません。
また聖霊を信じます。
　聖霊は主、いのちの与え主であり、
　父（と子）から出て、父と子と共に礼拝され、共に栄光を帰せられます。
　そして預言者によって語られました。
　私たちは、ひとつの聖なる公同の使徒的な教会を信じます。
　罪のゆるしのためのひとつのバプテスマを認めます。
　死者の復活と、来たるべき世のいのちを待ち望みます。アーメン。

（日本キリスト教協議会共同訳）

使徒信条

A

我は天地の造り主、全能の父なる神を信ず。我はその独り子、我らの主、イエス・キリストを信ず。主は聖霊によりてやどり、処女(おとめ)マリヤより生れ、ポンテオ・ピラトのもとに苦しみを受け、十字架につけられ、死にて葬られ、陰府(よみ)にくだり、三日目に死人のうちよりよみがへり、天に昇り、全能の父なる神の右に坐したまへり、かしこより来りて、生ける者と死ねる者とを審きたまはん。我は聖霊を信ず、聖なる公同の教会、聖徒の交はり、罪の赦し、身体のよみがへり、永遠(とこしえ)の生命(いのち)を信ず。アーメン。

B

わたしは、天地の造り主、全能の父である神を信じます。わたしはそのひとり子、わたしたちの主、イエス・キリストを信じます。主は聖霊によってやどり、おとめマリアより生まれ、ポンテオ・ピラトのもとで苦しみを受け、十字架につけられ、死んで葬られ、よみにくだり、三日目に死人のうちからよみがえり、天にのぼられました。そして全能の父である神の右に座しておられます。そこからこられて、生きている者と死んでいる者とをさばかれます。わたしは聖霊を信じます。きよい公同の教会、聖徒の交わり、罪のゆるし、からだのよみがえり、永遠のいのちを信じます。アーメン。

参考文献

第1部 古代

1．引用した古代の著作（邦訳）
荒井献編『使徒教父文書』講談社文芸文庫、1998年．
國原吉之助訳『プリニウス書簡集』講談社学術文庫、1999年．
國原吉之助訳『タキトゥス　年代記』（上下）、岩波文庫、1981年．
秦剛平訳『エウセビオス「教会史」』（上下）、講談社学術文庫、2010年．
小高毅訳「アタナシオス　言の受肉」、『盛期ギリシア教父』中世思想原典集成2所収、平凡社、1992年、65-140頁．
小高毅訳「ナジアンゾスのグレゴリオス　クレドニオスへの第一の手紙」、『盛期ギリシア教父』中世思想原典集成2所収、平凡社、1992年、415-429頁．

2．文献案内（主なものに限定）
　教父の著作については、主に「キリスト教教父著作集」（教文館）、「キリスト教古典叢書」（創文社）や「中世思想原典集成」（平凡社）に邦訳が見出せる。またグノーシス関連文書は『ナグ・ハマディ文書』（岩波書店）に邦訳がある。アウグスティヌスについては、「アウグスティヌス著作集」（教文館）において相当数の邦訳を手にすることができる。さらに主題毎に主要な教父のテクストの邦訳を集めた小高毅編『原典古代キリスト教思想史』（教文館）もある。また古代ギリシア・ローマの著作については、「西洋古典叢書」（京都大学学術出版会）にかなりの数の邦訳がある。なお公会議文書や信条については、下記2書を参照．
A.ジンマーマン監修／浜寛五郎訳『デンツィンガー・シェーンメッツァー　カトリック教会文書資料集』エンデルレ書店、1995年．
ヘンリー・ベッテンソン『キリスト教文書資料集』聖書図書刊行会、1962年．
　また一般的な歴史事典、史料集は下記を参照．
平凡社編集部『西洋史料集成』平凡社、1956年．
歴史学研究会編『世界史史料』（全12巻）岩波書店、2006年以降．
京大西洋史辞典編纂会編『新編西洋史辞典　改訂増補』、1993年．
古山正人他編訳『西洋古代史料集　第2版』東京大学出版会、2002年．

　以下は、比較的全体的な論述をした主な文献に限った．
ピーター・ブラウン／足立広明訳『古代末期の形成』慶應義塾大学出版会、2006年．
ピーター・ブラウン／戸田聡訳『貧者を愛する者』慶應義塾大学出版会、2012年．
ピーター・ブラウン／後藤篤子訳『古代から中世へ』山川出版社、2006年．
平凡社ライブラリー／上智大学中世思想研究所編訳・監修『キリスト教史』
　　ジャン・ダニエルー『キリスト教史1　初代教会』、1996年．
　　アンリ・I.マルー『キリスト教史2　教父時代』、1996年．
　　マイケル・D.ノウルズ他『キリスト教史3　中世キリスト教の成立』、1996年．
アラン・コルバン編／浜名優美他訳『キリスト教の歴史　現代をよりよく理解するために』藤原書

参考文献

店、2010年.
弓削達『世界の歴史5　ローマ帝国とキリスト教』河出文庫、1989年.
ジェフリー・バラクラフ編／別宮貞徳訳『図説　キリスト教文化史I』原書房、1993年.
荒井献・出村みや子・出村彰『総説キリスト教史1　原始・古代・中世篇』日本キリスト教団出版局、2007年.
J．M．ロバーツ／本村凌二監修『図説世界の歴史3　古代ローマとキリスト教』創元社、2003年.
フスト・ゴンサレス／石田学訳『キリスト教史（上巻）』新教出版社、2002年.
フスト・ゴンサレス／金丸英子訳『これだけは知っておきたいキリスト教史』教文館、2011年.
N．ブロックス／関川泰寛訳『古代教会史』教文館、1999年.
松本宣郎『ガリラヤからローマへ』山川出版社、1994年.
松本宣郎編『キリスト教の歴史〈1〉初期キリスト教〜宗教改革』（宗教の世界史8）山川出版社、2009年.
ロドニー・スターク／穐田信子訳『キリスト教とローマ帝国』新教出版社、2014年.
ウィリアム・H．マクニール／佐々木昭夫訳『疫病と世界史』（上下）、中公文庫、2007年.
エドガー・J．グッドスピード／石田学訳『古代キリスト教文学入門』教文館、1994年.
ロバート・L．ウィルケン／土井健司訳『古代キリスト教思想の精神』教文館、2014年.
ロバート・L．ウィルケン／三小田敏雄、他訳『ローマ人が見たキリスト教』ヨルダン社、1987年.
C．マルクシース／土井健司訳『天を仰ぎ、地を歩む――ローマ帝国におけるキリスト教世界の構造』教文館、2003年.

第2部　中世

松本宣郎編『キリスト教の歴史〈1〉初期キリスト教〜宗教改革』（宗教の世界史8）山川出版社、2009年.
半田元夫、今野國雄『キリスト教史1　宗教改革以前』（世界宗教史叢書1）山川出版社、1977年.
出村彰『中世キリスト教の歴史』日本キリスト教団出版局、2005年.
堀米庸三『正統と異端』中公新書、1964年.
C．ドウソン／野口啓祐訳『中世のキリスト教と文化』新泉社、1969年.
D．ノウルズ／朝倉文市訳『修道院』平凡社、1972年.
今野國雄『西欧中世の社会と教会』岩波書店、1973年.
池上俊一『ヨーロッパ中世の宗教運動』名古屋大学出版会、2007年.
G．テスタス他／安斉和雄訳『異端審問』白水社、1974年.
A．ボルスト／藤代幸一訳『中世の異端カタリ派』新泉社、1975年.
W．デットロッフ／坂口昂吉訳『中世ヨーロッパ神学』（キリスト教歴史叢書2）南窓社、1988年.
今野國雄『修道院』（岩波新書）岩波書店、1990年.
M．D．ノウルズ他／上智大学中世思想研究所編訳『キリスト教史3　中世キリスト教の成立』講談社、1990年.
M．D．ノウルズ他／上智大学中世思想研究所編訳『キリスト教史4　中世キリスト教の発展』講談社、1991年.

E. ヴェルナー／瀬原義生訳『中世の国家と教会――カノッサからウォルムスへ 1077-1122』未来社、1991 年．
上智大学中世思想研究所編『中世の修道制』創文社、1991 年．
朝倉文市『修道院――禁欲と観想の中世』講談社現代新書、1995 年．
山代宏道『ノルマン征服と中世イングランド教会』渓水社、1996 年．
阿部謹也『ドイツ中世後期の世界――ドイツ騎士修道会史の研究』未来社、2000 年．
R. ペルヌー／橋口倫介訳『テンプル騎士団』(知の再発見双書 104) 創元社、2002 年．
東出功『中世イギリスにおける国家と教会』北海道大学図書刊行会、2002 年．
R. マンセッリ／大橋喜之訳『西欧中世の民衆信仰――神秘の感受と異端』八坂書房、2002 年．
P. ジョーンズ他／山中朝晶訳『ヨーロッパ異教史』東京書籍、2005 年．
堀越宏一、甚野尚志編『15 のテーマで学ぶ中世ヨーロッパ史』ミネルヴァ書房、2013 年．
杉崎泰一郎『修道院の歴史――聖アントニオスからイエズス会まで』創元社、2015 年．

第 3 部　近世

1．宗教改革者たちの著作
出村彰・徳善義和他編『宗教改革著作集』1-15 巻、教文館、1983-2003 年．
ルター／ルター著作集委員会編『ルター著作集』第 1 集、聖文舎 1963-1984 年；第 2 集（ルーテル神学大学／ルーテル学院大学ルター研究所編）リトン、1985-2010 年．
ルター／徳善義和他訳『ルター著作選集』教文館、2005 年．
ルター／植田兼義訳『卓上語録』教文館、2003 年．
カルヴァン／渡辺信夫訳『キリスト教綱要』改訳版、1-4 篇、新教出版社、2007-2009 年．

2．参考文献
ベルント・メラー／森田安一・棟居洋・石引正志訳『帝国都市と宗教改革』教文館、1990 年．
K. S. フランク／戸田聡訳『修道院の歴史――砂漠の隠者からテゼ共同体まで』教文館、2002 年．
A. マクグラス／高柳俊一訳『宗教改革の思想』教文館、2007 年．
森田安一『図説 宗教改革』河出書房新社、2010 年．
森田安一『木版画を読む――占星術・「死の舞踏」そして宗教改革』山川出版社、2013 年．
出村彰『総説　キリスト教史 2　宗教改革篇』日本キリスト教団出版局、2006 年．
R. W. スクリブナー、C. スコット・ディクソン／森田安一訳『ドイツ宗教改革』岩波書店、2009 年．
R. シュトゥッペリヒ／森田安一訳『ドイツ宗教改革史研究』ヨルダン社、1984 年．
P. ブリックレ／田中真造・増本浩子訳『ドイツの宗教改革』教文館、1991 年．
T. カウフマン／宮谷尚実訳『ルター――異端から改革者へ』教文館、2010 年．
金子晴勇・江口再起編『ルターを学ぶ人のために』世界思想社、2008 年．
日本ルーテル神学大学ルター研究所編『ルターと宗教改革事典』教文館、1995 年．
F. ビュッサー／森田安一訳『ツヴィングリの人と神学』新教出版社、1980 年．
出村彰『ツヴィングリ――改革派教会の遺産と負債』新教出版社、2010 年．
出村彰『スイス宗教改革史研究』日本キリスト教団出版局、1971 年．

A. マクグラス／芳賀力訳『ジャン・カルヴァンの生涯』（上下）キリスト新聞社、2009-2010 年．
C. エルウッド／出村彰訳『はじめてのカルヴァン』教文館、2007 年．
W. ニーゼル／渡辺信夫訳『カルヴァンの神学』新教出版社、1960 年．
E. W. モンター／中村賢二郎・砂原教男訳『カルヴァン時代のジュネーブ』ヨルダン社、1978 年．
倉塚平他編訳『宗教改革急進派――ラディカル・リフォメーションの思想と行動』ヨルダン社、1972 年．
H. J. ゲルツ／田中真造・藤井潤訳『トーマス・ミュンツァー』教文館、1995 年．
木塚隆志『トーマス・ミュンツァーと黙示録的終末観』未来社、2001 年．
J. R. H. ムアマン／八代崇・中村茂・佐藤哲典訳『イギリス教会史』聖公会出版、1991 年．

第4部　近現代

平凡社ライブラリー／上智大学中世思想研究所編訳・監修『キリスト教史』
　　ヘルマン・テュヒレ他『キリスト教史 5　信仰分裂の時代』、1997 年．
　　ヘルマン・テュヒレ他『キリスト教史 6　バロック時代のキリスト教』、1997 年．
　　L. J. ロジェ他『キリスト教史 7　啓蒙と革命の時代』、1997 年．
　　B. ド・ソーヴィニー他『キリスト教史 8　ロマン主義時代のキリスト教』、1997 年．
　　ロジェ・オーベール他『キリスト教史 9　自由主義とキリスト教』、1997 年．
　　J. T. エリス他『キリスト教史 10　現代世界とキリスト教の発展』、1997 年．
　　J. ハヤール他『キリスト教史 11　現代に生きる教会』、1997 年．
栗林輝夫、西原廉太、水谷誠『総説 キリスト教史 3　近現代篇』日本キリスト教団出版局、2007 年．
高柳俊一・松本宣郎編『キリスト教の歴史 2　宗教改革以降』山川出版社、2009 年．
熊澤義宣・野呂芳男編『総説 現代神学』日本キリスト教団出版局、1995 年．
ウィリアム・バンガート／岡安喜代・村井則夫訳『イエズス会の歴史』原書房、2004 年．
ヨハネス・ヴァルマン／梅田與四男訳『ドイツ敬虔主義――宗教改革の再生を求めた人々』日本キリスト教団出版局、2012 年．
森本あんり『アメリカ・キリスト教史――理念によって建てられた国の軌跡』新教出版社、2006 年．
永本哲也他『旅する教会――再洗礼派と宗教改革』新教出版社、2017 年．
ヴァージニア・ファベリア、R. S. スギルタラージャ編『〈第三世界〉神学事典』日本キリスト教団出版局、2007 年．
エイドリアン・ヘイスティングズ／斎藤忠利訳『アフリカのキリスト教――ひとつの解釈の試み』教文館、1988 年．
石川照子他『はじめての中国キリスト教史』かんよう出版、2016 年．
藤井清久『歴史における近代科学とキリスト教』新教出版社、2008 年．
梶原寿『解放の神学』清水書院、1997 年．
J. モルトマン／渡部満訳『二十世紀神学の展望』新教出版社、1989 年．
栗林輝夫『現代神学の最前線――「バルト以降」の半世紀を読む』新教出版社、2004 年．

参考文献

第5部　日本

　ここでは、本書第5部「日本」よりも詳細な内容の通史または概説に類する文献の、主なもののみを挙げた（著者五十音順）。読者が興味を持たれた個別の歴史的出来事については、以下に挙げた通史・概説に記されたより詳細な参考文献を手がかりにして、さらに調べられるとよいであろう。

浅見雅一『概説　キリシタン史』慶應義塾大学出版会、2016年．
浅見雅一・川村信三・小和田哲男監修『日本史再検証　キリシタンとは何か』宝島社、2016年．
鵜沼裕子『史料による日本キリスト教史』聖学院大学出版会、1992年．
海老沢有道・大内三郎『日本キリスト教史』日本基督教団出版局、1970年．
太田淑子編『日本、キリスト教との邂逅──二つの時代に見る受容と葛藤』オリエンス宗教研究所、2004年．
笠原一男編『日本宗教史 II』山川出版社、1977年．
川崎庸之・笠原一男編『宗教史』山川出版社、1985年（第3版）．
黒川知文『日本史におけるキリスト教宣教──宣教活動と人物を中心に』教文館、2014年．
五野井隆史『日本キリスト教史』吉川弘文館、1990年．
上智学院新カトリック大事典編纂委員会編『新カトリック大事典』全4巻、研究社、1996-2009年所収の各項目（特に尾原悟「キリシタン」、同「キリシタン布教」）．
鈴木範久『日本キリスト教史──年表で読む』教文館、2017年．
高瀬弘一郎『キリシタンの世紀──ザビエル渡日から「鎖国」まで』岩波書店、2013年．
土肥昭夫『日本プロテスタント・キリスト教史』新教出版社、1980年．
第5回日本伝道会議・プロテスタント宣教150年プロジェクト編『日本開国とプロテスタント宣教150年』いのちのことば社、2009年．
中村敏『日本における福音派の歴史──もう一つの日本キリスト教史』いのちのことば社、2000年．
中村敏『日本キリスト教宣教史──ザビエル以前から今日まで』いのちのことば社、2009年．
日本キリスト教歴史大事典編集委員会編『日本キリスト教歴史大事典』教文館、1988年．
H. チースリク監修、太田淑子編『日本史小百科』「キリシタン」、東京堂出版、1999年．
嶺重淑「日本キリスト教史」（『キリスト教入門──歴史・人物・文学』日本キリスト教団出版局、2011年所収）．
森岡清美『日本の近代社会とキリスト教』評論社、1970年．
吉成勇編『別冊歴史読本　日本「キリスト教」総覧』新人物往来社、1995年所収の各論説（特に松田毅一「キリスト教の伝来と宣教」、宮崎賢太郎「キリシタンの弾圧と殉教」、高橋昌郎「近代日本とキリスト教」、高堂要「第二次世界大戦のキリスト教」、森一弘「日本におけるカトリックの歴史」、柏井創「日本におけるプロテスタントの歴史」）．

　なお、第5部「日本」の叙述は多くの先学の研究と業績に負っているが、紙幅も限られた入門書という性格上、特定の研究成果を反映した部分であっても研究者の名前を全て掲げることができていない。そこで、本文中や上記で挙げることのできなかった参考文献については、日本キリスト教団出版局のウェブサイト（http://bp-uccj.jp/publications/wp-content/uploads/pdf/ListOfReferences.pdf）または筆者の個人ウェブサイトにも掲げさせていただいた。あわせてご参照いただき、また、ご容赦いただければ幸いである。

関連年表

30年頃	キリスト教会の誕生	375年	ゲルマン民族の大移動はじまる
64年	ローマの大火 ネロ帝によるキリスト教徒迫害	381年	コンスタンティノポリス公会議。ニカイア・コンスタンティノポリス信条
66-70年	第1次ユダヤ戦争、エルサレム陥落	392年	テオドシウス帝、キリスト教を国教とし、異教を禁じる
95 (96) 年	ドミティアヌス帝によるキリスト教徒迫害	395年	ローマ帝国、東西に分裂
96年	5賢帝時代（～180年）	402年	ホノリウス帝、西ローマの首都をラヴェンナに移す
98年	トラヤヌス帝（～117年）	410年	西ゴート王アラリック、ローマを劫掠
111年頃	トラヤヌスと小プリニウスの往復書簡	430年	ヒッポ、ヴァンダル族によって破壊される
117年	イグナティオス、ローマで殉教		アウグスティヌス（ヒッポの）没
144年	マルキオン、追放される	431年	エフェソ公会議
165年頃	ユスティノス殉教	451年	カルケドン公会議
190年頃	復活祭論争		カタラウヌムの戦いでフン族破れる
249年	デキウス帝による、最初の全帝国規模の迫害	476年	**西ローマ帝国滅ぶ**
251-62年	疫病大流行	496年	フランク王国のクローヴィスがカトリックに改宗
257年	ヴァレリアヌス帝による迫害（～60年）	529年頃	西欧修道士の父・ベネディクトゥス、モンテ＝カッシーノに修道院を建設
285年	アントニオス、エジプトで修道生活をはじめる	597年	教皇グレゴリウス1世、イングランド宣教にアウグスティヌス（カンタベリーの）を派遣
303年	ディオクレティアヌス帝による大迫害	732年	フランク王国宮宰カール＝マルテル、トゥール・ポワティエの戦いでイスラーム軍を撃退
311年	ガリエヌス帝によるキリスト教寛容令	754年	ピピンの寄進（教皇領の起源）
	ドナトゥス派問題起こる	800年	フランク王国のカール、「ローマ皇
313年	**コンスタンティヌス大帝、ミラノ勅令でキリスト教を公認**		
325年	ニカイア公会議		
330年	コンスタンティノポリスに遷都		

233

関連年表

	帝」として戴冠される
	この頃、カロリング・ルネサンス
843年	フランク王国3分割される（ヴェルダン条約）
870年	メルセン条約
910年	クリュニー修道院改革はじまる
962年	東フランク王国オットー、「ローマ皇帝」として戴冠され、神聖ローマ帝国はじまる
1054年	**東西教会が相互破門（大シスマ）、教会分裂**
1073年	教皇グレゴリウス7世、教会改革をはじめる
1077年	カノッサの屈辱。叙任権闘争続く
1095年	セルジューク朝に圧迫されるビザンツ皇帝、教皇ウルバヌス2世に救援を求める。教皇、クレルモン教会会議にて聖地奪回を訴える
1096年	第1回十字軍（〜99年）
1122年	ヴォルムスの政教協約（叙任権闘争の終結）
1198年	教皇インノケンティウス3世即位、教皇権の絶頂を迎える
1204年	十字軍、コンスタンティノポリスを劫掠
1209年	アッシジのフランチェスコ、インノケンティウス3世に謁見
1217年	ドミニコ会、教皇より認可を受ける
1232年	異端審問所を設置
1303年	アナーニ事件
1309年	教皇庁、フランスのアヴィニョンに移転
1381年	アヴィニョンとローマの双方に教皇が並立し、教会大分裂
1414年	コンスタンツ公会議（〜18年）。大分裂終息。同会議にてウィクリフ、死後裁判で異端宣告。ヤン＝フス火刑となる（15年）
1450年頃	グーテンベルク、活版印刷を発明
1453年	コンスタンティノポリス、オスマン・トルコによって陥落。ビザンツ帝国滅ぶ
1492年	コロンブスの第1回航海、バハマ諸島に到達
1494年	トルデシリャス条約（ポルトガルとスペインの世界分割）
1498年	ヴァスコ＝ダ＝ガマ、インド航路を発見
1517年	**マルティン・ルターの95箇条の提題。宗教改革はじまる**
1519年	ツヴィングリ、チューリヒで改革をはじめる
1521年	ルター、ローマ教皇より破門される
1524-25年	ミュンツァーの農民戦争鎮圧される
1529年	第2シュパイエル帝国議会で改革派の領主たちが「抗議（プロテスタント派）の文書」を提出
	マールブルク会談
	オスマン・トルコによるウィーン包囲
1530年	アウグスブルク信仰告白
1534年	イエズス会創設
	イングランド、国王至上法（ヘンリー8世により、イングランド国教会はじまる）
1536年	カルヴァン、『キリスト教綱要』初版
1541年	カルヴァン、ジュネーヴで宗教改革
1542年	**フランシスコ・ザビエル、東洋伝道に出発**

234

関連年表

世界史		日本史	
1543年	コペルニクスの地動説	1543年	ポルトガル人、種子島に漂着、鉄砲を伝える
1545年	トリエント公会議（〜63年）	1549年	**フランシスコ・ザビエル、鹿児島に上陸**
		1551年	ザビエル離日、トルレスが跡を継ぐ
1551年	オスマン・トルコ、ハンガリー侵略		
1555年	アウグスブルクの宗教和議。領主の宗教が領民の宗教となる		
1562年	フランス、ユグノー戦争（〜98年）	1570年	カブラルによる宣教方針の転換で宣教停滞
1571年	レパントの海戦。キリスト教連合艦隊、イスラーム艦隊を破る		
		1579年	ヴァリニャーノの来日。宣教活発になる
		1582-90年	キリシタン3大名が4人の少年をヨーロッパに派遣（天正遣欧使節）
		1587年	豊臣秀吉の伴天連（宣教師）追放令
1588年	スペイン無敵艦隊、イングランド艦隊に破れる	1596年	サン・フェリペ号事件
		1597年	長崎で二十六聖人殉教
1598年	フランス、ナントの勅令		
		1603年	徳川家康が江戸に幕府を開く
		1612年	**徳川幕府による禁教令**
1618年	三十年戦争はじまる（〜48年）		
1620年	メイフラワー号でピルグリム＝ファーザーズがアメリカ移住	1622年	元和の大殉教
1633年	ガリレオ裁判（第2回目）	1633年	鎖国令（第1次）
		1637年	島原の乱（〜38年）
		1639年	ポルトガル商船の来航禁止、鎖国体制の完成
1642-47年	ピューリタン革命、クロムウェルが議会軍を指揮		
1646年	ウェストミンスター信仰告白	1644年	キリシタン時代の最後の日本人神父が死去
1648年	ウェストファリア条約		
1660年	パリ外国宣教会設立		
1683年	オスマン・トルコ、ウィーンを包		

関連年表

世界史		日本史	
	囲		
1685年	ルイ14世、ナントの勅令を廃止		
1688年	イングランド、名誉革命		
1689年	イングランド、信教自由、権利宣言（権利法典）		
1707年	イングランドとスコットランドが合同		
1731年	北米に、第1次信仰復興運動起こる		
1732年	北米のイギリス植民地が13になる		
	この頃、フランスに啓蒙思想興る		
1739年	イギリス、ジョン・ウェスレーがメソジスト会を創設		
1773年	教皇クレメンス14世、イエズス会の解散を命令		
1776年	アメリカ独立宣言		
1778年	イギリス、カトリック救済法	〈鎖国時代〉	
1781年	オーストリア、信仰寛容の布告		
1789年	フランス革命		
	フランス人権宣言		
	フランス議会、教会財産を没収		
	フランス、教皇領アヴィニョンを併合		
1795年	北米に、第2次信仰復興運動起こる		
1801年	政教協約（ナポレオンと教皇ピウス7世）		
	イギリス、連合王国成立（ユニオンジャック制定）		
1804-15年	ナポレオン、皇帝となり帝政実施		
1807年	イギリス、奴隷廃止法		
1814年	イエズス会の再建		
1833年	イギリス、オックスフォード運動		
		1846年	ベッテルハイム、琉球伝道開始
		1853年	アメリカ使節ペリーが浦賀に来航
		1854年	日米和親条約締結
		1858年	日米修好通商条約締結
		1859年	宣教師の来日、プロテスタント教

236

関連年表

世界史		日本史	
			会の日本伝道開始
			カトリック教会の日本再布教開始
1861-65年	アメリカ、南北戦争		
1863年	アメリカ、奴隷解放宣言		
1865年	イギリス、救世軍創立	1865年	長崎浦上のキリシタンがフランス人宣教師の前で信仰を告白
		1868年	王政復古の大号令、明治維新
1869-70年	第1バチカン公会議 教皇の不可謬性の回勅	1872年	日本基督公会(横浜公会)発足
		1873年	**キリシタン禁制の高札撤去**
		1889年	大日本帝国憲法(明治憲法)公布
		1890年	教育勅語発布
		1891年	内村鑑三不敬事件
1894-99年	フランス、ドレフュス事件	1894年	日清戦争(～95年)
1904年	ウェーバー『プロテスタンティズムの倫理と資本主義の精神』	1904年	日露戦争(～05年)
1910年	エディンバラ世界宣教会議		
1914-18年	第1次世界大戦		
1917年	ロシアで社会主義革命起こる。教会財産の国有化される	1918年	内村鑑三らの「再臨運動」開始
1923年	弁証法神学興る アメリカ、ファンダメンタリズム対近代主義神学論争		
1925年	ソ連、「無神論者同盟」発足		
		1929年	賀川豊彦提唱の「神の国運動」
		1931年	満州事変
		1932年	上智大学学生靖国参拝拒否事件
1933年	ドイツ、ヒトラー首相となる。全権委任法により、ナチスが全権を掌握。ヒトラーの独裁体制。ドイツ教会闘争		
1934年	バルメン宣言		
1937年	教皇、ナチズム批判の回勅「ミット・ブレネンデル・ゾルゲ」		
1939年	ドイツ軍、ポーランドに進攻して第2次世界大戦はじまる	1939年	宗教団体法公布
1941年	日本、アメリカのハワイ真珠湾を	1941年	「日本基督教団」成立

関連年表

世界史		日本史	
	攻撃		
	ブルトマンを中心に、非神話化論争起こる		
1945年	第2次世界大戦終結 国際連合発足	1945年	ポツダム宣言を受諾して無条件降伏
1948年	世界教会協議会（WCC）発足 世界人権宣言 ソ連によるベルリン封鎖	1946年	日本国憲法公布
1955年	アメリカ、人種差別的なバスボイコットに端を発する公民権運動		
1962年	第2バチカン公会議（〜65年）		
1964年	アメリカ、公民権法（黒人差別の撤廃） トンキン湾事件。アメリカ、ベトナムに本格的な武力介入開始（〜75年）		
		1967年	日本基督教団議長名で「戦争責任告白」発表
		1987年	『聖書　新共同訳』の刊行
1989年	ベルリンの壁撤去、冷戦の終結		
1991年	湾岸戦争		
1992年	教皇、ガリレオの名誉回復		
1997年	教皇、ユダヤ人迫害への謝罪		
2001年	アメリカ、同時多発テロ アフガニスタン紛争		

事項索引

あ

アヴィニョン捕囚　89, 91, 92, 93, 98, 100
アウグスティヌス著作集　103, 111
アウグスブルク仮信条協定　121
アウグスブルク信仰告白　121, 122
アウグスブルク審問　112
アウグスブルク帝国議会　121
アウグスブルクの宗教和議　121
新しい教説　157
アナーニ事件　90, 91
アルル教会会議　42
アレイオス（派）主義　33, 36, 37, 57, 165
アレクサンドリア　21, 25, 26, 27, 29, 31, 32, 33, 36, 39, 40
アレクサンドリア学派　25, 26
イエズス会　149, 150, 151, 154, 155, 170, 172, 173, 193
イエズス会の宣教　149, 172, 193
イエスを信ずる者の契約　211
異端　15, 16, 17, 22, 23, 24, 25, 27, 28, 32, 33, 35, 36, 42, 47, 57, 69, 76, 77, 78, 79, 83, 94, 125, 136, 137, 139, 158, 165
異端禁圧令　78, 79
異端審問所　79

一致信条書　122, 153
イングランド（イギリス）国教会　139, 140, 141, 159, 160, 165, 171
イングランド植民地　156
ヴィア・メディア　160, 169
ウェーバー・テーゼ　165
ウェストファリア条約　138, 151
ウェストミンスター会議　143, 144
ウェストミンスター信仰告白　143, 144, 145
ヴェルダン条約　65
ウァレンティノス派　23, 24
ヴォルムス　74, 76, 88, 114, 119
ヴォルムスの政教協約（コンコルダート）　76
ヴォルムスの帝国議会　114
内村鑑三不敬事件　214
浦上四番崩れ　205, 208
エキュメニカル運動　183, 184, 185, 189, 223
エディンバラ世界宣教会議　184
エフェソ公会議　39
エペクタシス論　38
王権神授説　142, 143
オスマン・トルコ　97, 98
オッカム主義　107, 109, 110
オックスフォード運動　168, 169

オックスフォード大学　88, 93, 94, 168

か

カールの戴冠　63
改革三文書　113
改革派　119, 121, 122, 126, 131, 152, 153, 154, 167, 203
会衆派　131, 144, 145, 207
解放の神学　182, 187, 188
カクレキリシタン　208, 209
仮現論　16, 17
カタリ派　76, 77, 78, 79, 83
カッパドキア3教父　33
カノッサの屈辱　74, 75
神と人との一致の問題　41
神の義 iustitia Dei　111
「神の義と人間の義」　125
神の国　14, 45, 52, 107, 120, 135, 185, 218, 221
「神の宣教」Missio Dei　185
ガリア主義（ガリカニズム）　152, 154, 155
ガリレオ裁判　162, 163
カルケドン公会議　40
カルタゴ　20, 29, 31, 42, 43, 44, 46, 47
カンタベリー　60, 86, 140, 171
寛容　29, 127, 136, 144, 159, 160, 161, 162, 163, 164, 175, 189
寛容令　32, 46, 144
棄教者の復帰問題　42

239

事項索引

「義認の教理に関する」合意成立 184
キャンプミーティング 169
宮宰 57, 58, 61
95箇条の提題 109, 112
教育と宗教の衝突 214, 215
「教会のバビロン捕囚」 113, 139
教会保護権（布教保護権） 151, 194
教皇子午線（教皇境界線） 150
教皇至上主義（ウルトラモンタニズム） 154
教皇領 59, 66, 67, 92
共在説 119, 122, 131
教父 15, 16, 17, 20, 22, 25, 32, 33, 36, 37, 38, 41, 42, 98
ギリシア語新約聖書 103
キリシタン 193, 195, 196, 197, 199, 200, 201, 202, 205, 207, 208, 209, 219, 224
キリシタン禁制の高札（切支丹高札）が撤去 207, 208, 209
キリシタン大名 196, 197, 200
キリシタンの復活 205
キリシタン版 197
「キリスト教界の改善に関してドイツのキリスト者貴族に宛てて」 113
キリスト教原理主義 170
キリスト教社会主義 170, 171
キリスト教ブーム 222
「キリスト者の自由」 114
キリスト論 20, 21, 39, 137
キリスト論論争 21, 40, 216
近代市民社会 148, 156, 157, 164, 165, 186, 190
近代聖書学 166, 167, 168, 176, 187
近代批判 165

クェーカー派 146
『九月聖書』 114
グノーシス 23, 24, 25, 28, 76
熊本バンド 209, 211, 216
クラレンドン法典 161
クリュニー修道院 69, 70
グレゴリウス改革 70, 73, 75, 76, 80
クレルモン教会会議 79
敬虔主義 122, 153, 154, 158, 165, 168
慶長遣欧使節 200
啓蒙主義 156, 157, 159, 164, 166, 168, 175
啓蒙主義的キリスト教 165
契約神学 153
ケルト 55, 59, 60
ゲルマン民族の大移動 51
現在説 119, 131
ad fontes（源泉に帰れ） 103
元和の大殉教 200
公会議主義 97, 100, 106, 139
抗議（protestatio）の文書 120
公定教会制 145, 146, 158, 159
皇帝教皇主義 53, 76
合理的宗教性 159
国王至上法 140, 159
告白録 44, 45
国民国家 148, 151, 152, 157, 159, 167, 172, 175, 182
ゴシック様式 86, 88
コンスタンツ公会議 95, 106
コンスタンティノポリス 34, 37, 38, 39, 50, 52, 71, 72, 82, 98
コンスタンティノポリス公会議 32, 71
コンスタンティノポリス公会議（第2） 40
コンスタンティノポリス公会議（第3） 40

コンフラリヤ 202, 224

さ

再洗礼派 121, 125, 132, 134, 135, 136, 145, 154
再洗礼派王国 135
札幌バンド 211, 215
三教会同 217
三十年戦争 138, 151, 153, 163
サン・フェリペ号事件 199
三位一体論 21, 34, 36, 38, 39, 40, 45, 130, 137, 169
事効論（エクス・オペレ・オペラト） 46
市参事会 101, 105, 115, 123, 124, 125, 126, 128, 130, 133, 134
自然主義 166
自然神学 163, 164
死体裁判 66
実在論 87, 107
実体変化 94, 119, 131, 137
シトー修道会 68, 69, 82
島原天草一揆 201
シモニア 70, 73, 79
社会的福音 171, 172
宗教改革的神学 109, 112
宗教回帰 188
宗教間対話 185, 189
宗教対立 188
十字軍 69, 79, 80, 81, 82, 86, 89, 90, 95, 96
自由主義神学 168, 170, 216
主教制 141, 142, 143, 144
主教なければ国王なし（No Bishop, No King） 142
シュマルカルデン戦争 121, 131
シュマルカルデン同盟 121, 140
上智大学事件 220
象徴説 119

240

事項索引

植民地主義とキリスト教　172
贖宥符　95, 106, 108, 112, 137
叙任権闘争　73, 74, 75
新アウグスティヌス主義　107, 109
神化（テオーシス）　36, 40, 133
進化論論争　166, 170
信教の自由　152, 156, 158, 159, 161, 162, 186, 208, 214, 222
信仰義認　111, 112, 114, 137, 139, 153
信仰復興運動　158, 165, 169, 204
人効論（エクス・オペレ・オペランティス）　46
神聖ローマ皇帝　70, 74, 77, 81, 89, 93, 94, 95
神聖ローマ帝国　66, 92, 100, 123, 138, 151
信徒発見　205
神秘主義　87, 105, 106, 107, 132, 154
人文主義　92, 102, 103, 104, 111, 115, 119, 122, 123, 127, 128, 132, 134, 167
スイス兄弟団　134
スコラ学　69, 86, 87, 104, 109, 111, 114, 136
新スコラ主義　153
聖画像論争・聖像禁止令　10, 15, 32, 41, 63, 71
聖餐論　119, 122, 131, 140, 153
政治的シオニズム　175
聖職者の独身制　116, 124
聖書原理　153
聖俗二元論　104, 105, 113
正統主義　153, 154, 168
正統信仰　76
聖ベネディクトゥスの戒律　56, 64, 68
西方大離教　93

聖霊主義　105, 106, 107, 135
世界教会協議会（WCC）　184
世俗化　152, 169, 170, 180, 188
絶対王政　150, 151, 152, 159, 161
全信徒祭司論　113, 117, 118, 160
全体主義　174, 177, 184
千年王国思想　107
潜伏キリシタン　201, 202, 205, 208, 209
「洗礼論」　125

た

第1スイス信仰告白　126, 131
第2シュパイエル帝国議会　120
第2スイス信仰告白　131
第3世界の神学　181
大学　104, 107, 110, 111, 113, 120, 123, 126, 132, 138, 140, 142, 192, 214, 215, 220, 221, 222
対抗宗教改革　149, 194
第五王国派　144, 146
大分裂　89, 92, 93, 94, 95, 98, 100
托鉢修道会　82, 83, 154
多元化　183, 188
単意論　40
単性論　11, 40
『地上の平和』　179
チューリヒ協定　131
調停神学　168
長老派　131, 143, 144, 207, 223
帝国議会　100, 114, 121
帝国追放令（ヴォルムスの勅令）　114
適応主義　149, 172, 195
デザイン神学　164
伝承　16, 22, 116, 137, 209
天正遣欧使節　197, 198
典礼論争　172
ドイツ教会闘争　176, 177
ドイツ的キリスト者　176, 177

東西両教会の分裂　71, 72
塔の体験　112
土着化神学　182, 183
ドナトゥス派　30, 41, 42, 43, 45, 46
トマス主義　107
ドミニコ会　79, 82, 83, 84, 87, 96, 151, 154, 155, 172
塗油　58, 63
トリエント公会議　136, 137, 149, 186, 194
トルデシリャス条約　150, 194
奴隷解放運動　171
ドレフュス事件　175

な

ナチズム　175, 176, 177, 178
ナントの勅令　138, 152
ニカイア公会議　32, 36
ニカイア公会議（第2）　39, 41, 48
ニカイア・コンスタンティノポリス信条　34, 71, 97
ニカイア信条　33, 34
二元論　23, 43, 77, 78, 119, 135, 136
ニコライズム　70, 73, 79
西ゴート　45, 51, 52, 57, 68
二十六聖人殉教事件　199
西ローマ帝国の復活　63
日本基督教団　220, 221, 222, 223
日本基督公会　206, 207, 209, 221
ニューイングランド　143, 145, 156, 158
ニュートン主義　163, 164, 165

は

バーゼル公会議　97, 106
迫害　15, 16, 17, 18, 20, 21, 25, 27, 28, 29, 30, 31, 32, 34, 38, 42, 68, 79, 127, 135, 146, 149, 161, 197, 199, 200, 202, 208, 225

241

事項索引

パタリ派　73,
バチカン公会議（第1）　170, 187
バチカン公会議（第2）　183, 185, 186, 187, 188, 189, 223
伴天連追放之文　200
伴天連追放令　197
パトニー討論　160
バプテスト派　131, 144, 145, 146, 223
破門警告の勅書　114
破門勅書　114
バルメン宣言　177
反セム主義　175
反パタリ派　74
ヒエラルキー制度　105, 117, 124, 132, 135, 139
東ゴート　51, 57
ビザンツ帝国　39, 50, 63, 79, 81, 82, 98
ピピンの寄進　59
非分離派　142, 145
ピューリタン　139, 141, 142, 143, 144, 145, 146, 156, 158, 160, 161, 163
フィリオクェ（問題）　71, 97
復活祭論争　15, 22, 23, 26
普遍論争　87
フランク王国　56, 57, 58, 59, 61, 62, 63, 64, 65, 66, 68, 69, 71
フランシスコ会　82, 83, 84, 151, 154, 199
フランス革命　152, 159, 160, 167, 175
プリニウス書簡集　18
フルダ修道院　61
フン族　51, 52, 54

分離派　142, 143, 145, 156
ベネディクト会　56, 59, 61, 69
ヘボン式ローマ字　203
ペラギウス主義　42, 45, 47, 76
弁証法神学運動　176
ホーリネス弾圧　221
ホモイウシオス　33
ホモイオス　33
ホモウシオス　33
ポルノクラシー　66
本色化運動　173

ま
マートン・テーゼ　163
マニ教　24, 43, 44, 77
マリア論　39
ミッション・スクール　212
ミラノ勅令　18, 32
民衆神学　182
無教会主義　211, 215, 216
メイフラワー号　143, 156, 158
名誉革命　144, 160, 161
メソジスト　158, 165, 169, 171, 182
メメント・モリ　102
メルセン条約　65
免償　80
モナルキア主義　32
モラヴィア　67, 135
モラヴィア兄弟団　96, 154
モンタノス主義　23, 25
文部省訓令第12号　215

や
ヤンセン主義　136, 138, 139, 154
唯名論　87, 107, 109
ユグノー　131, 138, 152
ユダヤ啓蒙主義　175

ユダヤ人問題　174, 175
ユニテリアン派　169
横浜バンド　209
予定説　130, 131, 153

ら
ライプツィヒ論争　113
ラテラノ公会議（第2）　116
ラテラノ公会議（第3）　77
ラテラノ公会議（第4）　79, 80
ラテラノ公会議（第5）　106
ランゴバルド　59, 62, 64, 66
理神論　157, 159, 160
律法の三用法　119
両意論　40
領邦　100, 101, 105, 115, 121, 151
リンゼイ・テーゼ　160
ルター派　96, 117, 119, 120, 121, 122, 126, 127, 131, 153, 154, 167, 223
ルネサンス　63, 64, 80, 86, 87, 88, 98, 102, 103, 109, 167
礼拝改革　117, 132
歴史主義　166, 167, 176
歴史神学　164
レコンキスタ（国土回復運動）　68, 150
煉獄　106, 108, 112, 124, 137, 141
ローマ劫掠　45, 47, 52
ロゴス　20, 21, 25, 28, 33, 36

わ
『和英語林集成』　203
和協信条　122
ワルドー派　77, 78, 79

242

人名索引

あ

アウグスティヌス（ヒッポの）
24, 27, 41, 42, 43, 45, 46, 47, 50, 52, 109, 111, 124, 139
アタナシオス（アレクサンドリアの） 33, 35, 36
アラリック 45, 52
アレイオス 32, 33
アレッサンドロ・ヴァリニャーノ 197
アンジロウ 194, 195
アンセルムス（カンタベリーの） 86, 87
アンブロシウス（ミラノの） 38, 44
イグナティウス・デ・ロヨラ 138, 149, 193
イグナティオス（アンティオキアの） 14, 16, 17
インノケンティウス3世 79, 80, 81, 82, 83, 84, 85, 89
ウィクリフ 93, 94, 95, 96
ウィリアム・ウィルバーフォース 171
ウェスレー 165
エイレナイオス（リヨンの） 22, 23, 25
エウセビオス（教会史家） 20, 22, 25, 36
エック 113
エックハルト 87, 106
エドワード・ハーバート 157,

160
エラスムス 103, 104, 119, 120, 123
エリザベス1世 141, 142, 145, 159
オットー大帝 65, 66, 67, 68, 70
オドアケル 39, 52
オリゲネス 26, 27, 28

か

カール・バルト 176, 177
カール=マルテル 58, 61
カールシュタット 115, 118, 120
カール大帝 62, 63, 64, 66, 76
カエタヌス 112
賀川豊彦 218
ガスパール・ヴィレラ 196
ガブリエル・ビール 108
ガリレオ 162, 163, 187
カルヴァン 104, 119, 122, 126, 127, 128, 129, 130, 131, 144, 163
ギュツラフ 202, 204, 219
キュプリアヌス（カルタゴの） 25, 29, 30, 31, 42, 43
キング牧師 179
グティエレス 187
グレゴリウス（リミニの） 109
グレゴリウス（1世） 54, 59
グレゴリウス（7世） 70, 73, 74, 75, 76, 80
グレゴリオス（ナジアンゾスの） 33, 34, 35, 36, 37
グレゴリオス（ニュッサの）

33, 34, 36, 37
クレメンス（アレクサンドリアの） 26, 27
クレメンス（ローマの監督） 16
クローヴィス 57
クロムウェル 143, 144, 145, 161
コルネリウス・ヤンセン 138
コルンバヌス 55, 60
コロンブス 150
コンスタンティヌス大帝 18, 31, 32, 33, 38, 42, 51

さ

沢辺琢磨 205
ジェーンズ 209, 216
シドッチ 202
シモン（魔術師） 23
シュタウピッツ 111
シュライアマハー 168
小ピピン 58, 59, 62
ジョージ・ホィットフィールド 158
ジョナサン・エドワーズ 158
ゾイゼ 106
ソクラテス 21, 38

た

大ピピン 58
タウラー 87, 106
中ピピン 58
ツィンツェンドルフ 154

243

人名索引

ツヴィッカウの預言者 132
ツヴィングリ 104, 119, 122, 123, 124, 125, 126, 131, 134, 135, 140
ディオクレティアヌス帝 30, 31, 38, 42
ティリッヒ 176
テオドシウス帝 34,, 39, 51
デキウス帝 15, 18, 20, 25, 28, 29, 30, 42
テルトゥリアヌス（カルタゴの） 20, 25
トゥルナイゼン 176
トマス＝アクィナス 83, 86, 87, 137
ドミティアヌス帝 18
ドミニクス 83
トラヤヌス帝 16, 18, 19
トルレス 195

な

新島襄 209
ニーバー 176
ニーメラー 177
ニュートン 163, 164, 165
ネロ帝 15, 18

は

バイエルス・ノーデ 182
ハインリヒ（4世） 74, 75
バシレイオス（カイサリアの） 33, 35, 36, 37
ハドソン・テーラー 173

パトリキウス 55
バラ 206
ハンナ・アーレント 179
フス 93, 94, 95, 96
フス派 78, 97
ブツァー 104, 115, 128, 140
ブティジャン 205
フランシスコ・ザビエル 138, 193, 194, 195
フランチェスコ（アッシジの） 83, 84, 85
ブルトマン 176
ブルンナー 176
ベッテルハイム 204, 223
ベネディクトゥス（ヌルシアの） 56, 68
ヘボン 203, 204
ヘラクレオン 23, 27, 28
ヘルツル 175
ベルナール（クレルヴォーの） 69
ヘンリー（8世） 139, 140, 141, 159
ボニファティウス（8世） 89, 90, 91, 92
ポリュカルポス（スミルナの） 16, 17, 22
ボンヘッファー 177, 180

ま

マクリナ 35, 37, 38
マルキオン 23

マルティヌス（トゥールの） 55
ミュンツァー 115, 120, 132, 133, 134
メアリー1世 140, 141, 159
メランヒトン 104, 115, 119, 121, 122
モリソン 173, 204

や

矢内原忠雄 221, 222
山室軍平 217
ユスティノス（弁証家、殉教者） 15, 20, 21, 22, 23
ユリアヌス（背教者） 33, 34
ヨアキム（フィオーレの） 107
ヨハネス23世（対立教皇） 95
ヨハネス23世 179, 185

ら

リギンズ 203
ルター 100, 101, 103, 106, 108, 109, 110, 111, 112, 113, 114, 115, 116, 117, 118, 119, 120, 121, 122, 131, 132, 133, 134, 139, 140
レオ（1世） 40, 41, 52, 54
レオ（9世） 70, 71, 73, 75
ロック 157, 159, 161, 162

監修者・執筆者紹介

監修・執筆　土井健司（どい・けんじ）
京都府生まれ．関西学院大学、同大学院、京都大学大学院に学ぶ。京都大学文学部助手、玉川大学文学部助教授を経て、現在、関西学院大学副学長、関西学院大学神学部教授。京都大学博士（文学）、関西学院大学博士（神学）。
著書：『神認識とエペクタシス』（創文社）、『愛と意思と生成の神』（教文館）、『救貧看護とフィランスロピア』（創文社）、『古代キリスト教探訪』（新教出版社）、『司教と貧者』（新教出版社）等多数．

執筆
久松英二（ひさまつ・えいじ）
長崎県生まれ。南山大学大学院文学研究科神学専攻博士前期課程修了（神学修士）。ウィーン大学大学院神学専攻博士課程修了。神学博士（Dr.theol.）。南山大学、神戸海星女子学院大学で教鞭をとり、現在、龍谷大学国際学部教授。
著書：『Gregorios Sinaites als Lehrer des Gebetes (MThA 34)』、『祈りの心身技法──14世紀ビザンツのアトス静寂主義』（京都大学学術出版会）、『ギリシア正教──東方の智』（講談社選書メチエ）、ルードルフ・オットー『聖なるもの』（翻訳、岩波文庫）ほか。

村上みか（むらかみ・みか）
福岡県生まれ。神戸大学法学研究科博士前期課程、同志社大学神学研究科博士前期課程、バーゼル大学神学部博士課程、修了。神学博士（Dr.theol.）。日本基督教団岡本教会担任教師、バーゼル市エコランパド教会専任オルガニスト、名古屋学院大学助教授、東北学院大学教授等を経て、現在、同志社大学神学部教授。
著書：『ヨーロッパ宗教改革の連携と断絶』（共著、教文館）、『牧師とは何か』（共著、日本キリスト教団出版局）ほか。

芦名定道（あしな・さだみち）
山形県生まれ。京都大学大学院文学研究科博士後期課程（キリスト教学）指導認定退学、京都大学博士（文学）。京都大学大学院文学研究科教授を経て、現在、関西学院大学神学部教授。
著書：『自然神学再考──近代世界とキリスト教』（晃洋書房）、『現代神学の冒険──新しい海図を求めて』（新教出版社）ほか。

落合建仁（おちあい・けんじ）
大阪府生まれ。東京神学大学大学院博士後期課程単位取得後退学。日本基督教団鎌倉雪ノ下教会主任担任教師代務者及び担任教師を経て、現在、金城学院大学文学部准教授・宗教主事。
著書：『日本プロテスタント教会史の一断面──信仰告白と教会合同運動を軸として』（日本キリスト教団出版局）ほか。

1冊でわかるキリスト教史　古代から現代まで

2018 年 3 月 23 日　初版発行
2024 年 3 月 19 日　5 版発行

Ⓒ 土井健司、久松英二、村上みか、芦名定道、落合建仁 2018

著　者　　土井健司、久松英二、村上みか
　　　　　芦名定道、落合建仁

発　行　　日本キリスト教団出版局

〒 169-0051　東京都新宿区西早稲田 2-3-18
電話・営業 03（3204）0422、編集 03（3204）0424
https://bp-uccj.jp

印刷・製本　三秀舎

ISBN978-4-8184-0998-9 C0016　日キ販
Printed in Japan

日本キリスト教団出版局

キリスト教入門
歴史・人物・文学

嶺重 淑：著

世界と日本のキリスト教史を人物や文学作品で解説。アウグスティヌスや賀川など、後世に多大な影響を及ぼしたキリスト者たち。トルストイや三浦綾子などの文学作品などキリスト教を学ぶ上でこれだけは知っておきたい知識を紹介。1200円

クイズ de キリスト教入門

春名康範：著

クイズと講話で学ぶ、ちょっと異色の入門書。一般にもなじみのあるクリスマス、イースター、ペンテコステにまつわる四択クイズ144問。親しみやすいカットが満載で、楽しみながら信仰の深みを考えることができる。 2200円

マンガ de キリスト教入門

春名康範：著

「宗教はあぶないか」「なぜ聖書を読むのか」などのキリスト教入門から、「祈れないときでも」といった信仰生活に関する質問まで、大切なテーマを凝縮した38編のユーモアあふれるマンガとエッセイを収録。 1600円

キリスト教との出会い
聖書資料集

富田正樹：著

聖書の世界が図解で理解できる。さらに現代とのつながりを意識させるページが満載。聖書地図多数収録。聖書・キリスト教史の登場人物とその言葉など、聖書とキリスト教を学ぶ上で大変役立つ資料を豊富に収録している。 800円

キリスト教資料集

富田正樹：著

キリスト教とは何で、キリスト者はどんな人物なのか。聖書の内容や歴史、キリスト者の生涯や言葉、キリスト教がもたらした文化・芸術・社会活動といった、現代とのつながりを、図解を交えて重層的に解説。 1000円

そうか！なるほど!!
キリスト教

荒瀬牧彦、松本敏之：監修

「聖書の章や節って、いつ誰がつけたの？」「聖書って何ですか？」「中絶や出生前診断ってしていいの？」など、こんなこと聞きたかった！の50の質問に、その道の専門家が答える。信徒や牧師におすすめの一冊。 1500円

価格は本体価格。重版の際に定価が変わることがあります。